LO QUE NOS DICEN LOS ÁNGELES

Doreen Virtue

Lo que nos dicen
los ángeles

Encuentra una respuesta espiritual
a los problemas cotidianos

U R A N O

Argentina - Chile - Colombia - España
Estados Unidos - México - Uruguay - Venezuela

Título original: *Divine Prescriptions*
Editor original: Renaissance Books, Los Ángeles, California
Traducción: Carola Pruence

© 2000 *by* Doreen Virtue, Ph. D.
© de la traducción 2002 *by* Carola Pruence
© 2002 *by* Ediciones Urano, S. A.
   Aribau, 142, pral. - 08036 Barcelona
   www.mundourano.com
   www.edicionesurano.com

ISBN:84-7953-510-5
Depósito legal: B. 42.286 - 2002

Fotocomposición: Alejo Torres
Impreso por Romanyà Valls, S. A. - Verdaguer, 1 - 08786 Capellades (Barcelona)

Impreso en U.S.A. - Printed in U.S.A.

Dedico este libro a Dios, al Espíritu Santo, a Jesús y a los ángeles, que son mis mejores amigos y una de las razones fundamentales por las que me siento feliz, amada, segura y en paz.
¡Gracias por amarnos incondicionalmente!

Índice

Agradecimientos

Las plegarias que durante los últimos años he dirigido a los ángeles, pidiendo ayuda, asistencia y apoyo, han sido generosamente atendidas. Me es imposible mencionar todos los nombres de las personas que han cooperado para que tantas puertas se abrieran, y para que se abrieran también las puertas de mi corazón. Sin embargo, deseo dar las gracias públicamente a Frederique, Winston, Michael, Pearl Reynolds, Emmet Fox, Michael Dietch, Steve Allen, Steve Prutting, Richard F. X. O´Connor, Jean Marie Stine, Bill Hartley, Mike Dougherty, Arthur Morey, Lisa Lenthall, Abigail Park, Kathryn Mills, Jill Whitesides, William Clark, Charles Schenk, Grant Schenk, Neale Donald Walsch, Justin Hilton, Gregory Roberts, Deb Evans, Bronwynn *Bronny* Daniels, William y Joan Hannan, Reid Tracy, Ariel Wolfe, Liz Dawn, Nick Bunick, Georgia Malki, Cathy Franklin, Wayne Dyer, Louise L. Hay, James y Salle Redfield, Gregg Braden, Jimmy Twyman, Marianne Williamson, John Edward, Rita Curtis, John Austin, Dannion Brinkley, Keilisi Gyan Freeman, Tiffany Lach, Lee Carroll, Jordan Weiss, Joe y Shanti Moriarty, y todos los CSCs.

Nota de la autora

Este es un libro de autoayuda espiritual, dirigido a todo tipo de personas, sin excepción, es decir, de todos los credos y religiones, o no creyentes. *Lo que nos dicen los ángeles* no trata de religión, aunque gran parte del texto pueda recordar a los lectores la terminología religiosa. De lo que trata en realidad es de ciertos principios espirituales que pueden ayudarnos en situaciones cotidianas.

Todas las historias que explico en este libro son verdaderas; pero, con el fin de preservar el anonimato de las personas que las vivieron, he cambiado algunos nombres y detalles que podrían identificarlas. En algunos casos, sin embargo, he incluido los nombres reales, por contar con la debida autorización de las personas mencionadas.

Cuando hablo de nuestro Creador, el nombre que empleo es «Dios», y el pronombre «Él», aunque ello de ninguna manera implica que yo piense que Dios es un hombre. Personalmente, creo que nuestro amado Creador es una fuerza amorosa andrógina, y no un ser de sexo masculino o femenino. Utilizo términos masculinos para referirme a Él simplemente porque esa es la costumbre occidental, y para evitar la incomodidad de tener que utilizar a lo largo del libro pronombres dobles (el/ella). Aquellas personas que se sientan más cómodas empleando otro nombre distinto al de Dios para referirse a nuestro Creador, o que prefieran usar pronombres femeninos o neutros, por favor sustituyan la terminología empleada por la que más se ajuste a sus creencias.

Los mensajes divinos, procedentes en su mayoría del reino de los ángeles, aparecen en cursiva a lo largo de todo el libro.

Cómo comencé a recibir
consejos celestiales

En la primavera de 1999 participé en un programa de radio con el fin de hablar sobre la ayuda que los ángeles nos ofrecen para solucionar cualquier tipo de problema que podamos encontrarnos en la vida.

—Sí, cualquier cosa, pero no trivialidades —comentó el presentador del programa en tono informal.

—La verdad es que los ángeles están deseosos de ayudarnos en todo —intervine enfáticamente—, y ello incluye, sin duda alguna, las llamadas trivialidades. Los ángeles dicen que la magnitud del problema no es importante. *Lo que pedimos* no es importante, nos explican, ya sea una cuestión de vida o muerte o un pequeño favor. Lo mismo podría tratarse de curarnos de alguna adicción como de ayudarnos a conseguir un sitio de aparcamiento. Para los ángeles, lo que realmente cuenta es que, considerando nuestras dificultades, recibamos el apoyo que necesitemos en cada momento, a fin de que nos liberemos de nuestras preocupaciones y podamos dedicar nuestra energía a cumplir con nuestra misión en la vida.

Resumiendo, los mensajes de los ángeles no se limitan a hacernos revelaciones sobre la naturaleza del universo o sobre la vida después de la muerte. Frecuentemente, los mensajes que el cielo nos envía son profundos en su simplicidad y los temas que abordan pueden considerarse infinitos, como el universo. Están orientados a resolver problemas personales, románticos, familiares o profesionales, ya sean grandes o pequeños.

No es mi intención, al decir esto, convencer a nadie de la existencia de los ángeles, ni ganar adeptos para ninguna clase de filosofía. Lo cierto es que yo soy una terapeuta con formación científica, que ha tenido unas sorprendentes y maravillosas experiencias con los ángeles, tanto en el terreno personal como en el profesional. Cuando me he visto ante desafíos y problemas familiares, profesionales, de salud o de cualquier otro tipo, he aplicado las prescripciones celestiales que los ángeles me han dado para mis pacientes, y mi vida ha mejorado notablemente. Estoy convencida de que cualquier persona, creyente o escéptica, puede beneficiarse de estos consejos celestiales, tanto si está viviendo la dolorosa experiencia de una infidelidad, como si está intentando atraer a su alma gemela, curar una adicción, encontrar una carrera adecuada, obtener unos ingresos razonables, superar problemas de malos tratos o abusos durante la niñez o enfrentarse a cualquier otro dilema humano universal.

Este libro trata de consejos celestiales cuyo objetivo es ayudarte a solucionar problemas cotidianos, y te explica de qué forma puedes beneficiarte personalmente de la sabiduría contenida en los cientos de mensajes que los ángeles han enviado a mis pacientes. También te enseña cómo convertirte en un canal de recepción de estos mensajes celestiales.

Cómo perdí y posteriormente recuperé mi sexto sentido

Tal vez te estés preguntando cómo una doctora en psicología, que ha tenido una formación clínica tradicional y que cura de forma pragmática, ha llegado a trabajar con ángeles y mensajes celestiales. Tal vez lo entiendas si te cuento que soy una de esas personas que cuando se enteran de la existencia de algo nuevo, su única preocupación es: ¿Funciona? Si pido ayuda a los ángeles es, sencillamente, porque ha quedado demostrado que los consejos celestiales que durante tanto tiempo han brindado a mis pacientes son efectivos y prácticos, mucho más, a decir verdad, que cualquier método de psicología que jamás haya probado o estudiado.

Lo sorprendente de este asunto es que yo nunca pensé que acabaría convirtiéndome en abogada del reino de los ángeles. Hace algunos años, cuando mis pacientes me contaban que veían visiones y oían voces, inmediatamente les diagnosticaba una posible esquizofrenia. Es muy irónico, por lo tanto, que me dedique en la actualidad a enseñar a otras personas a comunicarse con el reino divino y a «oír» por sí mismas las voces angélicas.

Como les sucede a muchos otros niños, cuando era pequeña tuve amigos invisibles. De hecho, la película *El sexto sentido*, del año 1999, en cierta forma me recuerda mi infancia. Igual que Cole, el niño que aparece en la película, yo siempre veía gente *muerta* por todas partes, y me preguntaba por qué mi madre y mis amigos no podían verles también. Sin embargo, a diferencia de esta película, las personas que yo veía no estaban cubiertas de sangre, ni tenían aspecto asesino. No eran gente a quien yo pudiera reconocer. No se trataba de mi tía Betty ni de mi tío Ned. Recuerdo que solía asustarme cuando veía a esos seres extraños que me miraban fijamente sin decir una palabra. Ojalá que en aquella época hubiera comprendido que estas personas venían a mí en busca de ayuda. Sabían que yo podía verles, y en un intento de aliviar su ansiedad, buscaban a alguien que pudiera ayudarles, aunque se tratara de una niña pequeña.

En medio de la noche, en ocasiones veía también destellos luminosos que me reconfortaban. Ahora sé que se trataba de la estela que dejan los ángeles al pasar, de la luz que dejan tras de sí al cruzar nuestro campo de visión. Estas experiencias de mi infancia eran felices y apacibles, e iban acompañadas por un silencio tan profundo que no parecía de este mundo. Me sentía como si hubiera caído dentro de un agujero negro de felicidad, aislado de los sonidos del mundo. Cuando me encontraba en medio de los destellos luminosos, y sumida en ese profundo silencio, me sentía totalmente amada y en paz.

Aun así, he de decir que a causa de mis visiones tenía un profundo sentimiento de soledad. Muy pronto comprendí que no debía mencionarlas a los otros niños en la escuela, para no tener que sufrir sus miradas de reprobación o sus crueles burlas. Con el fin de contrarrestar mi recién adquirida reputación de niña rara, que iba rápidamente en aumento, opté por mantener la boca cerrada respecto al tema de las visiones. Traté incluso de bloquearlas para parecer «normal», pero como consecuencia de ello perdí parcialmente mi capacidad de conectar con el mundo espiritual.

No responsabilizo a nada ni a nadie por el hecho de que yo decidiera apagar mi clarividencia en la infancia. Mirándolo en perspectiva, creo que fue una bendición no tener visiones clarividentes en mi primera juventud. De esta forma me resulta más fácil enseñar a otras personas a activar su propia clarividencia, ya que conozco por propia experiencia lo que es ver y no ver.

Siempre he sido una persona con orientación espiritual, pero no solía centrar mi atención de forma especial en los ángeles o en la vida después de la muerte. Crecí en un hogar cristiano, donde reinaba el amor. Sin embargo, ni en la iglesia ni en casa teníamos por costumbre hablar sobre los ángeles ni sobre la vida eterna. Nos interesábamos más por las curaciones de Jesús y por sus enseñanzas terrenales. De esta forma, al cabo de un tiempo, acabé desterrando de mi mente la conciencia de los ángeles.

La formación en psicología que he recibido ha ampliado considerablemente mi visión del mundo, como estudiante de la Universidad Chapman, en Carolina del Sur, donde me gradué, y posteriormente desde mi puesto de trabajo en un hospital psiquiátrico especializado en adicciones. Obtuve tres titulaciones en psicología y asistí a las sesiones de formación dirigidas por Carl Rogers, Irvin Yalom, William Glasser, Rollo May y otros prestigiosos psicólogos. Mi pasión era la investigación, y durante mi tiempo libre solía ir a bibliotecas universitarias con el fin de leer artículos periodísticos sobre comportamiento humano.

Mi primer trabajo en este campo fue como psicóloga del

departamento de admisiones de un hospital psiquiátrico. Cualquier persona que tuviera la intención de ingresar en él tenía que tener una entrevista previa conmigo. Mi misión consistía en ofrecer asesoramiento y emitir un diagnóstico sobre la salud mental del paciente. Desarrollé un sentido especial para detectar las disfunciones del comportamiento humano y las diversas formas de pensar y entender la vida.

Traté entonces a cientos de personas que me contaron que veían u oían cosas que yo diagnostiqué como alucinaciones. Muchas de esas voces y visiones eran, sin duda, alucinaciones producidas por algún tipo de intoxicación. Sin embargo, estoy convencida de que hice el mismo diagnóstico a otras personas que oían voces celestiales y veían a los ángeles. Por aquella época, estaba firmemente convencida de que el mundo real era el conjunto de cosas que podía experimentar con mis sentidos. Si me encontraba ante algo que no podía ver con los ojos, oír con los oídos o tocar con los dedos, no lo consideraba parte de la realidad. Para mí, cualquier paciente que experimentara cosas con sus sentidos no físicos estaba alucinando o estaba intoxicado. Y punto. Sin embargo, a lo largo de mi vida había tenido experiencias de un intenso contenido místico, que mis libros de ciencia y psicología no podían explicar. Y, en lugar de centrar en ellas mi atención, tomé la decisión consciente de ignorar su existencia.

Una de mis experiencias místicas más tempranas, y que yo intenté ignorar, tuvo lugar cuando tenía diecisiete años. Mi abuela Pearl y su marido, el abuelo Ben, habían venido al sur desde Bishop, California, a pasar algunos días con nosotros en nuestra casa familiar de Escondido. Recuerdo lo nerviosa que estaba esperando su llegada, escuchando atentamente para oír el ruido de su coche cuando cogiera el camino de entrada de nuestra casa. Fue una visita magnífica. Me sentí muy cerca de mis abuelos, especialmente en el momento en que los vi alejarse por el camino para hacer el viaje de regreso a su casa.

Algunas horas después de que se hubieran marchado, sonó el teléfono. Observé que mi padre apretaba con fuerza el auricular y que su cuerpo temblaba y se movía convulsivamente.

—Ben y mi madre han tenido un accidente de coche —dijo precipitadamente—. Un conductor borracho se ha cruzado en su camino y les ha dado de frente. Mamá está en el hospital y Ben... ha muerto.

Reaccionamos llorando y gritando: «¡No, no!». Yo salí corriendo hacia mi dormitorio y en la oscuridad cogí mi guitarra acústica, abrazándola en busca de consuelo. Toqué algunos acordes y la música me ayudó a sentir paz en mi corazón. Podía oír a mis padres y a mi hermano llorando en el salón, y me sentía culpable por encontrarme allí en paz en lugar de estar compartiendo su pena. Sí, yo amaba a mi abuelo tanto como los demás, y lo iba a echar mucho de menos. Sin embargo, en el fondo de mi alma, no sentía dolor por su muerte. Mi única desesperación era que yo no estaba sufriendo.

En aquel momento me llamó la atención una luz muy brillante que se encontraba a los pies de mi cama. Miré hacia allí y, tan claramente como si fuera de día, vi a mi abuelo Ben. Tenía exactamente el mismo aspecto que la última vez que lo vi: llevaba una camisa a rayas y un par de pantalones cómodos, aunque era un poco más pequeño y levemente transparente. Los colores de su ropa eran menos intensos a causa de una luz azulada que parecía proceder de su interior. Me estaba hablando claramente de forma telepática, diciéndome: «No hay nada malo en sentirte así, Doreen. Yo me encuentro muy bien y todo está bien». Inmediatamente después esta imagen se esfumó y él desapareció. Entonces me quedé tranquila, teniendo la certeza de que mi sentimiento de paz no era inadecuado.

Algún tiempo después, cuando les hablé a mis padres de la aparición del abuelo, ellos me hicieron a su vez una confidencia. El hermano de Ben, que vivía lejos de nuestra casa de Escondido, también le había visto, inmediatamente después del momento de su muerte. ¿Nos había visitado Ben a todos los miembros de la familia, sin que lo supiéramos? Es posible que el sufrimiento que experimentaron mis padres y mi hermano en aquel momento les impidiera ser conscientes de su presencia, y que la aparición del abuelo fuera bloqueada por la intensidad de sus sentimientos. No lo sé con certeza. Lo que *sí* sé es que aunque el sufrimiento es una emoción normal que puede resultar útil y sanadora, también puede bloquear nuestra conciencia de la vida después de la muerte.

De mayor, siempre he sido consciente de la presencia de los ángeles y de muchos de mis parientes muertos. Esta conciencia se parece a la visión parcial que tenemos de una mosca que está volando en la habitación, mientras nos encontramos profundamente concentrados en algún asunto importante. Sin embargo, yo intentaba no pensar en el mundo espiritual. Después de todo, ya me había convertido en una psicoterapeuta de éxito en el tratamiento de problemas relacionados con la alimentación. Mi segundo libro, *The Yo-Yo Diet Syndrome,* fue un éxito de ventas, y en aquella época estaba muy ocupada haciendo una gira de charlas y conferencias, además de dirigir una unidad del hospital psiquiátrico. Lo último que deseaba, por lo tanto, era recibir una lluvia de dardos por parte de mis colegas si admitía públicamente mis experiencias místicas.

He de decir asimismo que el mensaje que los ángeles me enviaban con insistencia no me gustaba en absoluto. Incesantemente me decían que tenía que hacer importantes cambios en mi vida, como dejar de beber por la noche mis copas de vino, comenzar a meditar y a estudiar el mundo espiritual, y cambiar el enfoque tradicional de mi trabajo como psicoterapeuta y escritora por otro basado en la espiritualidad. Los ángeles me recordaron que, cuando era niña, una voz angelical masculina me había dicho claramente que mi misión en la vida era enseñar a los demás qué es la espiritualidad. Sin embargo, yo hice oídos sordos a lo que me decían, pues no me gustaba sentirme controlada, y no quería que nada desestabilizara el éxito que había alcanzado en mi vida hasta ese momento.

Ahora me doy cuenta de que había llegado a un «acuerdo» con los ángeles, en el plano espiritual. Ellos se encargarían de recordarme que no debía apartarme del camino de la misión que tenía en esta vida. Con el tiempo, sus recordatorios se volvieron cada vez más frecuentes e intensos. Un día me impulsaron a asistir a un taller dirigido por el escritor y psicoterapeuta Wayne Dyer, quien habló de una lucha similar a la que yo estaba viviendo, que le había conducido finalmente a abandonar su práctica de la psicoterapia tradicional y a dejar el hábito de la bebida.

Aquel día dejé de beber y comencé a meditar. Con la concentración de mi mente en estado sobrio, rápidamente recuperé el nivel de claridad con que había experimentado la clarividencia en la niñez. De pronto me di cuenta de que, antes de que muchas personas completamente ajenas a mí entraran en mi vida, conocía datos y hechos diversos de su historia personal. Por las mañanas, me despertaba sabiendo a quién me encontraría por casualidad y qué me iba a decir. Los ángeles me enseñaron también cómo debía cambiar mi dieta (como podrás leer en el apéndice B) para incrementar aún más el don de la intuición. Ese mismo año, después de haberme rendido a mis ángeles, tuve una prolongada experiencia de *déjà vu*, y pude recuperar el sentimiento de paz interior que hacía largo tiempo había olvidado.

Aun así, no tuve suficiente coraje para salir del armario espiritual en el que me encontraba, para contar mis revelaciones psíquicas a mis pacientes, amigos, lectores o miembros de la familia. Mis experiencias místicas eran un secreto celosamente guardado en mi corazón, por miedo a ser ridiculizada, abandonada o criticada, y aunque mis ángeles me instaban continuamente a hacer públicas mis creencias espirituales, yo me resistía a eso.

En el año 1995, sin embargo, perdí completamente el miedo a lo que los demás pudieran pensar de mí. Fue entonces cuando un ángel me salvó la vida, hablándome en voz alta para advertirme de que me iban a robar el coche y para explicarme cómo podía salvarme. Justo media hora más tarde, dos hombres armados intentaron robarme el coche. (Describo este incidente con todo lujo de detalles en mi libro *Divine Guidance*.)

Después de este incidente del robo quedé sumida en el temor y las dudas. De acuerdo con mi formación clínica, oír voces era sinónimo de locura. ¡En ese caso, en cambio, las voces se habían anticipado a mi futuro y me habían salvado la vida! Mi razonamiento en aquel momento era que si bien mi inconsciente podía haber producido voces imaginarias, no habría podido jamás conocer el futuro. Debido a mi interés por la investigación en el campo de la psicología, este hecho era lo que más me fascinaba del tema. ¿De dónde provenía una voz que, sin surgir de un cuerpo, sabía que mi coche iba a ser robado?

A partir de ese momento me invadieron los recuerdos de las experiencias que había tenido con mi sexto sentido durante la infancia. De pequeña creía que el cielo me protegía. Después del intento de robo de mi coche, comencé a tener nuevamente ese cálido sentimiento. En lugar de tener la sensación de encontrarme dentro de una pecera, me sentía extrañamente confortada, aunque el científico que hay en mí me impulsaba a investigar lo que había experimentado, a buscar una explicación a ese incidente.

Durante los meses siguientes me dediqué a investigar sobre el tema, y entrevisté a muchas personas que habían aparecido en periódicos y revistas afirmando haber oído voces que les ayudaron a salvar la vida. Como psicóloga, estaba en condiciones de afirmar que estas personas no estaban alucinando. Sus historias tenían bases sólidas y eran perfectamente fluidas, lo que no ocurre en las alucinaciones. Las que experimentan los esquizofrénicos frecuentemente incluyen sentimientos de persecución y/o grandeza. Por ejemplo, un esquizofrénico podría imaginar que está siendo espiado por agentes del FBI, podría oír voces que le ordenan infligirse heridas a sí mismo, o podría pensar que los extraterrestres le han elegido por ser una persona muy especial.

Por el contrario, las voces que oyen las personas que salvan su vida gracias a estas mediaciones les dejan un profundo sentimiento de bienestar interior, y hacen que se vuelvan más consideradas, cariñosas y compasivas. Además, debido al entrenamiento que había recibido para detectar mentiras y exageraciones observando el lenguaje corporal y el tono de voz, podía afirmar que lo que estas personas decían era verdad.

Basándome en las tres razones que explico a continuación,

mientras estaba llevando a cabo las entrevistas llegué a la conclusión de que las historias que me contaban eran verdaderas:

- No les importaba en absoluto que los demás les creyeran.

- No estaban haciendo ningún tipo de campaña con el fin de convencer a nadie de sus experiencias.

- Se mostraban reticentes a hablar de sus experiencias. En la mayoría de los casos, habían oído una voz que les había transmitido un mensaje salvador mientras conducían su coche.

Cuantas más personas entrevistaba, más se iban disipando las dudas que aún tenía sobre las mediaciones celestiales. Entonces empecé a comprender por qué entre un 75 y un 85 por ciento de estadounidenses adultos dicen que creen en los ángeles. Al mismo tiempo que hacía las entrevistas, intentaba usar el sexto sentido que aún conservaba de mi infancia para conectar con la fuente de donde procedía esa voz que me había advertido y orientado cuando ocurrió el incidente del coche.

La experiencia del intento de robo despertó mi curiosidad por saber si podría acceder a esa voz en otros momentos, o si sólo la percibía en situaciones de crisis. La verdad es que no sabía exactamente qué debía hacer para establecer algún tipo de comunicación, de manera que intenté hablar en voz alta, enviar mensajes mentales y escribir en mi diario las preguntas que deseaba formular. En unas pocas horas pude oír y sentir en mi interior la voz dándome su respuesta. Este ser, que se identificó como uno de mis ángeles de la guarda, comenzó a hablarme inmediatamente de los miedos que sentía, y que eran una parte residual del trastorno de estrés postraumático que sufrí como consecuencia del intento de robo del coche. ¡Una vez que terminó de hablar, el miedo desapareció!

A partir de ese momento comencé a oír y sentir la presencia de otros ángeles que acompañaban a mi primer ángel de la guarda. Al poco tiempo de concentrar mi atención en este fenómeno e intentar comprenderlo en toda su profundidad, pude ver a los ángeles que hay a nuestro alrededor. Al principio sólo veía destellos y luces brillantes. Un poco más tarde, de la misma forma en que nuestros ojos se habitúan a la oscuridad de una habitación, comencé a percibir la imagen de los ángeles con todo detalle.

Desde entonces he conocido a miles de personas que han tenido visiones angélicas, y he podido contrastar con ellas algunas cosas. Nuestras visiones han sido increíblemente parecidas, hasta en los más mínimos detalles, por ejemplo respecto a la forma, la altura, el brillo, el color, el tipo de vestimenta y la manera de expresarse de los ángeles.

Terapia angélica

Al principio los ángeles sólo me dieron consejo y orientación sobre temas relativos a mi vida. Sin embargo, su ayuda resultó ser tan efectiva en la superación de mis dificultades personales que, como psicoterapeuta, no pude evitar pensar en lo estupendo que sería que mis pacientes fueran capaces de usar su sexto sentido y contar con su propio canal de recepción de prescripciones celestiales.

En una ocasión estaba atendiendo un caso difícil y no sabía con seguridad qué debía decirle a esa paciente. En el momento en que me hallaba pensando que los ángeles sí sabrían orientarla, ellos me preguntaron si deseaba que le hicieran llegar su consejo directamente. Como terapeuta tuve mis reservas, pero lo cierto es que me encontraba empantanada y no sabía cómo ayudarla. Entonces pensé que ni ella ni yo teníamos nada que perder si lo intentábamos.

Por razones de ética profesional, sin embargo, sentía que no debía presentar a mi paciente los consejos de los ángeles como si fueran míos. Tenía que ser sincera y explicarle su procedencia, aunque ella acabara pensando que yo estaba loca y decidiera no continuar trabajando conmigo. Afortunadamente, ella también creía en los ángeles, y al plantearle mi sugerencia, logré despertar su curiosidad. Inmediatamente accedió a escuchar con una actitud mental abierta todo lo que yo tuviera que decirle.

Lo que oyó ese día transformó su vida e hizo posible una curación que yo no hubiera conseguido jamás por mí misma. Desde ese momento comencé a trabajar en colaboración con los ángeles para ayudar a mis pacientes, aunque explicándoles siempre claramente cuál era la fuente de los consejos que recibían. Muy pronto fui conocida como la terapeuta que transmitía «mensajes celestiales» o que trabajaba con «terapia angélica». Quienes acudían a mi consulta habían agotado ya todos los recursos conocidos y estaban dispuestos a dar una oportunidad a Dios y a los ángeles.

Los ángeles, por su parte, les daban prescripciones claras y efectivas (lo que yo acostumbro a llamar «consejos celestiales») para solucionar problemas relativos a su situación económica, su salud, su vida sentimental y sus relaciones personales. Aunque no he llevado a cabo estudios científicos formales sobre la terapia angélica, me siento satisfecha de poder afirmar que es una herramienta clínica increíblemente efectiva. Los terapeutas que he preparado en la práctica de la terapia angélica han podido constatar por sí mismos la notable mejoría y la sensación de paz y tranquilidad que sus pacientes han experimentado.

La totalidad de los casos que he tratado con terapia angélica, que ascienden a miles, ha hecho desaparecer de mi mente y de mi corazón cualquier vestigio de duda. He visto cómo personas escépticas, creyentes, religiosas y agnósticas han mejorado su salud y han alcanzado un mayor grado de felicidad al aplicar los consejos celestiales de los ángeles. Creo que esta es la razón por la que tantos terapeutas, médicos, enfermeras y otros profesionales dedicados a la curación asisten a mis seminarios.

Durante una típica sesión de terapia angélica suelo entrar en un estado de semitrance, que me permite conectar profunda y rápidamente con los ángeles para recibir sus consejos celestiales. En este estado alterado de conciencia, soy consciente de la mayoría de las palabras que fluyen a través de mí en ese momento. Pasada la sesión, sin embargo, sólo logro recordar aproximadamente la mitad de lo que he dicho. Por esta razón, tengo por costumbre grabar mis sesiones, para que tanto mis pacientes como yo podamos, si queremos, repasar el mensaje. En algunas ocasiones los ángeles me piden específicamente que grabe una sesión para que mi paciente pueda luego volver a escucharla. Ello me alerta sobre el grado de emotividad que dicha sesión probablemente tendrá. «Ella no será capaz de entender realmente lo que le estamos diciendo a menos que lo oiga repetidas veces», me explican.

Al comienzo de cada sesión de terapia angélica describo a la persona cómo son sus ángeles. He descubierto que existen cuatro tipos básicos de ángeles (hablo de ellos de forma más detallada en el apéndice A, al final del libro):

- *Ángeles.* Son seres alados que actúan como mensajeros divinos y que nunca han vivido en la tierra como seres humanos.

- *Arcángeles.* Se encuentran en la cúspide del reino angélico, y tienden a ser más grandes y más poderosos que los ángeles.

- *Seres queridos que ya no están con nosotros.* Parientes o amigos que han fallecido, pero que permanecen a nuestro alrededor para ayudarnos, igual que lo hacen los ángeles de la guarda.

- *Maestros que han ascendido a los cielos.* Maestros iluminados y sanadores, como Jesucristo, Moisés, Mahoma, Buda, Krishna, la Virgen María, Saint Germaine y Quan Yin, que desde los cielos ayudan a los seres humanos.

Tengo la costumbre de explicar a las personas que me consultan por qué cada uno de sus compañeros espirituales está a su lado. Por ejemplo, un ser querido fallecido puede presentarse en una sesión sólo para decir: «Hola, te quiero» o «Estoy contigo para ayudarte en tu matrimonio». Los ángeles, en cambio, tienen más razones para estar junto a nosotros, como ayudarnos a tener coraje, velar por nuestra seguridad cuando estamos conduciendo, enseñarnos a tener paciencia o mostrarnos cómo mantener relaciones positivas con los demás sin juzgarles.

Inmediatamente después pido a la persona que describa el problema que le ha llevado a pedir ayuda angélica, que en general puede reducirse a una pregunta básica, por ejemplo: «¿Cómo puedo conseguir que mi novio se case conmigo?» o «Soy adicta a las compras por catálogo y ya he tenido que hacer frente a abultados cargos en mis tarjetas de crédito. ¿Cómo puedo parar?» o «Mi madre y yo siempre discutimos. ¿Qué creen los ángeles que debo hacer para que deje de fastidiarme?».

A continuación pido a los ángeles orientación. A través de mí, transmiten sus consejos a mis pacientes. En algunos casos me muestran una «película» en la que se puede ver claramente a la persona que realiza la consulta dando una conferencia, escribiendo un libro, dedicándose a algún trabajo terapéutico o haciendo cualquier otra cosa. En otras ocasiones, los ángeles me hablan con palabras audibles, explicándome la misión que esa persona tiene en la vida.

Lo más común es que los ángeles me transmitan sus mensajes a través de uno de los cuatro canales de comunicación celestial: clarividencia (cuando veo imágenes del pasado de mi cliente), clariaudiencia (cuando los ángeles me hablan), clarisensibilidad (cuando experimento intensos sentimientos que me revelan la esencia del mensaje) y clariconocimiento (una forma de transmisión de pensamientos procedentes del cielo). Todos nosotros tenemos acceso a estos cuatro «canales» divinos, y cualquiera puede usarlos. En el capítulo 1 encontrarás un breve resumen de todos ellos. (Las personas que estén interesadas en recibir consejo angélico por una de estas cuatro vías, tal vez deseen leer mi libro *Divine Guidance,* en el que se incluyen instrucciones detalladas.)

Durante las sesiones siempre oigo que los ángeles me hablan por el oído derecho. Por alguna razón, nunca he escuchado mensajes angélicos por el oído izquierdo. Mis clientes y otras personas me han comentado que habitualmente reciben los consejos por ese oído, y en algunos casos de forma exclusiva. También hay quienes oyen las prescripciones celestiales con igual claridad por ambos oídos.

Con el fin de estar segura de que las voces que escuchaba no eran producto de mi imaginación, sino que pertenecían a los mensajeros celestiales, solía formular la misma pregunta muchas veces, aunque de diversas formas. Una de las características de los verdaderos mensajes celestiales es que se reciben reiteradamente. He llegado a comprobar que aunque formule la pregunta una y otra vez, siempre obtengo la misma respuesta. Este es uno de los sistemas para descubrir si las voces que escuchamos pertenecen realmente a los ángeles, ya que nuestra imaginación tiende a dar una respuesta diferente cada vez.

En el caso de que la persona que realiza la consulta tenga más preguntas que hacer (¡y normalmente es así!), los ángeles y yo respondemos a todas ellas, para que el mensaje se comprenda con claridad.

No es frecuente que las personas se molesten o reaccionen mal cuando los ángeles les sugieren cambiar algún aspecto de su personalidad que no es positivo (por ejemplo, la agresividad) o abandonar algún hábito destructivo (por ejemplo, el tabaco o la infidelidad compulsiva). En algunas ocasiones, cuando los ángeles me hacen llegar un mensaje de este tipo para que lo transmita a mi cliente, me preocupa la respuesta que puedo recibir, y me pregunto: «¿Cómo puedo decirle a esta persona tan agradable algo semejante?». Cuando me encuentro en una situación similar, los ángeles me enseñan a transmitir el mensaje de forma amorosa, sin que resulte ofensivo. El resultado es que mis clientes reciben y aceptan las prescripciones sin problemas, pues sienten que estas comunicaciones van acompañadas de un amor incondicional. Saben que sus ángeles no les están criticando, ni juzgando, ni castigando, sino respondiendo a sus plegarias y sus peticiones de ayuda. Muchas personas se dan cuenta de que la esencia de los mensajes que los ángeles les envían ya se encuentra en lo más profundo de su ser.

Cuando el problema que plantea el cliente incluye a otra persona, siempre pido a los ángeles que me pongan en contacto con ella. Es lo primero que hago, y luego respiro hondo y repito tres veces mentalmente su nombre de pila, para estar segura de que me estoy concentrando en la persona correcta. Eso es todo. Inmediatamente después los ángeles me muestran una imagen de esa persona, esté viva o muerta. El nombre de cada uno de nosotros va acompañado de una vibración que tiene registrada toda la información sobre su pasado, su presente y su futuro. Es como el nombre de un archivo de ordenador, que nos permite tener acceso a un programa específico.

Si mis clientes me piden que mire en su futuro, los ángeles me muestran muy rápidamente, como si fuera una cinta de vídeo, diversos futuros posibles que, según he llegado a comprender, son alternativos. Cada uno de nosotros tiene libertad de decisión, y estos futuros alternativos nos desvelan el curso que seguirá nuestra vida en función de las elecciones que hagamos. Los ángeles no toman decisiones sobre la vida de los seres humanos. Lo que sí hacen, en cambio, es sugerir soluciones alternativas cuando perciben que alguien va a seguir los dictados de su ego en lugar de atender a la mejor parte de su naturaleza.

Cuando una persona se encuentra atrapada en alguna situación, suele albergar en su interior sentimientos negativos, como ira, culpa o vergüenza, que son fuente de muchos problemas. Los ángeles trabajan para conseguir que se libere de estos bloqueos, como si fueran limpiadores de chimeneas, digamos, barriendo y eliminando residuos emocionales y espirituales, consecuencia de los pensamientos y sentimientos negativos que la persona ha ido generando y acumulando.

Dado que soy una psicóloga que ha trabajado como consejera matrimonial y familiar, es frecuente que mezcle mis conocimientos clínicos con los mensajes angélicos. Siempre que lo creo conveniente pido a los ángeles que me guíen, aunque en todos los casos informo a mis clientes claramente si son los ángeles quienes les hablan o si soy yo.

Después de una sesión de terapia angélica, mis consultantes me cuentan que, gracias a las prescripciones de los ángeles, que les han permitido liberarse de su negatividad, se sienten más ligeros, felices y libres. Es frecuente que se pongan en contacto conmigo posteriormente por carta, por teléfono o solicitando una cita en mi consulta, y me informen de que, como resultado de los consejos celestiales, se han producido cambios significativos en su vida y en su aspecto.

Los mensajes celestiales, el mensajero y nosotros

Para recibir consejos celestiales que nos ayuden a mejorar nuestra vida, no es necesario recurrir a una persona que haga lecturas angélicas o que tenga poderes especiales. Estos mensajes están destinados a todos los seres humanos, y Dios desea que los recibamos de la forma más sencilla posible. Muchas de las personas que me han consultado o han participado en mis grupos de trabajo han aprendido a utilizar el servicio de mensajería celestial. Han aprendido a ser conscientes de la presencia de sus ángeles, y a ser receptivas a los mensajes que intentan transmitirles, y eso es algo que todos podemos hacer.

Hablo de personas normales y corrientes, que no poseen ningún talento especial que tú no tengas. Estoy convencida de que todos tenemos un sexto sentido. Es más, creo que este sexto sentido que nos permite a los seres humanos contactar con los mensajeros celestiales no es sino la presencia de Dios en nuestro interior. Esto es algo que todos podemos hacer (o aprender a hacer) en cualquier momento, porque eso con lo que intentamos contactar ya se encuentra en nuestro interior. Al recibir los mensajes celestiales estamos actuando como nuestro propio canal de comunicación, y el de Dios. Nosotros mismos somos el sexto sentido. Una vez que hemos aprendido a sintonizar con nuestros sentimientos, pensamientos, visiones y sonidos internos, es fácil recibir y comprender los consejos de los ángeles.

❦   ❦   ❦

En el capítulo 1 hablaremos de los consejos celestiales y los beneficios que pueden reportarnos en el plano personal. Descubriremos:

- Qué son y cómo pueden beneficiarnos en el plano individual.

- Las tres formas de respuesta a nuestras plegarias: consuelo divino, milagros y consejos celestiales.

- Por qué en ocasiones las personas bloquean o descartan los consejos celestiales.

- Cómo superar el miedo a comunicarnos con los ángeles.

- Cómo reconocer los cuatro canales de comunicación del sexto sentido.

Del capítulo 2 al 7, hablaremos de los consejos que Dios envía a los seres humanos a través de los ángeles para ayudarnos a solucionar muchos de nuestros problemas más urgentes. Estos consejos están extraídos de los mensajes que los ángeles han hecho llegar a mis consultantes, amigos y familiares y a las personas que han participado en mis grupos de trabajo. Yo misma me he beneficiado de ellos, aplicando algunas de estas prescripciones celestiales a mi vida personal, y creo que tú también puedes hacerlo. A continuación veremos algunos de los problemas que he incluido:

- Temas personales como adicciones, depresión, tristeza.

- Asuntos amorosos: atracción por el alma gemela ideal, celos, miedo al compromiso, etc.

- Problemas maritales, como, por ejemplo la infidelidad, la incompatibilidad sexual o la pérdida de intimidad.

- Conflictos familiares, como la educación de los hijos, unos padres excesivamente críticos, etc.

- Temas profesionales y económicos: estrés en el trabajo, lanzamiento de un nuevo proyecto empresarial, dificultades económicas, etc.

El capítulo 8 contiene información detallada sobre todas las cuestiones referentes a la petición y recepción de los consejos celestiales que pueden ayudarnos a resolver nuestros problemas personales. Por ejemplo:

- Cómo liberarnos de nuestras emociones turbulentas para que no se nos pierdan las señales que los ángeles nos envían.

- Un sencillo método en dos pasos que nos permite obtener consejos celestiales para nuestros problemas personales.

- Cómo saber si realmente estamos recibiendo mensajes que proceden del cielo.

El capítulo 9 contiene una guía paso a paso para todas aquellas personas que deseen avanzar un poco más en el proceso, y quieran aprender a realizar lecturas a otras personas con el fin de transmitirles los mensajes que los ángeles les envían. Podrán aprender:

- Cómo transmitir los consejos celestiales a los demás.

- Cómo transmitir prescripciones desagradables.

- Qué hacer cuando una persona se vuelve dependiente de quien le transmite los consejos celestiales.

El objetivo de este libro es enseñarte a tener contacto directo con la sabiduría celestial, y es mi sincero deseo que luego sigas los consejos que recibas. Como terapeuta he podido observar que quienes consultan frecuentemente a Dios, a los maestros que están en el cielo o a los ángeles, están más equilibrados que quienes no lo hacen. Estas personas tienden a ser menos negativas y están menos a la defensiva que las que se encuentran alejadas de Dios y de los ángeles. Es poco probable que se encuentren emocionalmente estancadas, como si fueran un vehículo con las ruedas siempre girando y girando en el mismo sitio a lo largo de su vida. También suelen ser más felices y optimistas.

1

Soluciones celestiales para ti
y tus problemas

Es probable que en alguna ocasión hayas leído sobre casos de intervenciones milagrosas o ejemplos de consuelo celestial, o incluso que lo hayas experimentado. Se trata de historias en las que una persona se cura o salva su vida gracias a la ayuda de una fuerza misteriosa, de una voz o de otra persona. Estos acontecimientos nos ayudan a los seres humanos a tener fe, a creer que Dios y los ángeles de la guarda cuidan de nosotros. Cuando es necesario, los ángeles intervienen en nuestra vida milagrosamente.

Sin embargo, Dios y los ángeles no sólo hacen milagros para rescatar a los seres humanos de situaciones que representan una amenaza para su vida. Ponen también a nuestra disposición muchos consejos prácticos y *terapéuticos* que nos permiten solucionar problemas personales, sanar nuestros sentimientos heridos y resolver los difíciles dilemas que se nos presentan. Una de las formas de intervención celestial más habituales y probablemente más relevantes es la transmisión de lo que yo llamo «consejos celestiales», es decir, remedios angélicos destinados a curar nuestras heridas y resolver las dificultades de nuestra vida cotidiana.

Recordemos que en los escritos espirituales de la antigüedad se decía que tanto Dios como los ángeles actúan como guías dando a los seres humanos consejos prácticos para los problemas de la vida cotidiana. Por ejemplo, la Tora (o Antiguo Testamento de la Biblia) explica excelentes técnicas destinadas a resolver conflictos con miembros de la familia u otras personas, hace saludables recomendaciones sobre la preparación de alimentos o sobre la armonía en el matrimonio, y da consejos para los cultivos y la crianza de ganado. Una vez terminada la Biblia, el cielo no dejó de ofrecer este tipo de orientación y guía. Aproximadamente dos mil años más tarde, Dios y los ángeles continúan ofreciéndonos sus consejos celestiales, para que hagamos frente a nuestras dificultades de la mejor forma posible.

El «querido abuelito» celestial

Cuando damos nuestra autorización a los ángeles para que nos envíen sus remedios, aprendemos a abrir los cuatro canales de la comunicación divina (de los que nos ocuparemos más adelante en este capítulo) y seguimos los consejos que recibimos a través de nuestro sexto sentido, la vida es como viajar sobre un cojín, protegidos por los ángeles. Las prescripciones celestiales son un regalo que Dios hace a los seres humanos. Si aceptamos y ponemos en práctica estos consejos, nos vemos beneficiados de muchas formas: conseguimos el éxito (independientemente de lo que esta palabra signifique para cada uno), estamos más en paz con nosotros mismos y disfrutamos de unas relaciones amorosas y familiares más plenas.

Enfrentémonos a los hechos: de vez en cuando todos nos encontramos ante dificultades y desafíos penosos, problemas que van de lo meramente irritante hasta lo devastador. Amor, situación económica, hijos, salud, relaciones personales... ¿Quién no se ha visto desbordado por la desesperación, quién no ha sufrido conflictos en alguna de estas áreas de la vida o en más de una de ellas? Cuando estamos ante un desafío, siempre intentamos afrontarlo de la mejor forma posible. Sin embargo, a menudo tenemos la sensación de que detrás de un problema siempre viene otro. Y en ocasiones se presentan situaciones difíciles, como la pérdida de nuestro trabajo o la existencia de importantes diferencias de carácter o forma de pensar en nuestra pareja, que parecen no tener solución.

Se han publicado millones de libros de autoayuda y se han hecho muchas más sesiones de psicoterapia. Posteriormente, se ha comenzado a hablar de ello en programas de televisión. Aun así, la raza humana sigue teniendo los mismos problemas que cuando apareció el concepto de autoayuda. Aunque bien intencionados, estos métodos humanos han fracasado, al no poder conseguir una mejoría cuantificable de nuestra salud y nuestra felicidad, y ello se debe a que fueron concebidos por seres humanos y son, por lo tanto, un producto de las debilidades y las limitaciones humanas.

La única forma de curación psicológica que he podido encontrar capaz de producir un profundo y duradero efecto terapéutico tiene un enfoque espiritual. No importa cuál sea la causa del conflicto. Tal vez nos estemos enfrentando a un matrimonio desdichado, a la rebeldía de nuestros hijos, a una depresión, a alguna adicción, a desafíos en el terreno económico o a problemas relacionados con la avanzada edad de nuestros padres. Es posible también que nos encontremos en un callejón sin salida en nuestra vida profesional. Para cualquier problema, los ángeles tienen remedios celestiales que harán posible la curación. Como profesional, he tenido ocasión de ver cómo los remedios celestiales han ayudado a sanar a mis pacientes. De hecho, podríamos considerar a los ángeles un equivalente del «querido abuelito» que contesta a nuestras preguntas con sabios y benéficos consejos.

Durante las sesiones de terapia, a través de mí los ángeles han dado sabios consejos sobre una gran variedad de temas a mis pacientes y a otras personas que participaron en mis grupos de trabajo. Yo misma he aplicado con bastante frecuencia estos consejos celestiales a mi propia vida. Hacerlo me ha ayudado a encontrar una salida a problemas aparentemente irresolubles, y me ha orientado hacia una vida más saludable y feliz. También he pasado a amigos, familiares y clientes algunas prescripciones que les resultaron tan beneficiosas como a las personas a quienes fueron originalmente destinadas. De esta forma, he llegado a la conclusión de que las estrategias y soluciones sugeridas por los ángeles se pueden aplicar con éxito a otras personas en similares circunstancias.

En este libro, especialmente en los capítulos que van del 2 al 7, he incluido casi cincuenta consejos celestiales que los ángeles han dado a mis consultantes para algunos de los problemas más dolorosos que los seres humanos podemos tener que afrontar en la actualidad.

Desde un punto de vista psicológico, creo que estas prescripciones contienen consejos eficaces para potenciar el crecimiento personal y solucionar situaciones conflictivas, logrando que se produzca una mejoría o una curación. Es más, he sido testigo de que quienes siguen estos consejos angélicos alcanzan un mayor nivel de curación, energía y paz interior. Estas personas se sienten queridas y protegidas, y ello se traduce en un sentimiento interno de serenidad que atrae hacia su vida gente, experiencias y oportunidades maravillosas.

La importancia de pedir

Existe un solo requisito para recibir consejos celestiales que nos ayuden a solucionar nuestros problemas: hay que pedirlos al cielo, conscientemente (en voz alta o en silencio). Al principio piensa en los ángeles y luego pide mentalmente: «Por favor, ayudadme con (explica el asunto que te preocupa)». Los ángeles responden a la mayoría de las plegarias de forma casi inmediata, enviando un consejo celestial. Si te saltas el primer paso y omites pedir ayuda a los ángeles explícitamente, el cielo nada podrá hacer por ti. Aunque necesitemos el consejo celestial, aunque lo deseemos muy intensamente, con todo nuestro corazón, si no dirigimos nuestra petición al cielo, la ayuda angélica no llegará.

Los ángeles *desean* ofrecernos su orientación y su guía, para que las usemos en nuestro propio beneficio. Esa es la idea clave:

a los ángeles no se les permite imponernos su ayuda, pues de esa forma estarían violando la libre voluntad que Dios ha concedido a todos los seres humanos. Por esta razón es tan importante solicitar su ayuda, y permanecer luego abiertos y receptivos. La única excepción es cualquier situación en la que peligre nuestra vida, como un accidente de coche, cuando todavía no haya llegado nuestro tiempo de partir. Aun en ese caso, los ángeles sólo nos pueden prestar su ayuda si les permitimos hacerlo.

Una tarde, haciendo gala de su extraordinario sentido del humor, los ángeles me dieron una lección inolvidable sobre la importancia de pedir su ayuda. Me encontraba entonces en North Scottsdale, Arizona, con motivo de uno de mis seminarios de fin de semana. Unos amigos me llevaron hasta un gimnasio el sábado por la noche, y se ofrecieron para recogerme más tarde, a lo que contesté que cogería un taxi de regreso a nuestro hotel. Siguiendo mi plan, pedí las Páginas Amarillas para llamar a una compañía de taxis desde el teléfono del club. En el primer número que encontré me contestaron: «Ah, no hacemos servicios en el área de North Scottsdale». En la segunda empresa de taxis, me explicaron que no les sonaba la calle donde se encontraba el gimnasio. En una tercera compañía, me dijeron: «Lo siento, esta noche tenemos mucho trabajo, así que podríamos tardar de cuarenta a cuarenta y cinco minutos en llegar hasta allí».

Desanimada, decidí regresar al hotel andando. Después de todo, pensé, había pasado una hora en la cinta de andar. ¿Qué era una hora más de ejercicio? Aun así, era consciente de que iba a ser una caminata difícil. Para empezar, no había aceras en esa parte de la ciudad, y tendría que caminar por sitios pedregosos en la oscuridad. Iba de tropezón en tropezón, así que decidí buscar alguna calle de los alrededores donde hubiera tráfico y movimiento, para coger allí un taxi o un autobús.

Los coches pasaban por mi lado a gran velocidad, sin que hubiera señales de transporte público por ninguna parte. Era un barrio demasiado residencial para encontrar en él taxis o autobuses, pensé. Silenciosamente me quejé a mis ángeles, y les dije: «¿Cómo es posible que vosotros, muchachos, me hagáis esto, después de haber pasado todo el día explicándole a la gente lo que son los ángeles? Yo he hecho mi parte, ¿cómo es que no me ayudáis?».

En ese momento oí en mi interior la respuesta de los ángeles, suave pero irónica: «*Disculpa, ¿nos has pedido un taxi?*».

Al darme cuenta, contuve por un momento la respiración. En realidad, *no* había pedido el taxi a los ángeles. No existía ninguna duda de que me encontraba en dificultades. Llevaba mucho rato intentando, desde mis limitaciones humanas, encontrar una solución, sin pedir la ayuda celestial. «Os hago llegar mi solicitud oficial en este mismo momento, queridos ángeles —respondí mentalmente—. Por favor, enviadme un taxi ahora mismo.» No habían pasado más de dos minutos cuando me di la vuelta y vi un taxi amarillo, grande y completamente nuevo pasando muy despacio frente a un solar que había al lado. Hice un gesto con la mano como si fuera a llamar un taxi en Nueva York. El conductor paró de inmediato.

Con una sonrisa dejé que el taxista me llevara confortablemente hasta el hotel. Durante el camino, me comentó, de forma casual, que era una suerte que se encontrara conduciendo por aquella calle, y agregó: «Los taxis no suelen hacer servicios en esta zona».

Desde que me ocurrió este incidente, siempre me acuerdo de pedir conscientemente a los ángeles que se involucren en todos los aspectos de mi vida.

Nunca me cansaré de recordar a la gente lo importante que es pedir a los ángeles que nos ayuden a encontrar soluciones para todo aquello que nos preocupa o que pueda plantearnos una dificultad. He llegado a darme cuenta de que mucha gente se resiste a pedir ayuda a Dios, salvo que su vida o la de un ser querido corra peligro. Sin embargo, no debemos olvidar que durante las crisis Dios no necesita nuestra solicitud ni nuestro consentimiento para acudir en nuestra ayuda. Antes de que nos pongamos a gritar pidiendo ayuda, Él ya nos habrá enviado a sus ángeles. Dios y los ángeles sólo necesitan nuestra autorización para intervenir cuando se trata de problemas cotidianos.

Algunas personas no se deciden a pedir ayuda celestial por miedo a hacer algo mal. Temen que Dios ignore sus peticiones si no las expresan con corrección, dando por sentado que en cada situación han de usar palabras o fórmulas especiales. La respuesta de los ángeles es: «*No necesitáis hacer invocaciones formales para pedirnos ayuda. Apreciamos vuestra intención, vuestro deseo de usar las fórmulas de protocolo correctas, como vosotros las denomináis. Sin embargo, sólo con que nos llaméis, nosotros acudiremos de inmediato llevando remedios para todo aquello que os preocupe. Basta con un pensamiento, una palabra, una imagen. Los términos que uséis al hacer vuestras peticiones no son importantes. Lo que realmente cuenta en ese momento es que estáis pidiendo ayuda*».

No debemos preocuparnos si la primera vez que pedimos ayuda a los ángeles nos sentimos torpes o un poco raros. Siempre que nuestra intención sea ponernos en contacto con Dios y con el reino angélico, no existe ninguna posibilidad de cometer errores. Y aunque tengamos la sensación de que los ángeles no oyen nuestras peticiones, podemos quedarnos completamente tranquilos, porque el cielo siempre escucha.

Recuerda que la petición de ayuda celestial, llamada también oración o plegaria, es una condición imprescindible para que el cielo te conteste. No importa que tus plegarias sean formales, como tampoco importa que te encuentres en una iglesia, en un templo, en una sinagoga o en casa. Lo único que realmente cuenta es que hagas tus peticiones con el corazón. Da exactamente igual que pertenezcas a una religión o a otra, que seas agnóstico o ateo, que hayas vivido una vida inmaculada, dedicada al servicio de los demás, o una vida de codicia, manipulación y deshonestidad. El cielo atiende siempre todas nuestras plegarias. (Por supuesto, Dios no contesta las plegarias de personas «malas» que piden ayuda celestial para llevar a cabo acciones destructivas, aunque los ángeles pueden orientarlas con el fin de que encuentren una forma de ser mejores personas.) El cielo no hace ningún tipo de discriminación, y responde por igual a todas las peticiones de consejos celestiales.

Cómo contesta el cielo nuestras plegarias: consuelo divino, milagros y consejos celestiales

Dios nos hace llegar su ayuda de tres maneras diferentes, según lo que necesitemos o lo que hayamos pedido. Nuestras plegarias pueden ser contestadas por medio de consuelo divino, intervenciones milagrosas o consejos celestiales.

Consuelo divino. Si cuando nos sentimos deprimidos, preocupados, enfadados, solitarios o temerosos, pedimos ayuda al cielo, Dios y los ángeles acudirán con un mensaje reconfortante que nos devolverá la seguridad. Puede ser algo tan simple como un repentino e intenso sentimiento de paz y bienestar. Es posible también que tengamos un sueño que por alguna razón sea significativo y nos haga sentir seguros. Quizás surja algo en nuestro interior que nos haga ver la situación desde una perspectiva completamente distinta. Tal vez un amigo nos diga las palabras que necesitábamos oír para sentirnos mejor. En ocasiones se trata de una señal —el arco iris, una mariposa o una pluma que cae a nuestros pies— que sólo tiene un significado especial para nosotros.

Intervenciones milagrosas. Nos encontramos en medio de una crisis y pedimos ayuda al cielo. Entonces, milagrosamente nos llega la solución, que no es producto de nuestro propio esfuerzo, sino la consecuencia de una serie de acontecimientos fortuitos. Es posible que aparezca alguien, que aparentemente ha salido de la nada, y nos oriente cuando nos encontramos perdidos en un camino, para desaparecer de inmediato y sin dejar rastro. Al acercarnos a un cruce, con el semáforo en verde, una voz podría gritar en nuestro oído: «¡Detente!», evitando de esta forma que por muy poco choquemos con otro coche que se ha saltado el semáforo en rojo. Dios y los ángeles siempre actúan instantáneamente, e intervienen cuando el peligro de muerte es inminente.

Consejos celestiales. Puede darse el caso de que tengamos un problema específico: reunir el dinero necesario para la boda de nuestra hija, dejar de fumar, ayudar a nuestro hijo a mejorar sus notas en matemáticas, pasar el día de Acción de Gracias con nuestros hipercríticos familiares, disminuir nuestro nivel de estrés, decidir entre dos oportunidades de trabajo aparentemente iguales o dejar de toparnos con perdedores y encontrar al hombre o la mujer ideal. Decidimos entonces pedir a Dios y a los ángeles que nos ayuden con este problema, y al poco tiempo nos llega la solución perfecta a través de un artículo, de un programa de televisión o de una voz interior (una voz física, perfectamente audible). Esta solución puede también llegarnos de la mano de un compañero que nos da cierta información, o a través de un terapeuta cualificado, una terapia de grupo u otros medios que puedan funcionar temporalmente como canales de información celestial.

Por qué bloqueamos los mensajes celestiales

Algunas personas se quejan de que el cielo nunca ha atendido sus peticiones de consejo angélico, y dicen sentirse defraudadas por este silencio. A menudo, cuando les pregunto si han tenido intuiciones, si han oído repetitivamente alguna canción en su mente o si han tenido sueños intensos sobre el tema que les preocupa, responden afirmativamente. De forma ininterrumpida el cielo les había estado enviando mensajes celestiales, pero ellas los bloqueaban inconscientemente. No es que Dios hiciera oídos sordos a sus palabras, sino que ellas hacían oídos sordos al mensaje divino.

¿Por qué la gente habría de ignorar su sexto sentido y bloquear algo tan beneficioso y terapéutico como los remedios celestiales? Ello ocurre porque en lo más profundo de su ser estas personas desconfían de los ángeles, o tienen miedo de que les propongan hacer algún cambio importante en su vida. Esta parte de nuestro ser que se encuentra en lo más profundo de nosotros es nuestro ego, nuestro ser inferior, y está compuesto de miedo al ciento por ciento. A nuestro ego le da miedo todo:

Dios, el amor, los ángeles, la felicidad... Pero, por encima de todo, teme que cambiemos y perdamos nuestros miedos, ya que entonces él desaparecería.

Por esta razón el ego está continuamente generando miedos. Algunas veces en el pasado seguimos nuestra intuición y no funcionó... ¿Y si nos equivocamos una vez más y como consecuencia de ello nuestra vida empeora? ¿Qué dirán los demás, cómo reaccionarán? Puede que se rían de nosotros, que se alejen o incluso que nos demanden judicialmente. Como si fuera un perro que intenta morderse la cola, el ego está siempre en guerra con nuestro yo superior, que instintivamente confía en los mensajes y los consejos de Dios y hace caso de ellos. A continuación veremos algunos de los miedos que crea el ego para bloquear nuestra conciencia de los mensajes celestiales.

MIEDO A OFENDER A DIOS
Algunas personas se niegan a oír las prescripciones divinas porque temen transgredir las normas de su religión. Quienes se han educado en una religión basada en la obediencia, se preguntan si está permitido hablar directamente con los ángeles, y si puede ello perjudicarles de alguna forma. Tienen miedo de ofender a Dios y que Él les castigue por su falta. Suelen preguntarme: «¿Es correcto hablar directamente con los ángeles o debería dirigir todas mis peticiones sólo a Dios?».

En el caso de que hayamos sido educados en una religión que nos enseña que sólo podemos hablar con Dios, Jesús o cualquier otra entidad espiritual, podemos dirigir nuestras plegarias a esa entidad, que nos responderá enviándonos sus consejos.

Por mi parte, jamás he oído que Dios castigara a nadie por «pasarle por alto» y hablar directamente con los ángeles. Éstos son los primeros en glorificar a Dios y no desean ser adorados. Nos aconsejan no dedicarles plegarias, que no es lo mismo que sencillamente hablarles. La Biblia y otros textos espirituales contienen innumerables ejemplos de personas que hablan con ángeles, lo cual se puede interpretar como una clara invitación a hacerlo.

MIEDO A COMETER ERRORES
Muchas personas temen que los mensajes celestiales les induzcan a cometer graves errores. «¿Qué pasaría si yo los interpretara erróneamente?», se preguntan. «¿Y si hago que mi vida empeore?» El consejo divino siempre es terapéutico, y siempre hace que nuestra vida mejore. Si se lo pedimos, los ángeles nos ayudarán también a fortalecer nuestra confianza en los consejos celestiales, para que actuemos con seguridad cuando los pongamos en práctica.

MIEDO A NO MERECER LA FELICIDAD
Las personas que durante la infancia han sufrido alguna forma de abuso o humillación podrían no sentirse merecedoras de una vida de armonía, crecimiento personal, abundancia y amor. Esta es, sin embargo, la vida que Dios ha creado para nosotros, la vida hacia la que nos conducen siempre los consejos celestiales. Por ejemplo, alguien podría sentir que no merece la felicidad porque ha herido o traicionado a otra persona, porque no se considera bueno, porque piensa que no ha luchado lo suficiente o simplemente por su estilo de vida. Como es lógico, le dará miedo recibir cualquier forma de orientación divina.

A pesar de que el amor de Dios es *incondicional,* es mucha la gente que actúa y reacciona como si *no* lo fuera. Eso ocurre porque estas personas no se aman a sí mismas de un modo incondicional. «Aún no merezco la felicidad», suelen pensar. «Antes tengo que (acabemos la frase: perder peso, graduarme, terminar de pagar mis deudas, etc.)… Entonces sí mereceré la felicidad.» Es algo similar a limpiar la casa antes de que llegue la asistenta.

Estas personas han entendido el tema al revés. Si fueran en la actualidad perfectamente felices, no habría nada que Dios pudiera hacer por ellas. Dios y los ángeles desean ayudar precisamente a quienes no son felices, mostrándoles el camino que conduce a una existencia plena, rica y satisfactoria. Resumiendo, para que Dios pueda ayudar, es imprescindible que alguien necesite su ayuda. Y cuando dejamos actuar a Dios, que está deseoso de ayudarnos con la sabiduría de sus consejos, permitimos al cielo que cumpla su propósito.

MIEDO AL PODER QUE DIOS NOS HA DADO

Una de las cosas que más temor produce es el hecho de que los consejos celestiales confieren cierto poder. La mayoría de las personas entienden que han sido creadas a imagen y semejanza de Dios, aunque nunca tienen en cuenta que Dios es todopoderoso. Ya que fuimos creados a Su imagen y semejanza, ¿no es lógico que seamos también extremadamente poderosos?

Hay demasiadas personas que actúan como si fueran pobres víctimas impotentes frente a los poderes externos. Ello ocurre porque a la mayoría de la gente se le ha enseñado a temer el poder. Muchas mujeres, por ejemplo, son educadas para creer que «poder» es sinónimo de «agresividad», un rasgo de carácter considerado muy poco femenino. El resultado es que temen ser abandonadas o criticadas si alcanzan una situación de poder. En algunos casos los hombres desconfían del poder porque han visto cómo destruía la vida de sus padres o de otras personas. Ambos sexos temen que, al hacer uso de su poder, puedan cometer errores sin darse cuenta, provocando con ello el sufrimiento de otras personas y el suyo propio.

En caso de haber hecho un mal uso de nuestro poder en el pasado, los ángeles nos recordarán que hemos evolucionado desde entonces, y que nuestras circunstancias han cambiado. Lo que los ángeles nos dicen en este caso es: «*Hoy eres más sensible a los sentimientos de quienes te rodean, y esta conciencia te impedirá que causes sufrimiento a los demás al hacer uso de tu poder. En la actualidad eres incapaz de abusar de tu poder tal como hiciste antes*».

Cuando dejamos que aflore en nosotros el poder que el Creador nos ha concedido, ya estamos preparados para usarlo de forma que beneficie a los demás. Es posible, por ejemplo, que los ángeles nos aconsejen que resolvamos una disputa familiar muy antigua, que consigamos que la dirección de la empresa exprese su reconocimiento a todo el departamento por su trabajo, que abandonemos una relación abusiva o que salvemos nuestra empresa de la quiebra. Pueden sugerirnos incluso que realicemos un acto de servicio a los demás adoptando el papel de profesor, consejero o mentor.

MIEDO A CONTACTAR CON ÁNGELES CAÍDOS

Muchas personas temen contactar con ángeles caídos si no envían sus peticiones a Dios directamente. Suelen preguntarme: «¿Y qué ocurriría si un ángel caído o el anticristo consiguiera engañarme e inconscientemente le permitiera empujarme a una vida de sufrimiento? ¿Es que no existe también el lado oscuro?».

Las personas que viven y rezan con buenas intenciones no deben preocuparse por los ángeles caídos. Quienes tienen una conciencia basada en el amor atraen hacia sí a seres afectuosos. Además, quienes llevan una vida limpia resultan *aburridos* para el lado oscuro. (En el apéndice A hay más información acerca de la forma de reconocer y evitar a esos seres llamados ángeles caídos.)

Los cuatro canales de la comunicación divina

Existe una última razón por la que a veces las personas no reciben las prescripciones que el cielo les envía. No reconocen el canal por el cual les llegan las respuestas. En muchas ocasiones rechazan la experiencia, dando por sentado que sólo se trata de una extraña sensación, del estado de ánimo en el que se encuentran o de una idea que no consiguen apartar de su mente, o simplemente creen que están soñando despiertas. Y luego, inconscientes del hecho que el tan esperado consejo divino ya llegó y se alejó sin que se dieran cuenta de ello, acusan a los ángeles de no haber respondido a sus plegarias.

Aunque existen numerosos libros que hablan de personas que «escuchan» mensajes angélicos, la realidad es que muchas de ellas no reciben dichos mensajes en palabras audibles. En sólo una cuarta parte aproximadamente de los casos que he investigado a título personal, la persona podía oír físicamente las voces, dentro de su cabeza o fuera de ella. Mis investigaciones revelaron que muchas de esas personas reciben los mensajes angélicos a través de sus propios pensamientos y sentimientos, mientras que otras los reciben en forma de imágenes que ven con el ojo de su mente, o por medio de sensaciones físicas. Existe aún un último grupo que habla de un conocimiento que extraen de lo más profundo de su ser, y que no pueden explicar con palabras.

¿Por qué existe tal proliferación de canales de comunicación para la transmisión de mensajes angélicos entre el cielo y la tierra? Para transmitir mensajes a nuestros amigos, no estamos limitados a una sola forma de comunicación. Tenemos distintas opciones, como el teléfono, el correo electrónico, los periódicos o encuentros personales, y podemos escoger entre ellas la que nos parezca más conveniente. De la misma forma, el cielo no se limita a una única vía para hacernos llegar sus consejos, sino que intenta comunicarse con nosotros usando métodos diversos. Los ángeles escogen aquellos que consideran más sencillos y más adecuados a nuestra personalidad.

Lo habitual es que las prescripciones celestiales nos lleguen a través de uno de los siguientes canales:

- Clariaudiencia (palabras y sonidos)
- Clarividencia (imágenes)
- Clarisensibilidad (emociones y sensaciones)
- Clariconocimiento (conocimiento instantáneo)

Aunque todo el mundo puede aprender a usar cualquiera de estos cuatro canales, la ciencia (igual que mi propia experiencia) ha demostrado que por lo menos al principio los distintos tipos de personas pueden usar con mayor facilidad uno de ellos. En trabajos de investigación muy recientes, incluido un extenso estudio realizado en Harvard, se han asociado estos cuatro canales de recepción de mensajes celestiales a las cuatro formas básicas de «inteligencias» o «regiones» del cerebro, cada una de las cuales corresponde a un determinado estilo de aprendizaje, percepción y pensamiento. En algunas personas, según se ha podido ver, predomina la región o inteligencia visual; de ahí que piensen y aprendan con mayor facilidad por medio de imágenes que usando palabras.

En el caso de que predomine en nosotros el modo de percepción visual, por ejemplo, nos resultará más fácil recibir y comprender los remedios angélicos bajo la forma de imágenes. Si, por el contrario, estamos más centrados en nuestros sentimientos por las personas y las cosas, los ángeles intentarán enviarnos la mayor parte de sus mensajes en forma de emociones que impliquen una intuición o un aviso.

Nos sentiremos más seguros de no dejar pasar mensajes angélicos si permanecemos conscientemente receptivos en el canal que consideremos predominante en nosotros. Cuanto más desarrollemos nuestra capacidad de sintonizar las señales divinas, mayor será nuestra confianza a la hora de recibirlas y determinar si se trata de un mensaje genuino. De esta forma, poco a poco iremos aumentando nuestra habilidad para conectar con lo divino.

Al leer las descripciones de los cuatro canales de la comunicación divina que encontrarás a continuación, podrás decidir cuál de ellos se adapta a ti de forma más natural. Al lado de cada canal haz una pequeña marca por cada experiencia que puedas recordar de las que allí se mencionan. Luego, durante la próxima semana, manténte alerta a otros posibles incidentes similares que puedan surgir, en cuyo caso agregarás otra marca en el canal que corresponda.

En el caso de que no estés seguro de si el incidente fue real o imaginario, igualmente haz una marca. No importa que sólo hayas imaginado que te ha rozado el ala de un ángel. El mero hecho de imaginar algo relacionado con alguna de tus sensaciones físicas, te revela que existe en ti esta orientación. También puedes haber imaginado que viste, oíste o sentiste en tu interior repentinamente la presencia de un ángel. Una vez que hayas terminado, la categoría que tenga más marcas corresponderá al canal de comunicación celestial dominante en tu caso.

Clariaudiencia. En muchos casos las prescripciones celestiales son transmitidas por una suave voz interior que nos describe con todo detalle la solución del problema, como si hubiéramos sintonizado una emisora de radio angélica (que es precisamente lo que ocurre en esta situación). Es posible también que los ángeles nos envíen una señal haciéndonos oír una melodía pegadiza que parece salida de la nada (especialmente en el momento de levantarnos por la mañana). En ocasiones, oímos la voz de un ser querido fallecido, nuestro nombre o un tintineo de campanas. Si deseas recibir estos mensajes con mayor claridad, tendrás que pedirles a los ángeles que suban el volumen en sus conversaciones contigo.

Clarividencia. Los ángeles también se comunican con nosotros enviándonos imágenes, que hacen aparecer de pronto en nuestra mente. En este caso, es posible que recibamos una serie de ellas, como si se tratara de una película que vemos con nuestra mente. Podríamos tener también un sueño en el que un ser querido nos visita y nos transmite un mensaje. Con mucha frecuencia estas imágenes no necesitan explicación, pero si no entiendes su significado, debes pedir que te lo aclaren. Los ángeles necesitan que les respondamos, haciéndoles saber si su mensaje nos ha llegado correctamente.

Clarisensibilidad. En esta categoría, las prescripciones celestiales son transmitidas a través de las emociones y las sensaciones físicas. Cuando eso ocurre, las sensaciones que experimentamos son similares al roce del ala de un ángel, y tienen por objeto impulsarnos hacia ciertas líneas de acción o formas de pensamiento, o alejarnos de ellas. La tensión y los sentimientos de temor pueden ser una señal que indica con qué personas o en qué situaciones debemos ser cautelosos. Tener una sensación agradable y relajada en el área del estómago o el pecho es muchas veces una señal de que estamos en el camino correcto, o de que podemos continuar nuestra relación con una persona a la que hace poco que conocemos. Otros ejemplos que la gente me ha contado incluyen tener un presentimiento que demuestra ser acertado, oler el perfume usado por una persona fallecida, y sentir que alguien nos toca o se sienta en nuestra cama cuando no hay nadie más presente.

Clariconocimiento. En este caso, después de solicitar consejo angélico, la solución aparece al poco tiempo en nuestra mente, con total claridad, sin que conscientemente la hayamos traducido en palabras. Es como si Dios hubiera cargado en nuestra mente un archivo informático denominado «Solución de problemas». Por medio de este conocimiento silencioso, que no necesita de las palabras, es posible asimilar y comprender a un nivel profundo distintos tipos de conceptos, aunque sean abstractos y complejos.

Cómo aumentar nuestra fe en los consejos celestiales

En ocasiones las personas no siguen los consejos angélicos por carecer de fe en sí mismas, en los ángeles y en la comunicación celestial. La sola idea de recibir prescripciones del cielo les resulta disparatada. Otros dudan de que Dios escuche y atienda los ruegos de los seres humanos. Existe aún otro tipo de personas que no creen que los consejos celestiales puedan serles de ayuda en cosas tan terrenales como su profesión, su situación económica o su matrimonio.

Sin embargo, el comentario que oigo con más frecuencia durante mis lecturas angélicas es: «Tengo la sensación de que eso es exactamente lo que mis ángeles dirían». Dicho con otras palabras, la validez de las prescripciones celestiales que transmito a mis clientes es confirmada por las resonancias que ellos experimentan en lo más profundo de su ser. Es evidente que estas personas habían recibido mensajes celestiales antes de la lectura angélica, aunque entonces no estaban preparadas para reconocerlos. Los ángeles les mandaban mensajes, y viendo que no tenían conciencia de ellos, se los volvían a enviar. Aun así, mucha gente continúa dudando, y desaprovecha así los preciosos consejos de Dios.

Soy consciente de que al comenzar a trabajar con la orientación divina, resulta muy fácil resistirse a los consejos celestiales. A través de la experiencia, yo he aprendido a confiar en que Dios y los ángeles siempre saben lo que hacen. Cuando confiamos en sus consejos y decidimos seguirlos, nuestra vida empieza a funcionar como una maquinaria bien engrasada. Una vez que comenzamos a poner en práctica estos remedios y experimentamos sus resultados, profundamente beneficiosos, desarrollamos una sólida y bien cimentada confianza en la sabiduría y los poderes curativos del cielo.

Ocurre frecuentemente que en un primer momento no comprendemos de qué forma nos pueden ayudar los consejos que recibimos, y tenemos que dar nuestros primeros pasos apoyándonos en la fe. Supongamos que hemos recibido orientación sobre cómo tratar a alguien que nos resulta molesto, o sobre los pasos que debemos seguir para conseguir ese ascenso que tanto deseamos. Nuestra reacción natural es buscar *primero* una *garantía* de que todo funcionará correctamente, y *luego* actuar. Sin embargo, Dios no suele remitirnos un folleto que explique paso a paso *cómo* se desarrollarán los acontecimientos. La única garantía que recibirás es la seguridad de que todo está en manos de Dios. Por consiguiente, si tienes fe y sigues los consejos que te serán dados a lo largo del camino, todo se resolverá.

Una de las razones fundamentales por las que la gente se bloquea y no logra sacar partido de los consejos celestiales es que esperan que Dios les «muestre el dinero» antes de empezar. Nosotros debemos hacer nuestra parte del trabajo, siguiendo las sugerencias y consejos que hemos recibido. Justo antes de irnos a la cama por la noche, diremos mentalmente a los ángeles: «Por favor, entrad en mis sueños esta noche y liberadme de todos los miedos que puedan estar impidiéndome recibir o poner en práctica los consejos celestiales».

🕊 🕊 🕊

Dios y los ángeles se sienten felices de hacernos llegar prescripciones celestiales para todos nuestros problemas, y de explicarnos en voz alta cuáles son los pasos que debemos seguir para curarnos, crecer y hacer frente a las crisis personales y al dolor. Sin embargo, debemos tener presente que los mensajeros celestiales no realizan la totalidad del trabajo. Lo que el cielo desea es poner en nuestras manos un mapa que nos permita atravesar con éxito los campos de minas que encontremos en la vida. Los ángeles nunca toman decisiones en nuestro nombre, sino que nos dejan decidir si deseamos poner en práctica sus sugerencias. Los seres humanos tenemos que seguir el camino que los ángeles nos aconsejan, pero también podemos, haciendo libre uso de nuestra voluntad, ignorar sus sugerencias y continuar sufriendo innecesariamente. Si nos dejamos guiar por este equipo de consejeros divinos que están permanentemente a nuestro lado, todos podemos sanar y crecer espiritual, emocional y físicamente, y convertirnos en personas más afectuosas y responsables.

2

Consejos para retos y crisis personales

De vez en cuando todos nos encontramos atrapados en medio de serios retos y crisis personales, como la adicción a las drogas, los malos tratos, la depresión, los celos, la soledad o la pérdida de seres queridos. Sin embargo, no debemos sentirnos solos en nuestra lucha. Gente de todo tipo (médicos, beneficiarios de la seguridad social, universitarios, muchachos que han sido expulsados de sus colegios, homosexuales y heterosexuales, cristianos y judíos, ateos e hindúes) lucha cada día para resolver problemas similares. Con independencia de su comportamiento externo, muchas personas sufren silenciosamente en su interior alguna clase de dificultad personal. Por fortuna, los ángeles tienen prescripciones para todos nuestros problemas personales, y gracias a ello, hasta las más devastadoras experiencias humanas tienen una posibilidad de curación. La recompensa de los ángeles por nuestro esfuerzo es nuestra felicidad y nuestra paz interior.

Erróneamente podríamos llegar a la conclusión de que recibiendo ayuda angélica tendremos una vida libre de problemas. «Me resulta difícil creer que alguien está siempre velando por mí», me confiaba una paciente en una ocasión. «He tenido un problema tras otro. Tan pronto lograba solucionar una parte de mi vida, surgía otra gran dificultad que echaba por tierra mi felicidad. ¿Dónde están mis ángeles de la guarda cuando los necesito?»

Los ángeles no están entre nosotros para solucionar todos nuestros retos y dificultades, ya que estas experiencias constituyen oportunidades de aprendizaje y crecimiento personal. Ellos son consejeros y guías que nos ofrecen sus sugerencias para que pongamos remedio a nuestros problemas. Estos consejos celestiales son el plan de Dios para nuestro crecimiento personal, que tan necesario es para superar los desafíos internos y externos que se nos presenten.

Si cuando tenemos que hacer frente a algún problema que nos resulta desolador, o cuando sufrimos interiormente, pedimos a Dios o a sus ángeles un consejo celestial y lo ponemos en práctica, podremos vivir una vida llena de armonía. Una parte esencial de nuestra misión en la vida es lograr que haya paz en nuestra mente, y el cielo desea ayudarnos a conseguirla. Los ángeles saben que si nos despertamos preocupados en mitad de la noche, no tendremos la energía necesaria para cumplir con nuestro cometido en la tierra. Estaremos tensos y temerosos, y ello afectará a las relaciones que tengamos con quienes se encuentren a nuestro alrededor.

Debemos, pues, cooperar con los ángeles, trabajando conjuntamente en todo momento en la creación de una existencia pacífica. Si tenemos la disciplina de fijar el rumbo de nuestra vida basándonos en las sugerencias divinas, podremos navegar y cruzar los mares con éxito aun en los momentos más tormentosos. Somos como un capitán que, para llevar su barco a puerto en medio de una gran tormenta, continuamente va recibiendo vía satélite instrucciones e información meteorológica. Lo habitual es, sin embargo, que las personas sólo nos acordemos de consultar a los ángeles cuando estamos en medio de la tormenta. Entonces nos dirigimos inmediatamente a ellos, que siempre se sienten felices de guiarnos para que la atravesemos y continuemos luego navegando plácidamente.

Los ángeles saben que al ofrecer a los seres humanos su orientación y su consejo están caminando por una línea muy fina. Son conscientes de que estamos aquí para aprender a hacer elecciones responsables y para crecer, afrontando con éxito los desafíos que la vida nos pone delante. Por otra parte, no desean que desaprovechemos nuestra vida repitiendo conductas destructivas, como las adicciones o el odio por nosotros mismos. Se encuentran, por lo tanto, ante la difícil tarea de guiarnos sin ejercer sobre nosotros ningún control.

Cuando nos encontramos ante cualquier tipo de problema, y pedimos ayuda a Dios y a los ángeles, las prescripciones celestiales a menudo nos indican que tenemos que llevar a cabo cambios internos. Como consecuencia de nuestro proceso de curación, nos irá resultando cada vez más difícil tolerar situaciones, relaciones, comidas o lugares que ya no son saludables para nosotros. Es posible, por ejemplo, que nos surja la idea de hacernos socios de un gimnasio, cambiar de trabajo, vender todo lo que tenemos para embarcarnos en un negocio o comenzar una terapia de grupo.

Es posible también que empecemos a cuestionar cada área de nuestra vida: matrimonio, carrera profesional y vida familiar. Hacer cambios saludables, tanto internos como externos, es lo que generará un estado de satisfacción interior.

Consejos para los problemas que nosotros mismos nos creamos

Cuando nos sentimos desdichados salimos en busca de la felicidad, aunque muchas veces ésta parece darnos la espalda. Los ángeles sostienen, sin embargo, que las cosas ocurren exactamente al revés. Somos los seres humanos quienes en ocasiones impedimos que la felicidad llegue a nuestra vida.

A pesar de que el cielo desea vernos felices y nos proporciona continuamente posibles circunstancias de felicidad, algunas veces nosotros nos resistimos a ese estado de satisfacción que tanto anhelamos. Cuando eso ocurre, solemos pensar que nuestra desdicha es causada por terceras personas o por las circunstancias. Sin embargo, los ángeles me han enseñado que la mayor parte de los problemas que tenemos y las presiones a que nos vemos sometidos, los hemos creado nosotros mismos.

Dudo de que exista alguien que no se haya visto atrapado alguna vez en una situación de autosabotaje. Probablemente a ti también te ha ocurrido. Las circunstancias pueden ser muy diversas: gastar dinero en exceso, entrar en una reunión importante con el pie izquierdo, dejar de hacer ejercicio, escoger una pareja que no nos conviene, no actuar convenientemente en un momento crítico, refugiarnos en el alcohol para escapar de un dolor, rechazar ayuda porque nos resulta embarazoso aceptarla o estropear algo justo cuando teníamos el éxito al alcance de la mano.

Lamentablemente, esta situación de autosabotaje puede convertirse en una forma de vida. Sin darnos cuenta desarrollamos el hábito, cada vez más profundo, de crearnos problemas. La vida nos parece entonces una larga serie de situaciones de crisis (aunque los ángeles dicen que es una larga serie de experiencias de aprendizaje y oportunidades de crecimiento). Algunas veces tenemos la fortuna de reconocer la causa de nuestros problemas. Cuando no es así, solemos atribuir a circunstancias externas las dificultades que nosotros mismos nos creamos, quejándonos a nuestros amigos o a nuestro terapeuta: «Dios está en mi contra», o: «¿Por qué tengo tan mala suerte?».

Con independencia de su causa (un amor perdido, un abismo irreparable en la familia o un intento fracasado de conseguir un ascenso), nuestras heridas nos producen un sufrimiento igualmente profundo. Aunque las hayamos creado nosotros mismos, son del todo reales, y sangran como cualquier otra herida. Hasta que tomamos conciencia de que la causa de nuestros problemas está en nuestro interior, y hacemos lo necesario para remediar la situación, continuamos atrapados en medio de un torbellino de tristeza y dificultades.

Trabajar con los ángeles me ha enseñado que existen cuatro razones fundamentales por las que la gente rechaza la felicidad y se crea dificultades.

- Cree que no merece la felicidad.
- Teme que la felicidad pueda ser aburrida.
- Piensa que resolver crisis da sentido a su vida.

- No ha experimentado nunca la felicidad, y no conoce otra forma de vida que no sea la tristeza y la infelicidad.

Son demasiadas las personas que piensan que no se merecen ser felices. Esta actitud es habitualmente la consecuencia de haber tenido unos padres excesivamente críticos, o de haber sufrido cualquier forma de abuso o trauma. Una parte de su ser desea tener la misma felicidad que ven disfrutar a los demás, pero la otra parte les dice que no son merecedoras de ella. Y a menudo ocurre que cuando aparece en su vida una oportunidad de felicidad, esa segunda parte grita más fuerte que la primera. (Los ángeles les dicen a estas personas que Dios nos hizo a todos igualmente valiosos y que, a sus ojos, los errores o faltas que hayan cometido no las hacen menos merecedoras de felicidad. Les recomiendan que pongan en sus manos cualquier situación potencial de felicidad.)

Hay quienes disfrutan llevando un estilo de vida en el que imperan las emociones fuertes y las descargas de adrenalina que hacen latir el corazón a un ritmo enloquecido, y que frecuentemente va acompañado de rupturas amorosas o crisis económicas crónicas. Estas personas tienen miedo de que la estabilidad, la paz y la felicidad sean aburridas. La sola idea de una vida sin problemas les hace bostezar. Dicen que desean alcanzar la felicidad, aunque en realidad temen que a cambio tengan que renunciar a esas emociones, que son la motivación fundamental de su vida. ¿Qué harán luego con todo su tiempo libre? ¡Qué aburrido será no tener más desafíos! (Los ángeles siempre les dicen que una vida apacible no es lo mismo que una vida aburrida. Lo que ocurre es que estas emociones tienen otro sabor. Lejos de ser árida, la paz puede estar llena de muchos proyectos de éxito, amistades, viajes, aventuras, prosperidad y amor romántico.)

Las personas que inconscientemente rechazan su propia felicidad, suelen pensar que dedicarse a buscar soluciones a las crisis y a los problemas da sentido y significado a su vida. En otras palabras, de un modo inconsciente permiten que surjan estas crisis, para sentirse útiles y necesarias. (Los ángeles ayudan a estas personas a dar un uso más positivo a sus habilidades, sugiriéndoles que se dediquen a algún tipo de trabajo voluntario o a la docencia.)

El hecho de haber crecido en un hogar caótico hace que muchos se acostumbren a vivir en una permanente situación de crisis y sumidos en la tristeza. Estas personas acaban por sentirse mejor viviendo en un entorno problemático, pues es lo único que han conocido en su vida. Instintivamente buscan situaciones conflictivas en el trabajo, con los amigos y en su vida amorosa. (Los ángeles les aconsejan pedir ayuda y liberarse de todos los pensamientos, creencias y sentimientos que les hacen aferrarse a gente problemática y llevar una vida conflictiva. Les aconsejan unirse a una organización de ayuda y servicio a los demás y dedicada a alguna causa que defiendan apasionadamente.)

Cuando los ángeles están ante personas que se sabotean a sí mismas, intentan ayudarlas a reconducir su vida aconsejándoles que se esfuercen en cambiar la pauta de comportamiento que origina el problema. Ocurre a menudo que cuando mis clientes les preguntan cómo resolver sus dificultades, se encuentran con que los mensajes de los ángeles suenan a autoayuda psicológica y espiritual. El cielo sabe que si cambian los comportamientos, pensamientos y sentimientos destructivos que son causa de tantas tribulaciones, se curarán y se sentirán mucho más felices. Consecuentemente, los ángeles instan a estas personas a cambiar su mundo interno, para transformar el caos exterior que hay a su alrededor. En mis grupos de trabajo pido a los asistentes que me cuenten qué clase de mensajes reciben de Dios y de sus ángeles, y siempre que pregunto si a alguien le han aconsejado hacer cambios en su vida, prácticamente todos levantan la mano.

Una de mis clientas, Velda, una esbelta ejecutiva de cuarenta años que trabaja en una compañía aseguradora privada, se sentía profundamente desdichada porque decía que las cosas nunca funcionaban bien en su vida.

—Hace tres años conseguí un trabajo estupendo —me explicó—, pero coincidió justo con el momento en que me estaba separando de ese policía retirado, y él no dejaba de perseguirme y crearme problemas en el trabajo, de manera que perdí mi puesto. Luego, un poco más adelante, pude haber tenido una gran oportunidad con otro hombre, pero entonces acababa de iniciar una relación con alguien que resultó tener problemas de adicción. Más tarde conseguí otro trabajo fantástico, pero en este caso me comporté como una tonta, pues no podía soportar la forma de hablar de mi jefe. Ahora tengo una experiencia fantástica con un hombre muy sexy, fuerte y atractivo, pero cada vez que pienso que puede ser el hombre ideal para mí y me planteo la posibilidad de casarme, me pongo completamente tensa y comienzo a discutir. Por alguna razón, parece que la felicidad siempre me esquiva.

Los ángeles me dieron instrucciones de que preguntara a Velda sobre su infancia. Inmediatamente me contó que la primera etapa de su vida fue caótica e imprevisible.

—Mis padres discutían mucho. Continuamente mi madre me llevaba con ella a casa de mi abuela hasta que se le calmaban los ánimos. Mi padre estaba en el ejército y teníamos que mudarnos una vez al año aproximadamente. Siempre era la chica nueva del colegio, y cada vez que lograba hacer nuevos amigos, una vez más teníamos que coger las maletas y mudarnos.

Los ángeles respondieron:

—*Querida Velda, la felicidad no te da la espalda, sino que eres tú quien huye de la ella. La primera parte de tu vida fue tan confusa y llena de problemas que las ideas de paz y felicidad parecen resultarte extrañas, poco familiares. Son tan diferentes de lo que aprendiste en la niñez que te distancias de ellas e instintivamente buscas situaciones que recreen el caos y el dolor de esos primeros años de tu vida. Crees que la vida siempre tiene que estar llena de dificultades y desorden. Sin embargo, puedes tener una vida sin problemas. No pienses que los problemas te van a invadir y verás cómo tus nuevas expectativas incrementarán tus experiencias de alegría y armonía.*

—Es verdad —dijo Velda—. Puedo entenderlo. Es como si yo esperara siempre lo peor de la vida. Un par de veces tuve a mi lado a un hombre estupendo, y cuando surgió la posibilidad de casarme sentí pánico. Entonces creí que se trataba de una reacción normal. Pero, visto de esta manera, supongo que en realidad no creía merecer a ninguno de los dos. ¿Cómo puedo cambiar mis expectativas, cuando lo único que he conocido es la infelicidad?

Los ángeles le aconsejaron:

—*No aceptes ningún tipo de dolor o infelicidad en tu vida. Es más, reduce a cero tu grado de tolerancia al dolor. En el momento en que te des cuenta de que eres desdichada, te pedimos que dejes completamente en nuestras manos tanto el sentimiento como la situación. Al entregarnos tu infelicidad, estamos en posición de ayudarte a reemplazarla por algo mejor, o de conseguir que se produzca una curación. En cualquiera de los dos casos te ayudaremos a lograr que haya alegría en tu corazón, para que puedas mantener tu ánimo y tu energía al máximo nivel.*

—Tolerancia cero a la infelicidad —dijo Velda, con la cara iluminada—. Esa es una idea estupenda. Nunca se me había ocurrido. —Luego frunció el ceño y preguntó—: Pero, cuando ocurre algo malo, ¿no es normal sentirse desdichado?

Le dije a Velda que sí, que la tristeza es un sentimiento natural. Agregué que si ella pedía ayuda a los ángeles cada vez que se sintiera desdichada por algo, rápidamente le enviarían pensamientos que aligerarían su carga. Los ángeles son maravillosos haciendo desaparecer pautas negativas.

Los ángeles agregaron:

—*Sugerimos que te integres en algún grupo que ayude a personas menos afortunadas que tú. Eso te ayudará a ver tus propios problemas en perspectiva y a hacerte más consciente de las bendiciones que hay en tu vida.*

—¿Sabes? —me dijo Velda, como un eco de tantas otras personas que he conocido y cuyos problemas se debían a que se saboteaban a sí mismas—. Últimamente he estado sintiendo el deseo de trabajar como voluntaria en el refugio de mujeres que hay en la ciudad. Me pregunto si los ángeles han estado intentando decirme algo.

Sin duda, así era.

Al sembrar la idea del trabajo voluntario en su mente, los ángeles habían tratado de ayudarla a salir de la rígida estructura mental que la mantenía atrapada en un círculo de dificultades creadas por ella misma. Sin embargo, Velda se había resistido, aferrándose a los patrones de vida que conocía, basados en la tristeza y el caos. Cuando volvió a oír a través de mí el mismo mensaje de los ángeles, encontró en mis palabras la confirmación de lo que ya existía en su interior. Le aconsejé que pidiera a los ángeles que entraran en sus sueños por la noche e hicieran una limpieza de aquellos pensamientos, creencias y sentimientos que la hacían sentirse cómoda con sus problemas, como, por ejemplo, las relaciones conflictivas.

Velda prometió hacer lo que le sugerí, e incluso siguió el consejo de los ángeles respecto al trabajo voluntario. Estas cosas la ayudaron enormemente a cambiar su actitud vital, y los problemas que antes la paralizaban pronto le parecieron triviales. Comenzó entonces a sentirse agradecida por las muchas cosas estupendas que tenía en su vida y que hasta ese momento no había valorado, como su trabajo, sus amigos y unos buenos ingresos. Y cuando se le presentó una nueva oportunidad de ascender en su carrera profesional, no permitió que ningún obstáculo se lo impidiera, y aceptó el nuevo puesto de trabajo. Hasta ahora no ha encontrado al hombre que busca, pero está segura de que cuando eso ocurra, no tolerará la interferencia del sentimiento de que no merece ser feliz a su lado. Los ángeles pueden cambiar el orden de prioridades en la vida de un ser humano más rápida y eficientemente que cualquier terapia que yo conozca o haya practicado.

Los ángeles dicen que los seres humanos somos excesivamente tolerantes con la tristeza y la infelicidad, como si fueran componentes normales de la vida. Recordemos la popular pegatina que llevan los coches y que dice: «La m… existe». ¿Por qué no cambiamos nuestras expectativas, dicen los ángeles, y decimos: «La paz y la felicidad existen»?

> ### Rx
> ....
> Si tu vida es una sucesión de problemas, intenta averiguar por qué sientes que no mereces ser feliz. Luego da por sentado que la felicidad llegará a tu vida y reduce a cero tu grado de tolerancia a la desdicha y la tristeza.

Consejos para los problemas de adicción

Hoy en día parece que los problemas de adicción son una epidemia. El daño y el sufrimiento causado por el abuso del alcohol y las drogas han alcanzado proporciones astronómicas, sin precedentes en cualquier otra época. Existen además cientos de millones de personas en el mundo que parecen haber caído en otro tipo de adicciones más sutiles: comprar compulsivamente, apostar, someterse a niveles extremos de riesgo… Podemos encontrar adicciones mucho más sutiles incluso: un estilo de vida excesivamente cómodo, trabajos fáciles, cenas sofisticadas, la televisión y los demás medios de comunicación, Internet, coches, compras por correo… y la lista podría seguir y seguir.

Nunca será bastante lo que se diga sobre las consecuencias de dos de las adicciones más destructivas: las drogas y el alcohol. Literalmente han devastado la sociedad, en especial las zonas urbanas, aunque ahora se están extendiendo también a los barrios residenciales y a los condados más rurales. Millones de personas han destruido su carrera, su familia, sus finanzas y su salud física, emocional y espiritual. Han destruido su vida completamente por ser adictos a alguna sustancia. Y el número continúa en aumento.

Los ángeles son comprensivos y sienten compasión ante esta situación tan penosa, que ya ha echado raíces en la sociedad. Los terapeutas llamamos «vacío existencial» al estado emocional que conduce a tanta gente a la adicción, y temblamos ante la destrucción que estas adicciones llevan a la vida de quienes las padecen. Por esta razón, los ángeles ponen todo su empeño en ayudar a curar los problemas subyacentes, que son los que desencadenan las adicciones.

Los ángeles dicen que la causa de las adicciones y los comportamientos obsesivo-compulsivos es el vacío interior que sentimos por encontrarnos distanciados de Dios y de Su amor compasivo e infinito, que experimentamos en el útero de nuestra madre antes de nacer. Explican también que como Dios es omnipresente, está en cada átomo de cada ser vivo u objeto. Sin embargo, al poco tiempo de nacer, los seres humanos perdemos el sentimiento del amor divino que llevamos en nuestro interior. La actitud de desvalorización personal que muchas personas tienen, aprendida de sus padres y de la sociedad, les hace pensar que son malas o que no son valiosas, y eso bloquea aún más su comunicación con Dios.

Como resultado, estas personas buscan algo exterior a sí mismas que disminuya su sufrimiento o que les dé la sensación superficial de llenar su vacío interior. Por medio de sustancias como las drogas y el alcohol, o de actividades como comer, fumar, apostar, comprar, navegar por Internet o mirar la televisión, consiguen un alivio temporal, que las libera de la sensación de vacío. Pero, aunque momentáneamente se calman, al poco tiempo comienzan a despreciarse a sí mismas por desaprovechar su tiempo y su energía en comportamientos vanos y vergonzosos. Eso intensifica el sentimiento de vacío, y les impulsa nuevamente hacia la sustancia o actividad a la que son adictas.

Una de mis clientas, Barbara, se encontraba atrapada en este tipo de círculo vicioso. Cuando tuvo su segundo aborto en un año, comenzó a sentirse deprimida y a sufrir de insomnio. Tanto ella como su marido deseaban desesperadamente tener hijos. Después de cinco años de intentar quedarse embarazada sin resultado, Barbara temía que su marido se sintiera defraudado y estuviera distanciándose de ella emocionalmente. Su médico le recetó un sedante para que la ayudara a dormir por la noche; al poco tiempo, Barbara también comenzó a tomar las píldoras durante el día, para relajarse, se decía a sí misma. Al cabo de un mes tuvo que ir a buscar una nueva receta, cuando el medicamento debía haberle durado varias semanas más.

Para evitar despertar las sospechas del médico y del farmacéutico, disminuyó la cantidad de sedantes que tomaba y adquirió el hábito de beber vino durante el día, dándose de nuevo la misma explicación: que necesitaba relajarse. Una tarde su marido la encontró sin sentido y la llevó de inmediato a urgencias. El médico que la atendió, un ex adicto a las drogas que se había curado, reconoció los síntomas de adicción en Barbara y le aconsejó que buscara ayuda. Ella ingresó inmediatamente como paciente interna en una clínica y participó en una terapia de grupo que trabajaba con un programa de doce pasos. A partir de entonces, su problema de adicción a los medicamentos y al alcohol desapareció.

Sin embargo, aún no había solucionado los problemas subyacentes, de modo que su dolor comenzó a manifestarse por medio de otras formas de adicción: fumaba y comía compulsivamente. Como consecuencia, su peso se disparó de forma alarmante. Su marido la abandonó.

Cuando la conocí, era un perfecto ejemplo de lo que en Alcohólicos Anónimos se denomina «alcohólico seco», alguien que a pesar de no estar consumiendo ya ningún tipo de droga, aún se comporta como un adicto.

—*Querida Bárbara* —comenzaron los ángeles—, *como muchas otras personas te has volcado en estas sustancias porque calman temporalmente el sufrimiento causado por el vacío que hay en tu interior. Tu inconsciente recuerda la plenitud de sentirte amada por Dios y por los ángeles. Al poco tiempo de nacer, la mayoría de las personas olvidan poco a poco este amor, como olvidan también el hecho de que sus ángeles de la guarda, que están permanentemente a su lado, irradian ese mismo amor celestial. Igual que vosotros, somos muy sensibles al sentimiento de vacío que los seres humanos experimentáis cuando os sentís distanciados de ese amor. Sólo tienes que sintonizar con el amor celestial, y tu miedo al vacío desaparecerá.*

Mientras los ángeles le hablaban, Barbara sentía que bajo su ansiedad existía un vacío creado por la necesidad de saberse amada. Mientras estuvo segura de que su marido la quería, contando además con que los hijos contribuirían en el futuro a llenar su vacío, logró mantener el control de la situación, pero cuando pensó que su marido se estaba alejando de ella, perdida ya la esperanza de tener hijos, se volcó en las drogas y el alcohol, para sofocar el sentimiento de vacío que la estaba cercando. Por las mismas razones, un poco más tarde comenzó a fumar y a comer de forma compulsiva. Lloraba, diciendo que siempre se había sentido vacía y necesitada de afecto.

—*El vacío que estás intentando llenar es una ilusión* —le contestaron los ángeles—. *No existe un lugar en tu interior en el que no exista el amor. Tu sentimiento de vacuidad puede ser reemplazado por ese amor que tanto ansías. Cuando sientas ansiedad por ese hábito o ese producto al que eres adicta, tómate un momento para cerrar los ojos, respirar y llamarnos. Te diremos más cosas sobre el amor de Dios, que llevarán calidez a tu corazón, a tu pecho y a tu estómago. Respira profundamente, llénate del amor divino, y tu ansiedad por las cosas materiales dejará de dominarte.*

»*Te pedimos encarecidamente que perdones los errores que creas haber cometido, pues sabemos que muchos de los problemas de adicción se perpetúan debido a un sentimiento de culpabilidad por «haberse portado mal». Eres inocente, eres hija de Dios. Pídenos que aliviemos tu sentimiento de culpabilidad y alejarás de ti el terror que te produce.*

Al finalizar nuestra sesión, Barbara prometió comenzar a meditar diariamente sobre el amor divino. Algún tiempo después me llamó por teléfono para contarme que sus comportamientos compulsivos habían disminuido. Aprendió a comunicarse con sus ángeles de la guarda y con su querida abuela ya fallecida, que es una forma más de experimentar el amor. Cada vez que se sentía sedienta de amor, escribía una carta a sus ángeles, y ello le dejaba un profundo sentimiento de paz interior. Algunas veces mantenía conversaciones con los ángeles, anotando sus preguntas y posteriormente lo que oía o sentía. Según me contó más tarde, hacerlo fue de gran ayuda en su proceso de curación.

A través de mi experiencia personal y clínica he comproba-do que los consejos celestiales pueden curar las adicciones, y he sido testigo de que, en docenas de casos, ayudaron a eliminar la dependencia de distintos hábitos o sustancias. Después de todo, el sistema de tratamiento de las adicciones más reconocido y efi-caz que se conoce es el programa de doce pasos de Alcohólicos Anónimos, que está basado en principios espirituales.

Rx
....

Rodéate de imágenes de amor cada vez que sientas la llama-da de tu adicción. Deja que este amor llene el vacío con un sentimiento de calidez y plenitud.

Consejos para la depresión

Todos en alguna ocasión nos sentimos tristes, pero cuando la si-tuación es crónica, estamos ante un problema. La depresión nos resta energía, alegría y motivación. Si es constante, hace que los demás nos eviten, lo cual acaba reforzando nuestra sensación de soledad y tristeza.

Las investigaciones realizadas demuestran que la depresión mantiene a las personas prisioneras en su propia casa, impidién-doles disfrutar de un trabajo satisfactorio, de relaciones amoro-sas y de una vida agradable. También causa un sufrimiento devastador en los seres queridos que están cerca de quien la pa-dece. Los niños, por ejemplo, no pueden entender por qué mamá o papá está tan triste todo el tiempo. Los dos miembros de una pareja pueden hundirse en la depresión, al preguntarse qué están haciendo mal para que todo el amor que sienten por la persona deprimida no valga de nada.

La depresión es una de las causas de suicidio y adicción más importantes. Tiene también mucho que ver en los casos de muerte por abandono de uno mismo, e incluso en las muertes accidentales.

Los ángeles dicen que la palabra «depresión» también significa una concavidad en la tierra —en otras palabras, un bajón—. Entienden que la depresión es un comportamiento natural cuando los seres humanos hemos sido profundamente heridos y necesitamos curarnos apartándonos del mundo por un tiempo para volcarnos hacia dentro. Dicho de otra manera, cuando nos sentimos deshonrados por el mundo, nos sumergimos en nuestro pozo interno, nos sumimos en la depresión.

Los ángeles también dicen que si los seres humanos nos aferramos a nuestros problemas, en un intento de justificar nuestro aislamiento físico y emocional, continuaremos atrapados en una espiral que nos conducirá inevitablemente hacia abajo. Si una persona que tiene una depresión no deja de sentir pena por sí misma o de afirmar que nadie la quiere o la entiende, está haciendo que la situación empeore. Afortunadamente, sin embargo, los ángeles tienen consejos celestiales para ayudar a cualquiera que se encuentre deprimido, como ocurrió con Bernice, una de mis clientas.

Bernice es una mujer casada, madre de dos hijos. Tiene cincuenta y tres años, aunque parece diez años mayor. Se quejaba de que todas las personas que conocía (vecinos, amigos y familiares) siempre parecían estar demasiado ocupadas para verla. Cuando observé sus hombros caídos, su cabeza inclinada y su aspecto de apatía, comprendí inmediatamente lo que le ocurría, y los ángeles coincidieron conmigo: Bernice estaba deprimida, y su negatividad alejaba de ella a las demás personas.

Había dedicado la primera parte de su vida adulta a su familia. Su marido, Mike, siempre estaba ocupado con sus asuntos profesionales, pero Bernice nunca se había dado cuenta de ello, porque siempre estaba demasiado ocupada atendiendo a los niños. Sólo después de que su hijo más pequeño se casara y se marchara de casa comenzó a sentir un vacío en su vida. Era una combinación de sentimientos: soledad, tristeza por el nido vacío, añoranza de la compañía de su marido y sus hijos, y miedo porque no sabía qué hacer para llenar sus horas vacías y dar significado a su vida.

Unas semanas después de la boda de su hija, comenzó a sentirse cansada y deprimida la mayor parte del tiempo. Solía ir a visitar a sus hijos o pasar por la casa de sus vecinos, pero todo el mundo parecía estar demasiado ocupado para hablar con ella. Pronto se sintió herida y resentida, al pensar que no gustaba ni a su familia ni a la gente en general. La depresión de Bernice se hizo más y más profunda. Permanecía tumbada en la cama durante todo el día y nunca se vestía. Su marido estaba muy preocupado por esta situación, pero ella ignoró sus sugerencias de que debía buscar ayuda.

Una noche se tomó una sobredosis de los somníferos de su marido. Después de que le hicieran un lavado de estómago, y de pasar varias semanas en un hospital neuropsiquiátrico, regresó a su casa. Su depresión continuaba. Comenzó entonces a tomar litio, hasta que un amigo le sugirió que viniera a mi consulta y me pidiera consejo.

—*Gran parte de tu depresión se basa en la convicción de que te encuentras sola o de que nadie te entiende* —le dijeron los ángeles—. *Puedes estar completamente segura de que siempre estamos junto a ti, y de que te comprendemos con nuestro amor incondicional. Es más, cuando nosotros, tus ángeles, vemos que te sientes deprimida, permanecemos aún más cerca de ti. Somos nosotros quienes intentamos levantarte el ánimo y mejorar tu aspecto. De modo que no te resistas a las sonrisas ni a las risas cuando decidas refugiarte en lo más profundo de ti misma. Cuando te sientas ligera de espíritu, somos nosotros que estamos intentando ayudarte. Cuando tomes conciencia de nuestra energía angélica, elevándote, aspira profundamente nuestra esencia. De esta forma encontrarás en tu interior el calor y la seguridad que buscas.*

Bernice respondió:

—He tenido esa sensación, ¿sabe? En varias ocasiones he tenido la clara impresión de que había a mi lado una fuerza divina tratando de conectar conmigo, pero yo me encontraba sumergida en las profundidades y no deseaba oírla.

Le conté que cuando alguien está sumido en la depresión,

sus ángeles intentan guiarle hacia el lado iluminado de las situaciones, hacia el perdón y la alegría. Intentan recordarle un buen chiste o le hacen encender el televisor justo cuando comienza ese programa cómico que tanto le gusta. Le pedí a Bernice que no opusiera resistencia cuando los ángeles se esforzaban en intentar levantarle el ánimo.

Luego los ángeles le dieron sus consejos:

—*Te pedimos muy especialmente que veas en tus momentos depresivos más sombríos un estímulo para conectar con la chispa de luz divina que brilla eternamente en tu interior. Considéralos una oportunidad de tomar conciencia de las bendiciones que hay en ti. Cuando sufras una recaída, tómate un momento para recordar siete expresiones de amor que hayas visto ese día, por ejemplo, un padre y un hijo caminando de la mano, o un acto amable entre dos desconocidos. Al adoptar esta práctica, tu depresión comenzará a disminuir. Si te sientes agradecida por todo aquello que ves, experimentas y tienes en la vida, te encontrarás mejor, y harás que las personas que te rodean también lo estén.*

Bernice se sentó y se quedó quieta un momento. Luego sonrió, como si hubiera salido el sol.

—Acabo de recordar cinco ejemplos de amor que he presenciado mientras venía hacia aquí esta mañana. Los ángeles tienen razón, hacerlo ayuda.

Los ángeles también le aconsejaron que fuera cuidadosa al elegir sus palabras cuando hablara de su estado anímico. Le sugirieron que evitara expresiones y frases tales como «mi depresión» o «estoy deprimida», que refuerzan el sentimiento de posesión. Le pidieron que describiera su estado de ánimo como «una aparente depresión», o que dijera: «Me parece que estoy deprimida». De esta forma no se aferraría innecesariamente a ese sentimiento. Le aconsejaron además que, en lugar de concentrarse en lo que no le gustaba y quería cambiar, se planteara cómo deseaba que fueran las cosas.

Bernice volvió a mi consulta algunos meses más tarde para tratar un asunto completamente diferente. Pude ver enseguida que había mejorado de su depresión. Sonrió en el momento de saludarme, y mientras me daba la mano o caminaba hacia su asiento pude sentir su energía.

—El consejo que los ángeles me dieron sobre cómo debía mirar las cosas fue realmente muy bueno —me dijo—. Mi familia y mis amigos vuelven a estar a mi lado, y después de la noticia que mi hija me ha dado, estoy muy ilusionada esperando que llegue mi nieto para hacer de canguro.

Rx
....

Repasa el día de hoy e intenta recordar siete momentos en los que hayas presenciado expresiones de amor en otras personas. Cada uno de estos momentos te rodeará de una dorada luminosidad y alejará de tu vida las nubes oscuras de la depresión.

Consejos para la ansiedad

La ansiedad, como la depresión, parece ser algo propio del siglo XXI. Es perfectamente comprensible que sintamos ansiedad con más frecuencia que antes, si tenemos en cuenta que a todas las horas del día la televisión nos está bombardeando con imágenes de catástrofes y violencia, y nos dice que existen en el planeta puntos calientes donde podría haber guerra. Todo ello sin contar con que tenemos que enfrentarnos al SIDA y a otros peligros biológicos. Pero en muchas personas la ansiedad, esa fuerza venenosa que afecta a todas las áreas de la vida, es lo que predomina. El tipo de ansiedad que sufren es global y paralizante, y les impide funcionar con normalidad en el mundo real.

Según los ángeles, la ansiedad comienza cuando un pesimismo incontrolado se suma a un estado de preocupación permanente. Ellos afirman que no es necesario que los seres humanos sintamos ansiedad ante el futuro. Dicen que a veces no nos damos cuenta de que «Dios está con nosotros y somos los dueños de nuestro día». Nos explican también que los pensamientos y emociones del presente crean nuestras experiencias futuras, o sea, que nosotros controlamos lo que nos ocurre y no tenemos que preocuparnos por nada, a excepción de nuestra propia tendencia a preocuparnos.

Sarita, de veintiséis años de edad, no parecía en absoluto una candidata a la ansiedad crónica. Al fin y al cabo, tenía todo lo que la vida podía ofrecer: un marido que la adoraba, una situación económica estable, dos hijos inteligentes y saludables, y una casa en las afueras de la ciudad. Sarita trabajaba media jornada en una librería porque deseaba relacionarse con gente diferente, no porque lo necesitara económicamente.

Entonces, ¿por qué había acudido a mi consulta para asistir a una sesión de lectura de mensajes angélicos, y me había hecho tantas preguntas sobre el temor que sentía ante el futuro?

Me pidió que hiciera lecturas sobre ella, su marido, sus hijos y otros miembros de su familia, y sobre el mundo en general. Me preguntó:

—¿Cómo está la salud de los niños? ¿Es seguro el trabajo de mi marido? ¿Vivirá mi madre mucho tiempo? ¿Están enfadados conmigo en la librería?

A medida que iba haciendo las lecturas para responder a las preguntas de Sarita sobre los miembros de su familia, me fui enterando de que cada uno de ellos estaba bien y no tendría problemas mayores en un futuro inmediato. Por curiosidad, mentalmente pregunté a los ángeles por qué Sarita se sentía tan preocupada cuando no existían indicios de dificultades en su familia, ni económicas ni de salud.

«Está enfermando de preocuparse tanto por todo —me dijeron los ángeles—. *Se levanta por la mañana preocupada por sus hijos, y luego se pasa todo el día preocupada por su marido y por toda la gente que conoce. Sarita es una persona de gran corazón que intenta ayudar a los demás. Es tu trabajo educarla para que aprenda a dejar de preocuparse y comience a disfrutar de su vida y de sus relaciones.*»

Le pregunté a Sarita si solía preocuparse mucho por todo. Se cubrió la cara con las manos y comenzó a llorar:

—Vivo atemorizada todo el tiempo, y no dejo de preocuparme por mis hijos, por mi marido, por nuestras vidas.

Hasta yo me sorprendí por la intensidad de las voces de los ángeles y la energía de su amor al darme el mensaje para Sarita:

—*En cierto sentido, tu ansiedad nace del hecho de que temes la oscuridad, y estás intentando escapar de ella de alguna manera. Temes verte desbordada o herida por alguna persona o circunstancia. El propio miedo que sientes da vida y energía a una fuerza que no existe en realidad. Al luchar contra la oscuridad por medio de la ansiedad, haces realidad una ilusión. Eres tú realmente quien crea eso que tanto temes.*

Le expliqué a Sarita:

—Cada pensamiento y cada sentimiento son una plegaria. Es más, al pensar en algo, lo atraemos hacia nosotros. Lo irónico es que estés preocupada por perder a tus familiares a causa de una enfermedad o porque se enfaden contigo. Son tus preocupaciones lo que crea el problema.

Sarita continuaba llorando.

—Es completamente cierto. Siempre tengo miedo de que mi marido me abandone o de que los niños dejen de quererme, y de este modo les estoy alejando de mí. Mi marido y yo hemos comenzado a discutir últimamente. Se siente abrumado porque constantemente les pregunto, a él y a los niños, si están bien o si están enfadados conmigo por algo. No es mi intención volverlos locos a todos. Lo único que quiero es que no me abandonen.

—*Por eso te pedimos que nos invites a ayudarte. En lugar de temer circunstancias tristes, recuerda que estás eternamente protegida y a salvo. Debes resistirte a entablar una lucha con enemigos que tú misma creas, y en su lugar, llamar a tus amigos visibles e invisibles. Nada exterior a ti os está amenazando, ni a ti ni a tu familia. Lo único que tienes que hacer es modificar tus circunstancias internas, con el fin de encontrar más paz en tu interior.*

Los ángeles también explicaron a Sarita que al eliminar las causas de su negatividad, sin duda vería las cosas desde un punto de vista más positivo. Le aconsejaron particularmente no leer el periódico ni ver los telediarios, con sus imágenes negativas, durante un tiempo, hasta que su ansiedad se calmara. Le recomendaron también meditar con regularidad para conseguir una mayor paz interior.

—*Es mucho mejor que inviertas tu tiempo en relaciones y actividades positivas, que sean significativas para ti: reír con tus hijos, meditar, leer algo que te inspire, estar en medio de la naturaleza o hacer ejercicio físico.*

Los ángeles comenzaron a mostrarme entonces la imagen de una mujer que parecía un par de años mayor que Sarita. Se la describí diciéndole que tenía el pelo corto y oscuro, y que no era muy delgada. Sarita dijo que era su amiga Patty.

—Los ángeles dicen que esta amiga es la causante de gran parte de tu ansiedad —le dije—. Es como si su negatividad estuviera tomando cuerpo en ti.

Sarita me explicó que Patty tenía tendencia a deprimirse, que con frecuencia se preocupaba por las cosas y que tenía por costumbre pasar a verla para pedirle consejo sobre sus problemas.

Los ángeles le dijeron:

—*Cuando hablas con esta mujer a la que consideras tu amiga, su forma negativa de ver la vida acaba afectándote. En gran medida, tu hábito de preocuparte por todo tiene su origen en tus frecuentes charlas con Patty, y en su constante estado de preocupación. Tú pasas mucho tiempo con ella porque te sientes obligada y tienes sentimientos de culpabilidad, pero esta no es la base adecuada para una relación. Te pedimos, pues, que escojas vivir cada momento de tus días centrándote en el amor, y no en el miedo.*

Los ángeles comenzaron a mostrarme imágenes en movimiento de sus consejos celestiales para solucionar la ansiedad de Sarita.

—*Debes eliminar también el consumo de bebidas y alimentos excitantes, como el café y los refrescos con cafeína, que te ponen nerviosa y tensa. Tu dieta actual está produciéndote una reacción física similar a una subida de tensión. Te sugerimos asimismo que elimines el chocolate y el azúcar, ya que eres muy sensible a sus efectos estimulantes.*

Al poner en práctica estas prescripciones, Sarita notó inmediatamente una significativa mejoría en su vida. (El apéndice B contiene más consejos angélicos sobre la salud y la dieta.)

Rx
....

Elimina de tu vida las fuentes de negatividad, desde la televisión hasta algunas amistades. Dedícate a actividades positivas, que te resulten agradables. Elimina los alimentos que puedan estimular tu sistema nervioso.

Consejos para los abusos y malos tratos

Desde el principio de la historia, los seres humanos han causado y sufrido abusos. Millones de personas, en especial las mujeres, han sufrido abusos en nombre de diversas religiones fundamentalistas. Los niños a menudo eran brutalmente tratados por sus padres con el pretexto de que «se convirtieran en hombres». Era frecuente también que las niñas sufrieran abusos sexuales por parte de parientes del sexo masculino adultos, que intentaban luego excusar su comportamiento diciendo que «ella lo estaba pidiendo» o que «estaba enseñándole a ser una mujer». Los trabajadores sufrían también a manos de patronos indiferentes o avaros, en nombre de la «eficiencia» y el «beneficio».

En el pasado, los abusos eran muy a menudo barridos debajo de la alfombra. Hace muy poco, y gracias a que la psicología ha empezado a explicar, cada vez con mayor profundidad, cómo funcionan las fuerzas que determinan el crecimiento emocional de las personas, las víctimas han comenzado a denunciar a los abusadores y a enfrentarse a la situación.

Los ángeles no quieren que nadie acepte o perpetúe una situación abusiva, ya sea el abusador un padre, el cónyuge, un amante, un amigo o el jefe. Si sentimos que estamos sometidos a alguna forma de abuso en una relación personal o laboral, debemos rezar para que se produzca la intervención espiritual. Dios y los ángeles nos guiarán hacia la libertad. Tal vez el cielo nos ayude enviándonos la inspiración necesaria para afrontar la situación por nosotros mismos, o poniendo en nuestro camino a alguien que pueda cambiar la dinámica de la situación y poner fin al abuso, o conduciéndonos hacia un trabajo o una relación mejor, o guiándonos para que obtengamos ayuda profesional.

Los ángeles dicen que es suficiente con que deseemos liberarnos de los dolores del pasado; ellos harán el resto. La simple voluntad de eliminar las emociones tóxicas relacionadas con los abusos sufridos abre las puertas para que los ángeles puedan entrar en ese lugar donde las personas tenemos guardado el dolor. Una vez allí, se ponen a trabajar, eliminando los recuerdos amargos y los sentimientos de culpabilidad que tienen su origen en el abuso.

Cuando conocí a Beth y a Gary en uno de mis grupos de trabajo, pude percibir que ambos hermanos habían tenido que hacer frente a una vida muy difícil. Cuando Beth se puso en pie para escuchar la lectura, los ángeles me hicieron ver que su padre la había maltratado, tanto física como emocionalmente. Y, lo que es aún más triste, me revelaron que había sufrido abusos sexuales. También Gary, su hermano, había sido víctima de malos tratos físicos y emocionales. Los dos tenían un considerable sobrepeso, que es un síntoma común en las personas que han sufrido malos tratos en su niñez, pues se vuelcan en la comida para contrarrestar el dolor que hay en su interior.

Considerando que se trataba de la vida privada de Beth y Gary, no quise hablar de los malos tratos que los ángeles me estaban revelando durante la lectura que le hice a ella en presencia de otras personas. En lugar de ello, me ofrecí a hacerles una lectura en privado, al terminar la sesión colectiva. Ambos estuvieron de acuerdo.

En nuestra sesión privada, los ángeles me mostraron que tanto Gary como Beth tenían herida su autoestima, por haber tenido que escuchar reiteradamente durante años que les dijeran a gritos: «¡No vales nada! ¡No eres nadie!». Eso sin contar con las palizas y otros malos tratos muy graves que recibieron.

Ambos chicos habían repetido esta pauta de comportamiento abusivo después de dejar la casa en la que pasaron su infancia. Beth se casó por primera vez, principalmente para huir de su padre, con un sargento del ejército bastante mayor que ella. Este matrimonio se convirtió en una pesadilla cuando descubrió que él era un individuo dominante y salvajemente celoso, que la utilizaba para «practicar el boxeo» cada vez que bebía. Gary, por su parte, se convirtió en drogadicto y, por una razón u otra, siempre acababa trabajando para jefes abusivos o haciéndose amigo de individuos que lo trataban mal, le robaban, lo golpeaban o lo abandonaban.

Este es también un comportamiento típico en las personas que han sufrido malos tratos en la niñez. Los psicólogos han llegado a la conclusión de que hasta que estas personas son capaces de olvidar y perdonar, quedan ancladas en el pasado, reproduciéndolo una y otra vez. Por esta razón, se encuentran con frecuencia atrapadas en situaciones abusivas, tanto en lo laboral como en lo personal. Al aferrarse a su resentimiento de esta forma, Beth y Gary estaban infligiéndose un castigo a sí mismos, y no a la persona que les hacía sentirse furiosos.

Los ángeles les dijeron a ambos:

—*Os pedimos que veáis los malos tratos recibidos a través del prisma del amor. Considerad que todas las situaciones que habéis tenido que soportar son retos que os han hecho más fuertes, y no sucumbáis a la tentación de cerrar vuestro corazón a la conciencia del amor. Tenéis tanto para dar, a causa de las experiencias vividas… Las personas que están luchando para liberarse de situaciones similares os necesitan, y este es el momento de capitalizar el tesoro de experiencias que hay en vuestro corazón, en lugar de esconderlo lejos del alcance de la vista. Enfrentaos a vuestras experiencias, a vuestros sentimientos y a vosotros mismos. Seguid adelante y compartidlo con otras personas. Encontraréis una gran belleza allí donde pensabais que sólo había dolor y fealdad. Si necesitarais nuestra ayuda para salir de cualquier situación no deseada, por favor, acudid a nosotros, que nos sentiremos felices de poder ayudaros.*

Como muchas otras víctimas de malos tratos, Beth y Gary se sentían culpables de los abusos que habían sufrido. Esto era así, en parte, porque su padre les había dicho reiteradamente que eran malos, y que por eso merecían ser tratados como él los trataba. El padre era el adulto y ellos eran los niños; se suponía, por tanto, que sabía lo que decía. Cuando los niños se hicieron adultos, pensaron que ellos tendrían que haber sido capaces de «impedir» de alguna forma los abusos sufridos en su infancia. Finalmente ambos llegaron a la conclusión de que debían haberse portado realmente mal con su padre para que los tratara de aquella manera y para que su madre lo consintiera.

Los ángeles quisieron compartir con nosotros su sabiduría, dándonos algunos consejos celestiales que permiten liberar la rabia, la furia y la depresión resultantes de una historia de malos tratos en la infancia.

—*Os curaréis por medio del perdón. Ello implica liberar la ira que sentís contra vosotros mismos, contra el abusador, contra los adultos que no os rescataron en su momento y contra cualquier otra persona que haya abusado de vosotros desde entonces. Dios desea que os liberéis de la furia tóxica que guardáis en vuestro interior. La ira contra personas y circunstancias pasadas os impide disfrutar del momento presente. Mientras os sintáis furiosos con alguien o con algo, los momentos potenciales de alegría pasarán de largo ante vosotros, sin que podáis recuperarlos jamás tal como eran. No desaprovechéis vuestros años aferrados a vuestras penas.*

Al principio, Beth y Gary se resistían a la idea. Les expliqué que los ángeles no estaban excusando, aprobando ni pasando por alto los malos tratos que ellos sufrieron; no ignoraban las consecuencias que la situación había tenido para ellos, ni sostenían que su padre hubiera actuado correctamente. Los ángeles siempre dicen que los seres humanos que han sufrido abusos no tienen por qué perdonar los *actos*, los malos tratos en sí. Sin embargo, necesitan perdonar a las *personas* involucradas en el problema para que se produzca la curación, no la del abusador, sino la suya propia.

Los ángeles aconsejan a estas personas que dejen marchar

los odios y dolores del pasado, que, igual que «un buey que tira de un arado», arrastran tras de sí como un lastre. El perdón es una forma de liberarse del arnés del arado y de su peso. Quien sufrió los abusos perdona en su propio bien, y no en el de nadie más.

Los ángeles me orientaron para que trasmitiera a Beth y a Gary el siguiente ejercicio, que, por medio de la energía divina, les liberaría del dolor y las cicatrices de los malos tratos sufridos en su infancia.

—Respirando profundamente, permitid que los ángeles encargados de llevar a cabo la curación entren libremente en vuestro cuerpo —les dije—. Dejad que los ángeles entren en vuestra mente, en vuestro corazón, en cada célula de vuestro cuerpo, y que los llenen de amor divino. Mientras lo hacen, podréis notar una sensación de temblor, un movimiento espontáneo de vuestros músculos o un aumento de la temperatura de vuestro cuerpo. Estos son signos positivos de la intervención angélica y de la liberación producida por ella.

Pude observar cómo Gary y Beth dejaban que sus ángeles trabajaran de esta forma en su interior. Beth, en particular, tenía una expresión de profunda felicidad en el rostro y parecía liberada al dejar atrás los malos tratos.

—Los ángeles os piden que estéis dispuestos a liberaros de toda la ira que acarreáis del pasado, como consecuencia de haber sido heridos, maltratados, manipulados y dominados. Basta con que estéis *dispuestos* a liberaros de vuestra incapacidad de perdonar. Los ángeles harán luego el resto del trabajo.

Vi temblar a Gary, y eso es un signo inequívoco de liberación. (He llegado a comprender que aún cuando alguien tiene una relativa voluntad de curar las cicatrices de los malos tratos recibidos, cuando se trabaja con los ángeles de esta forma se produce una notable transformación).

> Rx
> ....
>
> Libérate del dolor que hay dentro de ti perdonando a las personas involucradas en la situación, incluido tú mismo, pero no necesariamente perdonando sus actos.

Consejos para la soledad

El sentimiento de soledad —sin amigos, ni apoyo, ni el amor y la calidez de los que los demás parecen disfrutar— puede convertirse en una de las experiencias más devastadoras. Son muchas las personas que durante su vida atraviesan alguna etapa en la que se sienten aisladas. Sin embargo, existen casos en los que este sentimiento de soledad es muy intenso, y acaba por volverse crónico, haciendo que la persona funcione deficientemente y llegue incluso a considerar el suicidio.

Vicky, una secretaria de treinta y seis años, madre soltera, se quejaba de que se sentía sola. Y no se refería exclusivamente a las relaciones de pareja. A pesar de ser miembro de una iglesia y de trabajar en una empresa importante, no tenía ninguna amistad verdadera, y de vez en cuando se preguntaba si realmente valía la pena continuar viviendo. Se sentía ansiosa de tener experiencias emocionales profundas con otras personas adultas afines a ella.

Pude observar que Vicky, como todos nosotros, estaba rodeada de ángeles que irradiaban amor, y de personas que eran amigos potenciales. Me di cuenta también de que tenía una coraza emocional que le impedía sentir la calidez que emanaba de sus ángeles y de esas otras personas. Sin duda, no tenía conciencia del amor que los demás sentían por ella.

Le dije:

—Definitivamente no te encuentras sola, aunque gran parte del tiempo puedas sentir que así es. Dado que tus ángeles saben que has pasado por momentos difíciles, te envían mucho más amor aún. Como consecuencia de todos estos retos, estás siempre en guardia ante la posible aparición de futuros dolores, y esta actitud defensiva los demás la perciben como poco amistosa. Sin embargo, eso no les impide ver lo mucho que has crecido como resultado de estos desafíos.

A través de mí, los ángeles le dijeron a Vicky:

—*Cuando decides lamer tus heridas, por el hecho de sentirte abandonada y traicionada, ¿quiénes somos los demás para interrumpir esta reclusión que te has impuesto a ti misma? A pesar de que en esos momentos te enviamos todo nuestro amor, te regodeas en la convicción de que nadie te quiere ni te ama. No es que intentemos dirigir tus deseos, porque realmente eres tú quien tiene el timón de tus sueños. Sin embargo, queremos que sepas que durante estos momentos que llamas soledad, estamos más cerca de ti que nunca. Actualmente estás rodeada por un número mayor de ángeles que intentan despertarte de la pesadilla de creer que Dios o sus hijos podrían haberte abandonado.*

Pude observar que Vicky se puso un poco rígida cuando dije estas palabras. Era evidente que se sentía incómoda al recibir el mensaje.

—¿Sabes? Odio tener que admitirlo —dijo con un suspiro—, pero estoy haciendo exactamente lo mismo que vi hacer a mi madre durante mi infancia. Nunca pensé que llegaría a parecerme a ella en este aspecto. Mi madre siempre se enfrentó a la vida diciendo: «No necesito a nadie», y lógicamente, la gente la dejó sola.

Cogí la mano de Vicky y le di un pañuelo de papel para que se secara las lágrimas. Luego, al observar su lenguaje corporal, comprendí que estaba experimentando un sutil sentimiento de poder, como si el hecho de encontrarse ante la verdad le hubiera ayudado a conectar con su fuerza interior.

—El mensaje que tus ángeles desean transmitirte es que no tengas miedo de abrir tu corazón al amor —le dije—. Ellos te están ayudando a tener una actitud menos defensiva, más relajada, que facilite el acercamiento de la gente. Están trabajando para acercar a tu vida a quienes saben que te tratarán de forma amorosa, respetuosa y honorable, a fin de que puedas abrirte a todas las personas que te brinden su afecto.

Los ángeles prosiguieron:

—*Si pudieras experimentar, aunque sólo fuera por un momento, el deseo de sentirte rodeada de nuestro amor, puedes estar segura de que al instante haríamos realidad ese deseo. También estamos a tu lado en el caso de que quieras que pongamos en tu camino posibles nuevas amistades. Busca paz y tranquilidad, pero no en medio del aislamiento, sino estando en comunión con el espíritu divino que hay dentro de todos nosotros. No estás sola, no lo estás ahora ni lo has estado jamás. Permítenos que, sin más demora, todo esto se haga realidad.*

Dos meses más tarde recibí una carta de Vicky que decía: «Nuestra sesión ha tenido el poder de transformar mi vida, y nunca podré agradecéroslo suficientemente a ti y a los ángeles. Fue difícil para mí enfrentarme a algunas de las cosas que los ángeles me dijeron, especialmente las referentes a la autocompasión. Hasta ese momento, yo no tenía conciencia de ello. Ahora, en cambio, sé que ellos me decían la verdad al afirmar que había adoptado la actitud de «pobre de mí, nadie me quiere», que había visto en mi madre toda su vida. Entonces decidí decir basta. Encargué a mis ángeles que hicieran una limpieza, y fue increíble la transformación que inmediatamente se produjo en mi interior».

Vicky me contó además que estaba entusiasmada con las clases de danzas folklóricas a las que asistía, y que ya había comenzado a hacer amigos.

Rx
....

Conviértete en un imán que atraiga amigos: concédete a ti mismo la oportunidad de disfrutar al conocer y estar con otras personas.

Consejos para la envidia

La envidia puede ser un sentimiento muy destructivo, capaz de romper familias y amistades. Con el fin de obtener cosas que envidian, los países se declaran la guerra y algunos individuos se dedican a actividades criminales. Sin duda, todos hemos conocido al menos a una persona que ha permitido que la envidia la dominara, dejando de disfrutar de la vida hasta el punto de experimentarla como un estado de carencia permanente. De forma simbólica, aprendimos sobre este tema de pequeños a través del cuento del gigante que sentía envidia de las posesiones mágicas que tenía el padre de Jack y, se las llevó consigo a su castillo, situado entre las nubes, para forzar al niño a trepar por la planta de habichuelas.

Hay gente que cree que la envidia y los celos son una misma cosa. *Envidiar* es desear lo que poseen los demás. Los *celos* tienen que ver con el miedo a perder lo que es nuestro. Según nos dicen los ángeles, tanto la envidia como los celos son consecuencia de una visión negativa de la vida, de una filosofía pesimista que se centra más en la escasez que en la abundancia. Esta forma de ver las cosas se manifiesta, por ejemplo, cuando vemos reír a una pareja y surge en nosotros el deseo de encontrar a alguien con quien compartir la vida; cuando vemos a una persona que tiene un buen trabajo y lleva ropa cara y deseamos conseguir lo mismo; cuando vemos a alguien atractivo y con buena figura y deseamos también tener un cuerpo bonito. En esos momentos nos sentimos desposeídos y sentimos envidia. Sin embargo, no experimentaríamos esta emoción si no creyéramos que nos resulta imposible conseguir lo que el otro posee. Estamos convencidos de que jamás podremos obtenerlo, debido a que esta persona disfruta de unas circunstancias ventajosas que están fuera de nuestro alcance, como suerte, herencia genética o contactos familiares. En definitiva, la envidia conlleva la certeza de que si no tenemos ese algo especial, jamás conseguiremos la pareja, el trabajo o lo que sea que la otra persona tenga y que nosotros también deseamos poseer.

A pesar de que a la mayoría de la gente se le ha enseñado que no está bien sentir envidia, este es un sentimiento humano que todo el mundo experimenta en alguna ocasión.

Entendida positivamente, dicen los ángeles, la envidia puede ser una herramienta fundamental para activar la motivación. Por fortuna, los ángeles tienen un remedio capaz de ayudar a cualquier persona a redefinir la envidia de esta manera.

Liliani sentía envidia de las personas que, comparadas consigo misma, tenían una situación económica más próspera y gozaban de mayor éxito en el plano material. Era técnica informática y, según la política de transporte compartido que imperaba en su empresa, debía pasar a recoger a su jefa con el coche un día a la semana. Cada vez que llegaba a aquella zona donde vivía gente de clase alta, de un elevado nivel económico, se quedaba esperándola fuera de la casa de dos plantas con piscina, mirando los tres relucientes coches de lujo aparcados en el camino de acceso. Y cada día que tenía que ir allí, ardía de ira: «¿Por qué tiene que tenerlo ella todo, si yo hago la mayor parte del trabajo que genera los ingresos de la empresa y lo único que poseo es un destartalado coche de segunda mano, un pequeño apartamento y unas facturas que ni siquiera puedo pagar?».

Liliani vino a verme cuando se dio cuenta de que comenzaba a obsesionarse con lo que ella entendía como un desequilibrio sumamente injusto. Además, su situación había llegado a tal punto, que se pasaba despierta toda la noche, dándole vueltas al tema hasta altas horas de la madrugada. Incluso llevaba su resentimiento a la oficina, donde le resultaba difícil no dar a sus compañeros de trabajo respuestas cáusticas y cortantes.

—Hija —comenzaron los ángeles—, *nuestro Padre celestial os ha regalado a todos tantos talentos que cualquier cosa que uno de vosotros haga, los demás también sois capaces de hacerlo. En lugar de envidiar el éxito de la persona para la que trabajas, haz que se convierta en una fuente de inspiración para ti, que actúe como un estímulo para caminar hacia delante e ir hacia arriba en la vida. En otras palabras, deja que la intensidad de tu deseo de dis-*

frutar de las mismas comodidades que tu jefa te haga tomar las medidas necesarias para mejorar tu situación actual.

Esto la sorprendió.

—¿Quieren decir los ángeles que puedo llegar a ser tan rica como mi jefa?

—*En última instancia eso depende de ti. No olvides que puedes actuar libremente y seguir tu voluntad. Como bien dices, tu trabajo es muy valioso para la empresa, ya que eres en gran medida responsable del área de desarrollo. Pero piensa en lo siguiente: ¿Deseas asumir el riesgo y tomar la iniciativa de lanzarte al mercado por ti misma, con tu propia empresa, como hizo tu jefa en su día? No deberías poner en duda que tienes la capacidad de hacerlo con éxito. Sin embargo, a ti te gusta la seguridad de recibir tu paga semanal, así como tener un horario de nueve a cinco y cierto tiempo libre para emplearlo en lo que mejor te parezca. Ten en cuenta que durante los años que tardarías en hacer realidad tu sueño, perderías todo esto. Ambas cosas están dentro de ti, y sólo tú puedes decidir cuál es el camino que más te conviene.*

Liliani parecía pensativa.

—Esta es una nueva perspectiva para mí. Creo que tendré muchas cosas en las que pensar. Nunca se me había ocurrido la idea de abrir mi propia empresa, ser mi propia jefa y tener una casa en Bel Air, con un Bentley aparcado en la entrada. Creo que no estoy segura de desear tan intensamente estas cosas como para cambiar mi vida por completo —reflexionó—. Pero hay una cosa de la que sí estoy segura, y es que ya no siento envidia de mi jefa, que en fin de cuentas ha pagado un precio por lo que tiene. Un alto precio. El hecho de saber que podría tener las mismas cosas en caso de que las deseara de verdad, y que eso únicamente depende de las decisiones que yo tome, me hace sentir mucho mejor.

Rx

No es necesario envidiar a nadie. Has nacido con todas las capacidades necesarias para llegar a obtener en la vida lo que desees. Una de las razones por las que tal vez aún no lo hayas conseguido es que tendrías que renunciar a otras cosas que te resultan más valiosas.

Consejos para los celos

Los celos son otro sentimiento problemático, capaz de destruir relaciones amorosas, sociedades empresariales e incluso familias. En la vida real, la gente intriga y conspira cada día; no sólo ocurre en las series de televisión. Las hermanas compiten para ver quién consigue finalmente ganarse las simpatías de mamá, y hacerse así con la codiciada herencia familiar. Los cónyuges celosos traicionan la confianza de su pareja porque temen ser abandonados o engañados.

Hay personas que hacen el tonto cada día a causa de los celos. Pero a menudo, los celos tienen una cara aún peor. Por causa de ellos también se persigue, se viola e incluso se mata. Los celos son similares a la envidia. Sólo les diferencia un matiz. En lugar de desear lo que otro posee, la persona celosa teme perder algo suyo que considera valioso. Los celos se basan también en la creencia de que al haber escasez de amor, dinero y buenos sentimientos en el mundo, es necesario mantener lo que se tiene a buen recaudo, para evitar que otros se lo apropien.

Los ángeles nos enseñan que en verdad no existe nada de lo que debamos estar celosos. Dios colmará con sus dones y regalos a todo aquel que se los pida. Los ángeles dicen que todas las necesidades de los seres humanos serán atendidas, y que no tenemos por qué temer perder nada. Nos recuerdan que parte del plan de Dios es que podamos crecer haciendo frente a los nuevos desafíos que la vida nos presenta. Por lo tanto, ninguna relación ni posesión tiene por qué ser parte permanente de nuestra vida.

Jamie, que trabaja como jardinera, prácticamente había perdido el control a causa de los celos. Temía que su pareja, Robin, la dejara por otra mujer.

—Cada vez que Robin mira a otra mujer, me siento incómoda y enfadada al mismo tiempo —me explicó—. Sé que probablemente no debería sentirme de esta manera. Somos compañeras en la vida y hemos hecho público nuestro compromiso en una ceremonia llevada a cabo en nuestra iglesia. Aun así, no puedo dejar de pensar en todas las mujeres que hay ahí fuera. Robin es tan guapa que estoy segura de que se fijarán en ella. Y mírame a mí, yo no lo soy. Últimamente hemos estado discutiendo mucho. Robin me acusa de no confiar en ella, y yo le respondo que se comporta como si estuviera buscando una aventura con alguien.

Los ángeles le dijeron:

—*Nuestro consejo es que relajes tus pensamientos, tus sentimientos y tu cuerpo para poder disfrutar de cada momento que pases con Robin, dejando que las cosas fluyan con naturalidad, en lugar de luchar contra una posible pérdida futura, ya que eso suele actuar como catalizador de una pérdida real. La mujer a la que amas solamente piensa en ti. Tal vez otras mujeres den colorido a su universo, pero tú eres su corazón y sus cimientos. Te aseguramos que tus relaciones y tus posesiones de ninguna manera se perderán, sino que evolucionarán, adoptando una forma cambiante. Si en algún momento consideras necesario defender algo que piensas que puedes perder, nos sentiremos felices de poder ayudarte y nos mantendremos vigilantes. Debes tener presente, sin embargo, que por su propia naturaleza las relaciones y situaciones evolucionan, de modo que nos es imposible crear cosas estáticas e inmutables.*

Jamie parecía avergonzada.

—Supongo que podría alejar a Robin de mi lado si continúo de la misma forma que hasta ahora. Pondré remedio a la tensión que existe actualmente entre nosotras. Es tranquilizador que una autoridad «superior» como los ángeles me asegure que las cosas están bien entre nosotras. Supongo que quedé atrapada en la ilusión de que Robin es una posesión que puedo perder, en lugar de considerarla una bendición y disfrutar de ella. Además, realmente no creo que ella desee alejarse de mí.

Jamie es una de esas personas que vienen a la consulta y nunca más regresan. Espero que la razón por la que no he tenido noticias suyas sea que ha seguido el consejo de los ángeles, y que los problemas que estaban perturbando su relación de pareja se hayan solucionado.

Rx

....

Todo lo que tienes es temporal, como lo es la vida en la tierra. Lo que tienes es un «préstamo de Dios», y nada te será arrebatado si no es para sustituirlo por algo de más valor.

Consejos para los duelos

Todos en algún momento hemos sufrido la pérdida de un amigo o de un familiar que ha fallecido, y es natural que sintamos una pena devastadora. Este tipo de pérdida puede llegar a socavar los cimientos de nuestra seguridad y de nuestro autocontrol, dejándonos una sensación de vacío y un dolor intolerable. Las personas que están viviendo una situación emocional límite pueden estar llorando e inmediatamente después ponerse a gritar furiosas. Los ángeles saben que el duelo es un proceso natural por el que todos tenemos que pasar para curarnos emocionalmente después de haber sufrido una gran pérdida. No les gusta ver sufrir a los seres humanos, y desean ayudarnos a curar el dolor de nuestras heridas de forma tranquila y pacífica. Los ángeles nos dicen: «*Cuando sientas que tu corazón está lleno de aflicción por la muerte de un ser querido, Dios te enviará más ángeles para que llenen el vacío de amor que parece haber en tu vida. La comunicación celestial es el camino más directo para conseguir la curación. Pídenos que te pongamos en contacto con tu ser querido, y una vez que sepas que está bien, es feliz y desea tu felicidad, te sentirás tranquilo*».

Arlene llevaba veinticinco años casada cuando su marido falleció repentinamente, y ella sentía que no podía superar esa pérdida. Rompía a llorar con frecuencia, no podía funcionar con normalidad en su trabajo, solía pasar mucho tiempo sentada, sintiéndose desconsolada, sin fuerzas, y no podía pensar ni hablar de ninguna otra cosa.

Cuando levantó la mano para que le hiciera una lectura, en una de las sesiones de mi grupo de trabajo, le pedí que subiera a la tarima. Inmediatamente apareció detrás de ella un hombre que ya no estaba en esta vida. Tuve la extraña sensación de que se trataba de su marido, y cuando se lo describí a Arlene, me confirmó que era él. Su marido, Hank, comenzó a hablarme, y me contó que había fallecido repentinamente a causa de una enfermedad cardíaca. Arlene asintió con la cabeza. Entonces Hank se dirigió a ella.

—Dice que se encuentra a tu lado cuando trabajas en el jardín —le dije a Arlene—, que cuando cuidas de las flores y arrancas las malas hierbas estás en un estado mental parecido a la meditación, y es entonces cuando él puede comunicarse contigo con mayor facilidad.

Arlene comenzó a llorar y confirmó la autenticidad del mensaje al contar que cuando se encontraba en el jardín creía sentir la presencia de Hank, aunque se preguntaba si sólo era producto de su imaginación.

Hank me hizo comprender que Arlene no estaba llevando muy bien su duelo. Según me explicó, había llegado a plantearse la posibilidad de acabar con su vida para reunirse con su querido marido. Cuando le transmití este mensaje a ella, ocultó la cara entre las manos e hizo con la cabeza un gesto de afirmación.

—Él dice que todavía no ha llegado tu hora, Arlene —le dije de un modo apremiante—. Hank dice que vosotros dos estáis siempre juntos, mucho más de lo que crees, y que volveréis a reuniros pronto, pero no ahora. Hank me pide que te diga: «Aún tienes una larga y hermosa vida por vivir, querida. Tus hijos todavía te necesitan, y te sentirías muy enfadada contigo misma si no les dedicaras tu tiempo».

Arlene sonrió por primera vez.

Luego Hank me mostró una imagen en la que aparecían pequeñas mariposas amarillas. Se las describí a Arlene, y ella se puso a llorar.

—Nadie sabe nada sobre las mariposas —me dijo—. Era imposible que tú lo supieras.

Arlene me explicó que durante el funeral de Hank tanto ella como sus hijos mayores se percataron de la aparición de docenas de pequeñas mariposas de color amarillo en el momento en que el ataúd toco la tierra. Desde entonces, Arlene veía continuamente el mismo tipo de mariposas por todas partes. Nunca le había hablado a nadie de ello por miedo a que la tomaran por loca. Pero ahora Hank había confirmado lo que ella ya sospechaba: Las mariposas eran una señal enviada por él para decirle que estaba bien y que cuidaba de ella y de sus hijos.

Algunas semanas más tarde Arlene me llamó por teléfono para decirme que, aunque echaba mucho de menos a Hank, la sensación devastadora que la invadió cuando él falleció estaba desapareciendo lentamente, y añadió que se sentía feliz por el hecho de que pronto sería abuela.

Como le sucedió a Arlene, es frecuente que después de un fallecimiento los ángeles o el ser querido que se ha marchado nos envíen mensajes de consuelo. Por ejemplo, podríamos ver a uno de nuestros seres queridos, o soñar con él, y que nos dijera que se encuentra bien, en paz, y que ya es tiempo de que nos dispongamos a volver a vivir nuestra vida con plenitud. O, como le sucedió a Arlene con las mariposas, tal vez los ángeles nos envíen una señal para recordarnos que uno de nuestros seres queridos fallecidos sigue estando junto a nosotros.

Saber reconocer las señales que nuestros seres queridos fallecidos puedan estar enviándonos es indicio de que el proceso de curación del dolor ya ha comenzado. Estas señales, tales como objetos físicos que notamos que han cambiado de lugar, un pájaro o una mariposa, una fragancia que nos recuerda a la persona amada, u oír reiteradamente en la radio su canción favorita, a menudo van acompañadas de la intensa sensación de que en ese momento nuestro ser querido se encuentra con nosotros espiritualmente. Los ángeles nos piden que creamos que estas cosas que a veces nos ocurren son reales, y que venzamos la tentación de considerarlas meras coincidencias.

Mantener conversaciones con el ser amado que se ha marchado puede incluso acelerar el proceso de curación. Por ejemplo, podemos escribirle una carta en la que le contamos los sentimientos que guardamos en el corazón. Es habitual que las personas se comuniquen por carta con sus seres queridos fallecidos. Si decidimos hacerlo, no debemos sorprendernos si tenemos la sensación de oír o sentir respuestas procedentes del cielo. Nuevamente, los ángeles nos piden que tengamos fe en que se trata de experiencias reales.

Los ángeles nos aconsejan también que evitemos formarnos una imagen de color rosa de los días pasados junto a estos seres queridos, soñando con los tiempos felices vividos a su lado, cuando estaban vivos. El único tiempo que existe en realidad, nos dicen, es *ahora*. El cielo desea que cada momento sea para nosotros lo más placentero y significativo posible, y por ello los ángeles suelen recomendarnos la relajación, la alegría y las actividades que nos hagan sentir felices y nos brinden la oportunidad de ayudar a otras personas.

Nos dicen también que disfrutando del aquí y ahora, ayudaremos a sanar la aflicción que hay en nuestra mente y en nuestro corazón. A los ángeles les encanta ver a la gente reír, divertirse y jugar. Cualquier cosa que favorezca la relajación, como tomarnos unas vacaciones, que nos den un masaje o pasar tiempo con nuestros amigos, son remedios celestiales que alivian el dolor.

Otro consejo celestial para liberarnos del dolor de una pérdida es la dedicación a algún tipo de trabajo social, ya sea remunerado o voluntario. Una parte importante de la curación consiste en participar en actividades de las que disfrutemos o que tengan para nosotros un significado especial. Debemos evitar pasar el tiempo sentados, compadeciéndonos de nosotros mismos. Cuando nos volcamos activamente en la ayuda a los demás, tomamos conciencia de lo mucho que tenemos para dar, y eso potencia nuestra autoestima. Este tipo de trabajo nos ayuda también a valorar lo mucho que tenemos, haciéndonos tomar conciencia de las muchas bendiciones que hay en nuestra vida. Es posible que los ángeles le aconsejen a alguien que está pasando por el periodo de duelo que busque la ayuda profesional de un terapeuta o un grupo de apoyo especializado en esta clase de situaciones.

Rx

Pide a los ángeles que te pongan en contacto con la persona que has perdido. Dedica parte de tu tiempo a ayudar a aquellos que tienen problemas más devastadores que el tuyo. Escoge actividades que te ayuden a disfrutar del aquí y ahora.

Consejos para las pérdidas personales

Algunas veces la causa de nuestra pena no es la muerte de un ser querido, sino algún otro tipo de pérdida igualmente difícil de superar. Puede tratarse de una relación amorosa que se acaba, de un proyecto empresarial que ha fracasado, de la pérdida de nuestros ahorros, del robo de algo importante para nosotros, de la destrucción de nuestra casa en un incendio... En todas estas cosas invertimos una parte importante de nosotros mismos, y cuando las perdemos se llevan algo de nuestro ser.

Entonces, es posible que además del sentimiento de pena y desolación nos culpabilicemos por lo ocurrido, haciendo una detallada lista de todos los errores que cometimos y que desembocaron finalmente en la pérdida. Los ángeles nos sugieren que nos concentremos en aquello que deseamos, y no en lo que no deseamos. En otras palabras, nos dicen que, si bien es terapéutico que revisemos las situaciones pasadas y aprendamos de los errores cometidos, es importante que no analicemos excesivamente las cosas ni nos quedemos estancados en el pasado.

Si mantenemos nuestros pensamientos anclados en las experiencias negativas del pasado, estamos perpetuamente condenados a repetirlas. Eso ocurre porque nuestros pensamientos de hoy crean nuestras vivencias de mañana. Los ángeles nos piden que intentemos ser flexibles y nos mantengamos abiertos al cambio, en lugar de resistirnos a las cosas nuevas que puedan aparecer en nuestra vida.

Hacía cinco años que Eddie había perdido en un terrible incendio la casa de sus sueños, que él mismo había diseñado y construido. El seguro cubrió gran parte del coste de las reparaciones y, como socio de una empresa de construcción, podía permitirse volver a construirla, o simplemente comprarse una casa nueva. Sin embargo, continuó viviendo en una pequeña habitación, en el apartamento de su padre, que estaba jubilado, a donde se había mudado después del incendio.

—Es que no acaba de entusiasmarme la idea de vivir en ningún otro sitio —me dijo Eddie mientras retorcía un botón de su camisa—. Mi padre se siente feliz de tenerme a su lado. Este no es el problema. Es un poco incómodo cuando salgo con alguna chica, aunque normalmente las chicas suelen ser comprensivas y terminamos yendo a su casa. La gente no deja de preguntarme cuándo voy a conseguir una casa que me permita llevar una vida independiente, o cuándo voy a construirme una. Sin embargo, la idea no me entusiasma, y hasta me hace sentir mal. Yo había puesto en esa casa mis sueños y esperanzas, mi sudor y mis lágrimas, y tres años de mi vida. Era perfecta, desde todo punto de vista. Creo que sólo el nacimiento de mi primer hijo, siempre y cuando me case, podrá llegar a emocionarme más. Fui feliz cada día que viví en ella. Solía recorrerla caminando por la noche, disfrutando de la perfección de cada una de las habitaciones, de cada rincón. Y de pronto, ¡zas!, todo desapareció en una noche. ¿Por qué ha tenido que ocurrir una cosa así?

Esto es lo que los ángeles le dijeron:

—*El tiempo parece ser un factor importante para aquellos seres humanos cuyo corazón está desolado por el dolor. Estas perso-*

nas enfrentan el pasado con el presente, y comparan con melancolía cómo eran las cosas en otra época, antes de que llegaran los grandes cambios. El hecho de centrarse en el pasado es, desde nuestro punto de vista, un elemento clave, ya que retrasa la felicidad que suele acompañar la llegada de las cosas nuevas. Cuando la primavera aleja el frío del invierno, ¿añora el árbol las heladas pasadas? Cuando las flores se marchitan y se convierten en fruta, ¿se lamentan tristemente? Tú, igual que el árbol, formas parte de la naturaleza, que está siempre evolucionando. Te pedimos que consideres cada cambio temporal como la forma en que Dios te prepara para crecer y recibir cosas nuevas.

—¡Vaya! —exclamó Eddie—. Yo siempre me he considerado una persona espiritual y, bueno, supongo que me han puesto firmemente en mi sitio. —Suspiró profundamente, como si estuviera liberándose de un gran peso o de algo de lo que le daba pena desprenderse—. Bueno, creo que ya puedo seguir adelante. No voy a volver a construir un hogar para mí, ni tampoco voy a comprarme una casa. He visto un desván fantástico en el centro de la ciudad, en uno de esos antiguos almacenes, y creo que puede dar mucho de sí. Podría alquilarlo. Tendría que estudiar la distribución de los espacios interiores y todo ello me mantendría ocupado un par de años. Y, para entonces, quién sabe, tal vez haya encontrado a la mujer adecuada para casarme, y desee construir para nosotros la casa de nuestros sueños.

Rx

Deja de centrarte en el pasado. Da la bienvenida a tus nuevas circunstancias, a tus nuevas posibilidades de realización personal y a la felicidad.

◎ ◎ ◎

No tenemos por qué sufrir; junto a nosotros siempre hay un grupo de ángeles que nos desean lo mejor y nos ofrecen sus consejos. Es como si nos hubieran asignado conjuntamente a Superman, la Cruz Roja y los Cuerpos de la Paz.

Los ángeles no sólo desean ayudarnos a encontrar nuestra felicidad personal, sino que también nos ofrecen su orientación con respecto a cualquier otro aspecto de nuestra vida. En el siguiente capítulo, compartirán con nosotros sus consejos celestiales para los problemas relacionados con la búsqueda del amor.

3

Consejos para citas:
la búsqueda de un alma gemela

Con independencia de nuestros antecedentes, nuestra edad, nuestro sexo, nuestra religión o nuestra orientación sexual, todos tenemos una cosa en común: deseamos ser amados. Todas las personas que conozco, incluso aquellas que intentan parecer duras y afirman que no necesitan a nadie, en ocasiones me han confesado que añoran el amor.

Hace mucho ya que se sabe que la experiencia de ser amados por alguien que es especial para nosotros y a quien también amamos, constituye una necesidad humana universal. El hecho de que las personas que disfrutan de una relación amorosa suelen vivir más y son más felices y equilibradas, es una prueba científica de ello.

Además, el amor es igualmente importante para el bienestar de hombres y mujeres. Los hombres felizmente casados tienen mayores expectativas de vida que los hombres divorciados. De hecho, estos últimos son, como grupo social, quienes con más frecuencia se quitan la vida cada año. En una investigación que yo misma he llevado a cabo entre varios cientos de mujeres ejecutivas, la mayoría afirma que el matrimonio es el ingrediente básico de su receta de éxito y felicidad.

Eso explica por qué quienes no tienen pareja invierten gran parte de su tiempo y su energía en salir con acompañantes eventuales, acudir a servicios de contactos, integrarse en grupos de gente que no tiene pareja y frecuentar bares para solteros, buscando alguien a quien amar. Con mucha frecuencia el resultado de esta búsqueda es el desencanto, el sufrimiento emocional, el rechazo, el dolor o una dolorosa humillación. Cuando estos intentos no conducen a ninguna parte, y la persona no encuentra el amor que busca, se pregunta qué problema tiene. Se siente dejada de la mano de Dios, como si no mereciera el regalo del amor que Él concede a tanta otra gente.

La necesidad de amor es mucho más profunda que la agonía potencial de quedar con alguien diferente cada sábado por la noche, cuando podemos encontrar a millones de personas en restaurantes, cines y teatros comenzando un día más su búsqueda de pareja. Tanto en el caso de quienes buscan un acompañante eventual como en el de quienes desean encontrar al amor de su vida, el deseo del cielo es involucrarse en cada etapa de su camino.

Algunas veces, cuando estas personas miran a su acompañante, al otro lado de la mesa, piensan que han encontrado a ese ser especial que estaban buscando, al mítico hombre ideal o la mítica mujer ideal. Luego descubren con gran desencanto que su ansiedad por encontrar a su alma gemela les ha traicionado. ¿Cuántas veces hemos conocido a alguien que nos ha parecido el hombre o la mujer ideal, para luego descubrir que no éramos compatibles?

A diferencia del encanto y la vida social que vemos en series de televisión como *Beverly Hills, 90210*, el hábito de salir siempre con acompañantes eventuales acaba por convertirse en un ritual vacío y frustrante para la mayoría de las personas que están solteras o separadas. Las investigaciones realizadas revelan que muchas personas mantienen relaciones dolorosas o poco gratificantes con el único fin de evitar sentirse solas o lanzarse a una cruzada en busca de pareja. Y, a pesar de todo, añoran el amor de un alma gemela.

Los ángeles comprenden nuestra necesidad de sentirnos amados y lo importante que es para nosotros tener una relación de pareja. Saben también exactamente qué tipo de persona nos enriquecería. En consecuencia, desean involucrarse en nuestra vida amorosa y esperan que les pidamos ayuda para cualquier cosa relacionada con la búsqueda de una posible pareja. Los ángeles pueden ayudarnos a superar nuestro miedo a ser rechazados o a comprometernos, y nos harán ver el verdadero carácter de nuestra pareja potencial.

Sin embargo, muchas personas opinan que pedir ayuda a Dios en casos de vida o muerte o ante una crisis personal o profesional es correcto, pero tienen reservas respecto a problemas que consideran, en comparación, triviales, como su vida amorosa. Sin embargo, si llevar una vida amorosa armoniosa es fundamental para tener salud y felicidad, como dice la ciencia, ¿es realmente trivial pedir ayuda para conseguirla?

Dios, fuente de todo amor, considera que es tan importante que encontremos una pareja, que ha creado ángeles que sólo se cuidan de estos asuntos. En cualquier momento, podemos pedirles que nos den un apoyo y una ayuda adicionales. Son los ángeles del amor, y son el regalo que Dios hace a los amantes. El que lleva arco y flechas, Cupido, es la imagen tradicional del amor romántico. Y, a decir verdad, corresponde bastante a la realidad. Como ocurre con muchas criaturas mitológicas, Cupido se basa en una realidad espiritual. Los ángeles del amor se aparecen ante nosotros como querubines de aspecto aniñado, que irradian una luminosidad de color rosa. Cuando mi sexto sentido me muestra a alguien rodeado de ángeles del amor, la imagen me recuerda una inmensa postal del Día de los Enamorados. Su presencia me indica que la persona ha pedido la intervención de los ángeles en su vida amorosa, o que se acerca a su vida un nuevo amor y los ángeles están allí para anunciarlo.

La misión de los ángeles del amor es ayudarnos a satisfacer nuestra necesidad de una relación amorosa haciendo posible que encontremos a un alma gemela o dándonos un consejo para salvar nuestro matrimonio, que se está yendo a pique. Existen algunos ángeles del amor que se especializan en conseguir que los nuevos amantes se encuentren; otros, en cambio, ayudan a recuperar la ilusión en relaciones ya existentes.

Cualquiera puede llamar a los ángeles del amor. Hay muchos, y no debemos temer molestarles o abusar de su tiempo. Por el contrario, se sienten felices de poder ayudarnos a encontrar el amor, tan necesario para nuestra realización emocional y espiritual.

Debemos pedir a los ángeles que nos guíen hacia un alma gemela, y seguir luego fielmente nuestras sensaciones instintivas en el momento en que surjan. Los ángeles dicen: «*Recibirás consejos muy claros, aunque en un principio pueden no estar específicamente relacionados con el amor. Síguelos de todas maneras porque Dios te conducirá hacia donde deseas estar*».

De hecho, tan pronto como pronuncies tu plegaria, los ángeles dedicarán todos sus esfuerzos a orientarte para que encuentres a la persona de tus sueños. Será como si te entregaran una lista celestial de «las cosas que hay que hacer», en la que te explican qué pasos debes dar para abrirte al amor que estás intentando atraer hacia tu vida. De esta forma podrás encontrar a tu alma gemela y disfrutar de ella. Como ocurre habitualmente, los ángeles te transmitirán sus mensajes a través de tus sentimientos, sueños, visiones e ideas.

El trabajo de los ángeles del amor no termina una vez que nos han ayudado a resolver con éxito las dificultades del acercamiento y la primera etapa de la relación. Después, cuando nos comprometemos a formar una pareja estable, los ángeles trabajan para mantener la armonía y la ilusión amorosa, como veremos en el capítulo 4. Y cuando aceptamos un compromiso duradero y nos casamos, los ángeles permanecen a nuestro lado, como veremos en el capítulo 5.

Consejos para encontrar un alma gemela

Cuando no podemos encontrar amor, el problema suele estar en nosotros mismos. Tal vez estemos buscando desesperadamente un alma gemela, y nos sintamos dolidos por nuestra incapacidad para conectar con la persona de nuestros sueños, sin ser conscientes siquiera de que los ángeles han puesto amores potenciales a nuestro alrededor. Es más, damos por sentado que el cielo no ha contestado nuestras plegarias, cuando lo cierto es que a los ángeles sólo les falta encender fuegos artificiales para dirigir nuestra atención hacia estas posibles almas gemelas.

Además, solemos estar erróneamente convencidos de que sólo existe un alma gemela para cada ser humano, y de que hemos nacido para amar a una única persona, que a su vez nos amará a nosotros. Será alguien que comparta todos nuestros intereses, que nos quiera tal como somos y que haga que nuestro corazón se sienta desbordado de amor. Damos por sentado que seremos capaces de reconocer a esta alma gemela desde el primer instante, ya que si no fuera así, estaríamos condenados a pasar el resto de nuestra vida junto a quien ocupa el segundo o tercer puesto de nuestra lista.

Algunas personas dejan su vida en suspenso por completo, ignorando o dejando pasar docenas de parejas que podrían ser adecuadas, y se condenan a sí mismas a años de frustración y soledad mientras buscan a un mito. Otras viven con un permanente sentimiento de añoranza, creyendo que su alma gemela es alguien que está ausente, probablemente un amor del pasado del que sienten gran nostalgia. Quizás este amante perfecto estaba casado o en proceso de divorcio, vivía en el otro extremo del país, se pasaba la vida viajando alrededor del mundo, era abusivo, sufría alguna adicción o no fue capaz de comprender el verdadero potencial de la relación. Independientemente de cuál sea la verdadera explicación, estas personas ven la relación con unas gafas color de rosa, y al final llegan a la conclusión de que si las cosas hubieran tomado otro rumbo, esa habría sido su pareja perfecta.

Los ángeles me han enseñado que la idea de que sólo existe un alma gemela para cada persona y de que es necesario salir a la caza del hombre o la mujer ideal y no cejar hasta encontrarle (o, en su defecto, quedarse solos para siempre) son dos de los mitos románticos más destructivos. ¿Cómo podemos pensar que Dios pondría a nuestra única alma gemela en Cleveland, privándonos de su amor por el solo hecho de haber aceptado un trabajo en

San Francisco? Existen en realidad cientos de almas gemelas potenciales (hombres y mujeres) esperándonos en cada ciudad, ocupación y grupo social en los que podríamos integrarnos en algún momento de nuestra vida, personas capaces de colmarnos en los planos espiritual, emocional, y físico.

Aun así, muy poca gente parece tener conciencia de ello, y con demasiada frecuencia descubro que mis clientes (jóvenes y maduros, hombres y mujeres) obstaculizan la llegada a su vida del amor que sueñan por hacer una interpretación errónea del mito del alma gemela.

—¿Cuándo voy a conocer a ese hombre especial? —me preguntó Rose, que tenía unos treinta años.

Era propietaria de un restaurante italiano, galardonado con varios premios, que había heredado de su padre, junto al orgullo de unas tradiciones que conservaba escrupulosamente. Rose, una atractiva mujer morena, llena de energía, solía estar casi todas las noches en su establecimiento, dirigiendo todo lo que ocurría a su alrededor.

Sin embargo, ese día la tenía ante mí, mirándome de forma ansiosa e implorante debido a esa relación que anhelaba tan intensamente. A aquellas alturas, estaba empezando a sentir la señal de su reloj biológico.

—Siento como si el tiempo se me estuviera acabando. He buscado por todas partes. En mi iglesia y en mi negocio, donde conozco a tanta gente. He tenido mis romances, y algunos de ellos llegaron a ser realmente serios. Pero, al final, no me sentía del todo segura de ninguno de estos hombres. Es que ninguno de ellos parecía responder a mi idea del alma gemela ideal. Siempre he pensado que si espero el tiempo necesario, acabaré encontrándole, y cuando eso ocurra nos miraremos a los ojos y todo encajará. Haremos el amor increíblemente, seremos una pareja ideal en todos los sentidos, y pasaremos juntos el resto de nuestra vida, sin que existan demasiados desacuerdos ni desavenencias. Espero que cuando él llegue, me encuentre libre. No quisiera verme en la situación de estar casada con alguien que yo consideraba mi alma gemela, para luego despertarme un día, y de forma totalmente inesperada, cruzarme con mi verdadera alma gemela.

—Rose —contestaron los ángeles—, *es verdad que existe un alma gemela aguardándote, aunque quizá no exactamente de la forma que esperas. Lo cierto es que tú, como el resto de los seres humanos, tienes numerosas almas gemelas potenciales, y no una sola. Cada una de ellas corresponde a alguien cuyo amor y cuya compañía apreciarías de verdad.*

»*Todas estas almas gemelas potenciales tienen la capacidad de alimentar y sanar una región diferente de tu mente, tu corazón o tu alma. La verdad es que hasta ahora has dejado pasar varias almas gemelas ideales que te hemos enviado, diciéndote a ti misma que no querías estar a su lado en caso de que te cruzaras con algo mejor.*

»*Pero levanta el ánimo. Muy pronto encontrarás un alma gemela adecuada para contraer matrimonio, que es lo que quieres. Cuando sea el momento ideal, te guiaremos hacia la persona que tu alma crea capaz de curarte o de enseñarte la lección que necesitas para dar el próximo paso en tu crecimiento y tu progreso. Si lo que tu alma necesita aprender es la libertad, te guiaremos hacia alguien que te impulsará en esa dirección. Si te has pasado la vida anhelando un gran amor físico y pasional, te orientaremos hacia quien pueda ayudarte a conseguir satisfacer esa parte de tu ser. En el caso de que tu asignatura pendiente sea la paciencia, haremos que conozcas a un hombre muy paciente.*

Rose parecía aliviada.

—Al enfocarlo de esa manera —dijo—, podría darme a mí misma un bofetón por ser tan tontamente romántica. Salí con un par de hombres con los que debí en su momento haberme comprometido, especialmente con Armand. Puede que los ángeles les hayan enviado. Intentaré hacer las cosas mejor en el futuro.

Liberada de la ilusión de que sólo existe una única alma gemela, comenzó a comprender que conocía a varios hombres que podrían ser parejas potenciales. La última vez que supe de ella me contó que se había comprometido, legitimando los consejos de los ángeles con la felicidad que acababa de encontrar.

Rx
....

No permitas que el mito de una sola y perfecta alma gemela
te impida ver las muchas y estupendas almas gemelas potenciales que los ángeles ponen en tu camino.

Consejos para atraer a un alma gemela

Algunas veces ocurre que no encontramos un alma gemela porque hemos puesto el listón demasiado alto. El tipo de persona que nos gustaría tener como amante no es el que nos escogería a nosotros, tal como somos actualmente. Esta persona está en
un nivel tan diferente al nuestro, que si nos encontráramos en su
lugar, tampoco estaríamos interesados en la relación.

Para plantearlo de una forma un poco más concreta, alguien que está trabajando con su ira y su forma de comunicarse
con los demás, podría soñar con llevar una vida tranquila y armoniosa con una persona que tenga estas características. El problema es que una persona tranquila y armoniosa, que desea
también una vida así, raramente escogerá como amante a alguien difícil y cargado de ira. Lo mismo podría decirse de una
persona que, no estando en forma, aspira a tener una pareja atlética y rebosante de salud. O de una persona que sufre alguna clase de adicción, y cuya fantasía es ser amada por alguien cariñoso
y equilibrado.

No hay nada malo en poner el listón razonablemente alto.
Eso es precisamente lo que Dios y los ángeles desean que hagamos. Las almas gemelas tienen muchas funciones distintas, y
una de ellas es sacar lo mejor de nosotros. En algunos casos el
alma gemela ideal que tanto deseamos no sólo nos atrae por sus
muchas y estupendas cualidades, sino por su nivel espiritual superior, y porque es el tipo de persona que aspiramos a ser. Todo
ello hace que nos movamos en su dirección.

El problema se presenta cuando esperamos que alguien (o
algo) completamente fuera de nuestro alcance nos sea entrega-

do, envuelto en un bonito paquete, en el preciso momento en que lo vemos. Si somos incapaces de comprender lo absurdo que es algo así, nos adentraremos en el camino del desencanto y el rechazo y de largas horas de soledad, pena y tristeza. Según las leyes de la atracción, es mucho más probable atraer un alma gemela que esté en el mismo nivel espiritual, físico y mental que nosotros. Los ángeles nos dicen que cuando nos encontramos en una situación de este tipo, existen dos alternativas. Una es bajar un poco nuestras expectativas y aceptar un alma gemela más próxima a nuestro nivel, y otra esforzarnos por evolucionar hasta convertirnos en la clase de persona que le gustaría a nuestra alma gemela ideal.

Este suele ser un tema difícil de tratar cuando trabajo con clientes como Carmen, una enfermera de treinta y cinco años que prácticamente rogaba a los ángeles que le dijeran, a través de mí, cómo podía atraer la atención de Russell, el nuevo jefe de seguridad del hospital.

Los ángeles comenzaron mostrándome una película con imágenes dobles, que sugería que existía entre ellos una distancia abismal en lo referente a sus gustos y costumbres. Le pedí a Carmen que me hablara un poco de sí misma.

Lo que surgió entonces fue el perfil de una mujer crónicamente endeudada, con tendencia a discutir con su familia, sus amigos e incluso sus colegas, cuya vida emocional y privada era una sucesión cíclica de altibajos. Luego le pedí que describiera a Russell.

Resultó ser un hombre elegante, bien educado, con formación superior, miembro de la Marina, con una cartera de acciones a su nombre y con un perfecto control de sí mismo y de su entorno.

—Es tan distinto al tipo de hombre con el que he estado saliendo últimamente —dijo Carmen—. Es un hombre al que cualquier mujer escogería para pasar la vida a su lado. Dígame qué tengo que hacer para conseguirlo.

Yo sabía de antemano que el mensaje que los ángeles me iban a dar era lo último que Carmen deseaba escuchar. Entonces me dije a mí misma que yo sólo era una mensajera escogida por ellos para transmitir sus consejos. De manera que repetí literalmente lo que los ángeles me dijeron:

—*Querida Carmen, lo que tú pides no es imposible. Pero, para que pueda ocurrir, deberás seguir previamente algunos pasos. Tanto este hombre como tú os encontráis en el camino espiritual, y esta es una de las causas por las que te sientes atraída por él. Sin embargo, os encontráis en dos puntos diferentes de este camino espiritual. Ninguno de los dos sería en este momento una buena pareja para el otro. Lo que podríamos hacer en el momento presente es acercar a tu vida a un compañero que esté en tu mismo nivel evolutivo. Puedes también esperar un tiempo y dedicarte a trabajar intensamente para avanzar en el camino espiritual, haciendo muchos cambios en tu estilo de vida. Entonces, al cabo de un año, o quizá dos, podrían existir posibilidades para ti y este hombre, Russell, que tanto te atrae.*

Por la mirada de Carmen pude anticipar una reacción emocional de algún tipo y le pedí a los ángeles que intervinieran. Inmediatamente se rió, y como muchos de mis clientes después de digerir una lectura, dijo:

—Creo que ya lo sabía. Simplemente tenía la esperanza de que los ángeles pudieran hacer algún tipo de milagro que me convirtiera en una persona deseable para él ahora mismo. Pero, ¿sabe?, Russell lo merece. Ya empezaba a sentirme cansada del tipo de vida que estaba llevando y de la clase de persona que soy. Creo que me gustaría aprender a ser un poco como él, tan tranquilo y sereno, y preocupado por los demás. Sé que practica la meditación. Quizá podría comenzar tomando yo también clases de meditación. Y tal vez podría incluso buscar algún terapeuta o una terapia de grupo, con el fin de suavizar un poco algunas de mis aristas emocionales. No es imposible.

Un año más tarde recibí una llamada telefónica suya. No estaba saliendo con Russell, pero la noté muy distinta, más centrada y en paz consigo misma. Me comentó que estaba acudiendo a las sesiones de un grupo que trabajaba con la ira y que asistía a clases de yoga. Había conocido además a un hombre estupendo, muy equilibrado, que trabajaba en la cafetería del hospital.

> Rx
> ....
> Cuando tu alma gemela ideal es más ideal que tú, toma las medidas necesarias para convertirte en una persona mejor. Luego, por medio de la infalible ley de la atracción, podrás llegar a atraerla.

Consejos para potenciar las expectativas realistas

La gente no cesa de salir continuamente con acompañantes diferentes. Sin embargo, algunas personas nunca encuentran el alma gemela que están buscando, aunque la tengan delante mismo de sus ojos. Ello se debe a otro mito, causante de terribles confusiones, que parece haber desorientado a muchos en cuanto a lo que es una relación amorosa: que su verdadero amor, más que una pareja, es un hermano gemelo, alguien exactamente igual a ellos en todos los aspectos. Esta supuesta alma gemela compartiría todos sus valores, le gustaría la misma música, tendría los mismos principios personales y religiosos, disfrutaría de las mismas formas de ocio, hasta llegar a escuchar «Stairway to Heaven» [Escalera al Cielo], de Led Zeppelin, mientras comen espaguetis fríos un lluvioso sábado por la noche.

Los ángeles dicen que aunque tengamos mucho en común con una verdadera alma gemela, su razón de ser no es convertirse en nuestro espejo o nuestro doble. Si esa persona fuera idéntica a nosotros en todos los aspectos, nos advierten, pronto nos aburriríamos de ella, como nos ocurre de vez en cuando con nosotros mismos.

Por supuesto, en las fases iniciales de una relación, todas las parejas tienden a poner el énfasis en las similitudes. Nuestro nuevo novio o novia nos dice: «Me encanta la serie *Xena, la prin-*

cesa guerrera». Y nosotros respondemos: «¿De verdad? A mí también». O nos explica que sufre de acrofobia, y nosotros decimos: «A mí también me dan miedo las alturas». Podemos entonces tener la sensación de que hemos encontrado un alma gemela con quien lo compartimos todo. Sólo más tarde comienzan a emerger las diferencias existentes, hasta que se hacen muy evidentes.

Ello no quiere decir que estemos tratando de engañarnos el uno al otro, dando la falsa impresión de que tenemos muchas cosas en común. Lo que en realidad ocurre en una nueva relación es que ambas partes suelen esforzarse por encontrar en el banco de datos de la memoria cosas que puedan compartir. Este es un proceso natural, pero puede también llevarnos a creer que hemos encontrado el tipo de alma gemela que nos presentan en el cine, esas parejas que nunca discrepan sobre el tipo de comida que prefieren o respecto a las próximas elecciones presidenciales. Lo típico es que pasada la frontera de los seis meses, los amantes se quiten las gafas color de rosa y comiencen a centrar la atención en las diferencias, en lugar de buscar similitudes.

Frank, un atractivo fotógrafo de prensa de veintisiete años, vino a verme porque se sentía desesperado en relación con su vida amorosa. Su problema no era conseguir chicas para salir o que incluso desearan casarse con él. De hecho, tenía bastante éxito en el terreno amoroso. Sin embargo, ninguna de las mujeres con las que salía parecía responder a su idea de futura esposa y madre de sus hijos. Yo estaba segura de que con su historial de relaciones amorosas tenía que haberse cruzado con muchas posibles almas gemelas a las que había dejado pasar de largo, y le pedí que me explicara qué era para él un alma gemela.

—Ya sabe —me dijo en tono de confidencia—, yo mismo, pero en versión femenina. Supongo que deseo encontrar a alguien que sienta interés por las mismas cosas que yo. Una chica a quien le guste la vida al aire libre, que sea atlética, que tenga los mismos valores que yo, a quien le gusten las fiestas, que suela pasar los fines de semana viendo deportes por la televisión o pescando, que adore el jazz, que la vuelvan loca las carreras de coches, que vote a los republicanos y que se lleve bien con mis amigos. He buscado y buscado, pero no parece que pueda encontrar a una mujer que lo reúna todo. De vez en cuando, conozco a una chica que al principio parece adecuada, pero luego siempre descubro que no estamos completamente de acuerdo respecto a algunos intereses o puntos de vista importantes.

Sus ángeles le dijeron:

—*Frank, de ninguna manera te pedimos que asumas un compromiso, aunque deberías hacer algunas correcciones respecto a tu forma de ver lo que Dios entiende como alma gemela. Como muchas otras personas, te has sometido a un sufrimiento innecesario al creer que un alma gemela es como una hermana gemela, alguien que es tu propia imagen en el espejo, pero en femenino; en definitiva, alguien que actúa, piensa y habla como tú. En caso de que te fuera posible conseguirla, puedes creerme que te aburrirías al poco tiempo. Después de todo, ¿es que no hay momentos de vez en cuando en los que te sientes aburrido de ti mismo y no te gustas? Imagina cincuenta años durante los cuales todo permaneciera igual y no tuvieras que enfrentarte al desafío de ideas y experiencias nuevas, diferentes.*

»*Tú, Frank, tienes intereses variados y admirables, y muchos amigos de ambos sexos con quienes disfrutar de los placeres de la vida. No minimices tu matrimonio basándolo en la coincidencia de intereses externos. Es mucho más importante buscar una compañera que tenga una vida separada de la tuya, con intereses distintos aunque compatibles, y que encienda tu corazón de pasión. De esta forma, tendríais una gran diversidad de cosas que compartir. Es mucho mejor buscar en tu pareja intereses complementarios, que dedicar tu vida entera siempre a los mismos.*

Después de un momento de conmoción y autorreflexión, Frank esbozó una sonrisa y dijo:

—Mis amigos me dicen lo mismo. Supongo que estará todo el mundo en lo cierto.

Llegó entonces a la conclusión de que su ideal de un alma gemela no era realista.

> Rx
> ....
> Un alma gemela no es un hermano gemelo, alguien idéntico a ti. Las personas nos reforzamos mutuamente en aquello en lo que somos similares, y nos estiramos para llegar hasta el otro en lo que somos diferentes.

Consejos para atraer a la pareja adecuada

El antiguo proverbio que dice: «Cuidado con lo que deseas, porque podrías conseguirlo», se aplica por partida doble a las relaciones amorosas. Dios y los ángeles están encantados de formar nuevas parejas y de atraer hacia nuestra vida a alguien que cumpla con todos los requisitos que nosotros específicamente hemos establecido. Lo único que tenemos que hacer es pedirlo, aunque es aconsejable ser prudentes y cuidadosos cuando elaboremos una lista de las cualidades que queremos en un alma gemela. Ha sido duro para mí comprender que el cielo siempre contesta nuestras plegarias literalmente. Hace muchos años, cuando era una mujer divorciada, madre de dos niños, le pedí a Dios que me ayudara a conseguir un alma gemela que se convirtiera en mi marido. Escribí una descripción de tres páginas de lo que deseaba en un compañero, especificando que quería encontrar a un hombre romántico que me enviara muchas flores. Previamente había hecho listas similares para establecer mis metas personales y profesionales a largo plazo.

Al cabo de una semana conocí a Johnny, un experto contable. Sin que yo hubiera mencionado siquiera mi amor por las flores, comenzó a enviarme ramos de rosas rojas a mi consulta. Cada día mi secretaria, Donna, me traía dos jarrones de rosas enviadas por él. Solía recibir un ramo por la mañana y otro por la tarde, y me resultaba embarazoso ser objeto de estas muestras públicas de afecto en mi entorno profesional, teniendo en cuenta que era una terapeuta experimentada y directora de un hospital psiquiátrico conservador.

Al verme ante esta situación tan incómoda, me di cuenta de que a pesar de todo el tiempo que había dedicado a hacer una descripción detallada a los ángeles, había omitido un ingrediente sumamente importante. Olvidé decir que también yo deseaba sentirme atraída por él cuando lo conociera. La realidad era que no sentía ningún tipo de interés por Johnny, más allá de una amistad fraternal.

Volví a escribir la lista, de forma aún más detallada. Esta vez incluí cosas tales como: «Me siento atraída por él», y considerando que la excesiva intensidad emocional de Johnny me perturbaba, escribí: «Desea casarse pero prefiere avanzar en nuestra relación poco a poco».

Presenté a Dios mi carta amorosa con la sensación de que lo había dejado todo en sus manos. Ello hizo surgir en mí pensamientos y sentimientos que eran una forma de orientación divina y que muy pronto culminaron en mi encuentro con el hombre de mi lista. Se trataba de un atractivo francocanadiense, un hombre de mucho talento que apareció entonces en mi vida. Nos sentíamos mutuamente atraídos, y él, al igual que yo, deseaba que nos casáramos después de un largo periodo de compromiso. Todo parecía perfecto, como ocurre a menudo al principio.

Al poco tiempo descubrí que su dificultad con el inglés era problemática para mí. Su primera lengua era el francés, y no estaba familiarizado con muchas palabras y modismos que se usan en inglés. Aunque me parecía muy romántico que me cantara canciones de amor en francés, añoraba terriblemente poder mantener una conversación profunda y estimulante.

Una vez más decidí repetir mi lista, que acabó siendo en realidad un manifiesto: tres páginas detalladas que incluían todo lo que deseaba y lo que no deseaba en un marido. Sólo mencioné aquellas características que eran realmente importantes para mí, dejando de lado las cosas que carecían de importancia, como la altura.

Pronto recibí instrucciones divinas de ir a ciertos lugares e inscribirme para participar en determinadas actividades, y seguí estas órdenes al pie de la letra. ¿Cuál fue el resultado? Pasadas tres semanas, en un restaurante francés me tropecé con un hombre, y nuestras miradas se encontraron. El lugar comenzó a dar vueltas como si nada existiera, excepto él y yo. Nos sentamos y nos «entrevistamos» el uno al otro rápidamente, valorando la información para ver si cada uno de nosotros era la persona que el otro buscaba. Al cabo de tres años nos casamos, y debo decir que todas las cosas que figuraban en mi lista formaban parte de sus características naturales.

Hace algunos años impartí cursos sobre relaciones de pareja a hombres y mujeres casados, y les hablé de mi lista y mis métodos. Los estudiantes que probaron esta forma espiritual de buscar pareja obtuvieron estupendos resultados.

Una mujer me dijo que había hecho una lista de las características que deseaba en su futuro marido, y que la llevaba siempre consigo. En ella hablaba de ese hombre de forma afirmativa, con la certeza de que lo iba a conocer muy pronto. Lo llamaba incluso «el hombre de mi lista de deseos». Ahora es la señora de Wishner.

Sólo necesitamos escribir en una hoja de papel todas las cualidades que creemos que debe tener nuestra alma gemela (también podemos hacer una lista de los rasgos que no deseamos que tenga). No nos apresuremos; es mejor que nos tomemos unos días para hacerlo. De esa forma será menos probable que omitamos algo importante. Luego entregaremos nuestra lista a Dios y a los ángeles. Por si hemos cometido algún error importante de inclusión u omisión, diremos: «Esto o algo mejor aún, por favor». No debemos limitar a los ángeles con una descripción restrictiva de lo que creemos que puede hacernos felices.

Rx
....

Establece claramente qué es lo que deseas antes de comenzar la búsqueda de un alma gemela. En caso contrario, es posible que te encuentres con algo que no esperabas, o que desearías no haber pedido.

Consejos para el perfeccionismo

Otra forma de acabar con el corazón roto en nuestra búsqueda de un alma gemela es rechazando candidatos ideales porque no son absolutamente perfectos. Algunas personas convierten su vida en un infierno, e incluso llegan a ponerse enfermas o a suicidarse por exigirse que su trabajo y su comportamiento sean perfectos. No toleran cometer jamás ningún tipo de error. Existen otras personas que al buscar un alma gemela hacen otro tanto y consiguen idéntico resultado: sabotearse a sí mismas. Desean encontrar a alguien que sea completamente perfecto, que no tenga el más mínimo indicio de debilidad, y aunque sufren mucho por este motivo, ellas son las únicas causantes de su sufrimiento. Sus expectativas son tan altas que es imposible que exista un ser mortal que pueda satisfacerlas.

Esta clase de personas se encuentran en la misma situación que el personaje de una antigua historia sufí, que se pasa la vida entera buscando a la esposa perfecta, y cuando la encuentra, ella le rechaza porque está buscando al hombre perfecto.

Lo mismo le ocurrió a Kathleen, una ejecutiva de ventas de treinta y tantos años, que a pesar de haber salido con muchos hombres en su vida, nunca había encontrado uno que estuviera a la altura de sus expectativas. Ella sentía que debía casarse mientras su edad le permitiera tener hijos, pero no veía posibilidades de que eso fuera a ocurrir pronto.

Al trabajar en ventas, conocía a una gran variedad de hombres. Muchos de ellos eran atractivos, bien educados y con una trayectoria profesional llena de éxitos, y habrían sido el sueño de cualquier mujer. Kathleen, en cambio, me los describió a todos haciendo hincapié en algún rasgo que impedía que en cada caso particular el hombre obtuviera un aprobado. Cuando no era demasiado bajo, era demasiado alto, o demasiado gordo, o demasiado delgado, excesivamente romántico o nada romántico, demasiado bueno como amante o un pésimo amante, adicto al trabajo o poco interesado en su vida profesional, más bien avaro o un auténtico manirroto.

—En resumen —me dijo—, cada vez que conozco a un hombre que a primera vista creo que puede ser la pareja ideal, al conocerle mejor acabo por descubrir que sale con otras diez chicas, que me habla constantemente de mi peso o que se vuelca casi por entero en su trabajo.

Kathleen, de quien podría decirse que prácticamente sentía pánico ante el futuro, me preguntó:

—¿Crees que alguna vez daré con el hombre perfecto?

Los ángeles le explicaron:

—*Esta tendencia al perfeccionismo es en realidad un escudo para no encontrar pareja, y se debe a tu temor al compromiso y al hecho de que te sientes rechazada. Estás convencida de que deseas una relación de pareja profunda e íntima, pero en tu interior, Kathleen, tienes miedo de asumir un compromiso de esta naturaleza. Pretender que tu alma gemela no tenga ninguna imperfección humana sólo es una excusa para no comprometerte con nadie. En muchas ocasiones has conocido a alguien que podría haberse convertido en el hombre de tu vida, pero tú has buscado inmediatamente algún fallo con el que justificar tu posterior distanciamiento.*

»Si deseas que un alma gemela entre en tu vida, antes debes sanar tus propias heridas y solucionar tu sentimiento de vulnerabilidad. Nosotros podemos ayudarte a curar tu corazón. Simplemente pídenos que entremos en tus sueños y hagamos desaparecer tu temor a las relaciones amorosas, a disfrutar de la intimidad, a compartir tu vida y a fusionarte con otra persona. Pídenos que te ayudemos a perdonar a tus padres, a tus antiguos amantes y a ti misma por las heridas que te infligieron en el pasado y las que tú

puedas haberles causado a ellos. Pídenos que te ayudemos a liberarte del miedo a dar amor y ser amada. Con nuestra intervención, *verás que pronto tu tendencia al perfeccionismo irá desapareciendo, y eso abrirá las puertas a una relación de pareja con un hombre que te ame de verdad y a quien tú ames del mismo modo.*

La expresión de Kathleen fue de alivio. Estaba claro que se sentía satisfecha del mensaje recibido. Inmediatamente los ángeles comenzaron a mostrarme una serie de imágenes suyas, como si me estuvieran pasando una película, donde aparecía con una futura pareja. Le conté lo que estaba viendo.

—Sí, veo un alma gemela para ti —le dije—. Lo que no veo es que ese hombre sea al ciento por ciento perfecto, según tu criterio actual. Lleva gafas, tiene sentido del humor en privado, pero es algo tímido a la hora de expresarse. Veo algún asunto relacionado con su madre. Conocerás a este hombre en una biblioteca, una librería o algún lugar de estudio. Hay muchos libros a su alrededor, como si se tratara de un lector muy ávido. No es un Adonis ni nada parecido, pero tú le encuentras atractivo. Os veo a los dos viajando juntos por motivos del trabajo de él. También veo un tren, y tengo la sensación de que se trata de unas vacaciones por Europa. Veo que podrías ser muy feliz con este hombre y sentirte muy gratificada por esta relación, basada en la compañía y el respeto mutuo. Percibo una cierta calidez que podría definirse como romántica, no como una pasión arrolladora o como un estado de fascinación. Parece una buena relación en la que existe un compromiso y mucho afecto.

Kathleen suspiró profundamente y dijo:

—Bueno, debo admitir que cuando has empezado a describírmelo, me sentía atemorizada. No sonaba como el tipo de hombre maravilloso con quien siempre he soñado, el hombre perfecto, ideal. Pero ¿sabes qué? —Se puso recta en su asiento y dijo seriamente—: Esto suena maravilloso. Estoy empezando a comprender que lo que más necesito es tener a mi lado a alguien que sea mi mejor amigo, además de un amante romántico. Este hombre parece ser exactamente lo que necesito.

Kathleen se mudó a Nueva Orleans hace pocas semanas por

razones de trabajo, y desde entonces no he vuelto a saber nada de ella. Estoy segura de que si se mantuvo fiel a su decisión y pidió a los ángeles que la ayudaran a superar su perfeccionismo, a estas alturas ya habrá encontrado un alma gemela que los ángeles habrán considerado perfecta para ella.

Rx
....

No contengas el aliento esperando la llegada de alguien que sea absolutamente perfecto. Puede que una persona sea un alma gemela para ti y aun así tenga algunas imperfecciones.

Consejos para quienes no logran encontrar un alma gemela

El proverbio que dice «A quien se ayuda, Dios le ayuda» resulta cierto cuando uno está buscando un alma gemela. No podemos esperar que Dios ponga en nuestros brazos a una posible alma gemela si no nos encontramos en los lugares donde podría aparecer. Los ángeles desean cumplir nuestros deseos románticos, pero nosotros debemos ayudar a poner el proceso en marcha, contribuyendo al principio con una módica dosis de esfuerzo y de fe. Los ángeles pueden luego comenzar a trabajar para hacer que de la forma más sorprendente nuestros deseos se conviertan en realidad. Al contrario de lo que algunas personas piensan, los ángeles dicen que para contar con la asistencia del cielo se requiere participación humana.

Muchas personas deciden que desean tener un alma gemela, luego se sientan y esperan que Dios y los ángeles hagan el resto. Conservan los mismos hábitos y rutinas que han demostrado ser ineficaces para conseguirlo, y se limitan a esperar un milagro. Cuando ven que nada ocurre, se sienten defraudadas y desencantadas. Se dicen a sí mismas que el destino les niega la posibilidad de tener una pareja. Comienzan incluso a perder su fe en Dios y en los ángeles. «He rezado y rezado pidiendo un alma gemela —me dicen—, pero ¿dónde está? Pensé que me habías dicho que Dios y los ángeles siempre contestan a nuestras plegarias. ¿Es que los ángeles me tienen manía? ¿O es todo un cuento?»

Eso me recuerda el viejo chiste del hombre que reza cada semana, pidiendo a Dios ganar un premio en la lotería. Se sienta cerca del teléfono cada viernes, esperando la llamada que le anunciará que es ganador del gran premio. Pasadas varias semanas se siente desencantado, y mira con enfado hacia el cielo, quejándose: «Dios, ¿qué es lo que hago mal? Te rezo cada semana, pero nunca gano la lotería». Y Dios le contesta: «Pues, compra un boleto de una vez».

No podemos esperar encontrar un alma gemela a menos que también tomemos parte activa en la búsqueda. ¿Qué es lo que pretendemos en realidad? ¿Que los ángeles hagan aparecer a alguien delante de nuestra puerta? Eso está muy bien si lo que pretendemos es casarnos con el cartero o con el repartidor de pizzas a domicilio. Si uno de ellos verdaderamente fuera nuestra alma gemela, ya habríamos formado una pareja.

En caso de que hayamos rezado por un amor y que nadie haya contestado a nuestras plegarias, es posible que nos estemos aferrando a hábitos y rutinas que disminuyan nuestras oportunidades o creen barreras que nos impidan encontrar el amor. Después de todo, un hombre solitario que nunca sale con mujeres más altas que él, o una mujer solitaria que pasa la mayor parte de su tiempo limpiando su apartamento, podría estar derramando lágrimas innecesarias. Sólo tiene que hacer un esfuerzo para encontrarse con los ángeles a mitad de camino, saliendo y aventurándose un poco más allá de sus rutinas. Ambos podrían estar negándose a sí mismos la oportunidad que les conduzca hacia la relación de sus sueños. Eso es lo que los ángeles le dijeron a mi cliente Emmanuel.

Durante nuestra sesión, Emmanuel, un capataz de imprenta de treinta y ocho años, que nunca había estado casado, se quejaba de que su problema no era encontrar un alma gemela, sino sencillamente una mujer. Era un hombre tranquilo y reservado que se consideraba a sí mismo una persona espiritual. Me explicó que durante años había estado buscando una compañera y esposa en potencia sin éxito alguno. Parecía que no conocía a nadie a quien pudiera invitar a salir.

—Realmente pienso que yo sería un buen marido y padre —afirmaba—, pero últimamente me pregunto si Dios escucha mis plegarias, y si realmente estoy hecho para tener una esposa y una familia. No he salido con ninguna mujer desde hace años, y nunca conozco a nadie del sexo femenino.

Pasados unos momentos, los ángeles respondieron:

—*Durante muchos años hemos escuchado tus plegarias pidiendo ayuda y estamos intentado ayudarte. Te hemos estado sugiriendo que salgas de casa más a menudo en tu tiempo libre, de forma que podamos hacer que encuentres a tu amor. Sin embargo, tú te resistes a aceptar este consejo. Cuando terminas de trabajar te vas directamente a casa y miras la televisión mientras te preguntas por qué te encuentras solo. Cuando llega el fin de semana te sientas frente al televisor y pides tus comidas por teléfono para que te las traigan a casa. Cuando tus compañeros de trabajo te hacen alguna invitación, te dices a ti mismo que vas a ir, y luego siempre decides que estás muy cansado, y continúas con tu hibernación. A decir verdad, opinamos que eres un poco tímido, y que te da miedo la posibilidad de ser rechazado por alguna mujer que te interese mucho. Por esa razón no has llegado a conocer a las muchas mujeres que podrían haberte hecho feliz. No nos es posible ayudarte a menos que nos ayudes tú a nosotros, siguiendo los consejos que te enviamos a través de tus pensamientos y sentimientos.*

Mientras escuchaba a los ángeles, Emmanuel tenía los ojos y la boca completamente abiertos.

—Esto es increíble. Vi un folleto de publicidad sobre clases de gimnasia en mi vecindario. Un par de veces estuve a punto de ir hasta allí e inscribirme, pero siempre desistí en el último momento.

—*No estarás solo por mucho tiempo* —le dijeron los ángeles—, *pero debes cambiar tus hábitos para poder encontrar el alma gemela que a nosotros nos gustaría poner en tu vida. Te aconseja-*

mos asistir a esas clases de gimnasia. *Fuimos nosotros quienes hicimos que recibieras el folleto, en un intento de que te animaras a ir a ese lugar. Deseamos asimismo que aceptes las invitaciones de tus compañeros de trabajo. Si no lo haces, nunca te encontrarás en la situación adecuada para hallar el amor que tanto anhelas.*

Emmanuel me llamó algunos días después, para preguntarme dónde estaba «ella».

—Me he matriculado en las clases de gimnasia, pero aún no he encontrado a nadie —me dijo.

Sonreí y le aconsejé que diera a los ángeles algún tiempo, especialmente teniendo en cuenta que sólo había transcurrido una semana. Ellos estaban trabajando, moviendo los hilos necesarios para poner un alma gemela en su vida. Los ángeles agregaron:

—*No solamente tienes que salir de casa, sino que también debes tender un puente hacia las personas que conoces, buscando el contacto amistoso de la mirada, sonriendo y saludando. La mujer que buscas es sensible y tímida como tú. Ella nunca se acercará a ti, especialmente con la actitud que tienes actualmente. Intenta transmitir calidez a los demás. Podrás hacerlo si piensas que dentro de cada persona que conoces se encuentra Dios. Toma conciencia del amor de Dios cada vez que hablas o ves a alguien, y automáticamente irradiarás calidez. Atraerás muchos amigos, incluida la mujer que buscas.*

Emmanuel prometió ser más paciente y hacer un esfuerzo aún mayor para salir y relacionarse con la gente. Aparentemente eso era lo único que necesitaba hacer, porque la última vez que tuve noticias suyas, me informó lleno de orgullo que recientemente había empezado a acudir a clase una mujer con muchas posibilidades. Habían salido, parecían atraídos el uno por el otro, tenían muchas cosas en común, y tal vez surgiera entre ellos una relación seria.

—Supongo que los ángeles saben lo que dicen —agregó.

Rx

....

Si tienes problemas para encontrar a tu alma gemela, no te quedes encerrado. Intenta ir a aquellos sitios donde es más probable que encuentres la clase de persona con la que te gustaría estar.

4

Consejos para el amor:
la conexión con un alma gemela

Para la mayoría de nosotros, las dificultades románticas no terminan en el momento en que encontramos un alma gemela. De hecho, no hacen más que empezar. Una vez que hemos establecido una relación de compromiso, ya sea informal o en toda regla, comienzan a aparecer conflictos que nunca imaginamos en la primera etapa.

Cuanto más lleguen a conocerse los dos miembros de una pareja, más posibilidades existen de que se creen fricciones que les hagan chocar entre sí. Puede ocurrir también que veamos a nuestra alma gemela en cada persona que conozcamos, y que dediquemos todo nuestro tiempo a intentar convertir en compromiso una situación que a la otra parte ya le va bien como está, porque satisface sus necesidades sexuales o emocionales. Existen también algunas personas que desaprovechan años de su vida intentando cambiar a su pareja para convertirla en el alma gemela de sus sueños. En determinadas ocasiones, pueden «despertar» demasiado tarde y encontrarse inmersas en una relación con alguien que tiene un comportamiento destructivo y abusivo. Para mucha gente, no es un problema encontrar a alguien con quien estar; lo difícil es que esta persona desee asumir un compromiso. Y, para una minoría, la dificultad reside en el hecho de que se cruzan con demasiadas almas gemelas, lo que les genera ciertos conflictos.

Cuando hablamos de la relación amorosa que surge a partir

del momento en que encontramos un alma gemela, las posibilidades de sufrir y acabar con nuestro corazón roto son de diez a una. Después de todo, ello implica invertir mucho de lo que somos, algo de lo que esperamos ser y casi todo nuestro corazón en esa persona que ahora vemos como nuestra pareja. Cuando alguna cosa amenaza nuestra relación, no sólo pone en peligro algo que significa mucho para nosotros, sino también la parte más profunda de nuestro ser. Quienes han experimentado esto —es decir, la mayoría de nosotros— saben lo horrible y devastadora que puede ser una amenaza así.

Nunca repetiré lo suficiente que el trabajo de los ángeles del amor no termina en el momento en que, con su ayuda, las personas encuentran un alma gemela. Continúa a lo largo de la relación hasta que la muerte los separe, ya se trate de la muerte de la relación o de uno de sus integrantes. Los ángeles dicen que cada persona de la que nos enamoramos o cada persona que se enamora de nosotros está aquí para enseñarnos una o algunas lecciones importantes (y viceversa). Si la lección es simple y puede asimilarse fácilmente, es posible que compartamos una pequeña parte de nuestra vida, aunque sintamos ambos un apasionado amor por el otro. Si las lecciones que hay que aprender son muchas, o difíciles de asimilar, podemos pasar muchos años junto a nuestra pareja. Los ángeles permanecen a nuestro lado, intentando ayudarnos a alcanzar el máximo grado de curación y armonía.

Consejos para roces y fricciones en las relaciones amorosas

¿Cuántas veces hemos pasado por esto? Nuestra búsqueda de un alma gemela ha llegado a su fin. Al final hemos encontrado al hombre o la mujer ideal. En consecuencia, decidimos comenzar una vida juntos. Pero pronto descubrimos que somos como el agua y el aceite, y aparecen las fricciones. Ambos tenemos hábitos, necesidades y formas de comunicación muy diferentes, en algunos casos incluso antitéticos y hasta destructivos para la otra parte.

Esas fricciones conducen a discusiones innecesarias, sesiones de gritos, palabras desagradables, heridas emocionales y sentimientos de culpabilidad. Como resultado, suelen producirse rupturas explosivas y muy dolorosas. En ocasiones, cuando la situación adquiere un tono muy colérico, y los miembros de la pareja no permiten a los ángeles intervenir, se produce una explosión de violencia física. Mucha gente piensa que una relación amorosa estará siempre basada en la verdad, que nunca surgirán conflictos, fricciones o enfrentamientos. Los ángeles nos explican que eso es una ilusión basada en una idea completamente errónea de lo que es una relación.

Debemos pensar que un alma gemela es un ángel terrenal (una persona que, sin saberlo, ha sido seleccionada para llevar a cabo una misión divina). Si discutimos con nuestra alma gemela, difícilmente la consideraremos un ser angélico. Y por muy irritante que nos parezca, o por mucho que nos tiremos los trastos a la cabeza, el cielo nos han enviado este ángel terrenal con una misión concreta. Puede ayudarnos a crecer, a sanar, a descubrir nuestra fuerza interior o el verdadero sentido de la paciencia, de la bondad, de la lealtad y del amor (algunas veces por poseer estas cualidades, y otras precisamente por carecer de ellas).

En este sentido, las almas gemelas también funcionan como ángeles de la guarda, porque nos impulsan a dedicar tiempo a nuestras prioridades, y nos inspiran para que saquemos lo mejor de nosotros mismos, sigamos el camino de nuestras pasiones y seamos diferentes. La forma en que un alma gemela lleva a cabo esta misión podría hacernos desear no haberla conocido. De la misma forma que nos enfurecemos con nuestros ángeles cuando nos dan un pequeño empujón para que mejoremos nuestra vida, lo hacemos también con nuestra pareja cuando se esfuerza en su tarea de ángel terrenal y nos hace sentir controlados o intimidados.

Mi vecino Brad sabía que su mujer, Lisa, deseaba terminar su carrera para poder dedicarse a la docencia. Brad veía cómo Lisa remoloneaba y posponía trabajar en su tesis y buscó formas —suaves pero firmes— de motivarla a ponerse en acción. Recortaba fotos de revistas y se las ponía debajo de la almohada. Hizo también una copia del diploma y lo colgó en la nevera, y se ofreció a hacer la colada y a lavar los platos a fin de que su mujer tuviera tiempo libre por la noche. Lisa, por su parte, le decía que dejara de hacer todas esas cosas, ya que se sentía presionada por sus incesantes indirectas.

—¿Es que no sabe que comenzaré a trabajar en ello cuando sienta que es el momento oportuno? —me decía, quejándose. Lisa parecía a punto de explotar—. No puede tratarme como a una niña pequeña. Es cierto que lo estoy posponiendo, pero también lo es que estoy harta de trabajar en la biblioteca. Lo haré en su momento. Necesito más tiempo para pensar en ello y lanzarme.

Los ángeles no tardaron en contestar:

—*Podemos entender que estés molesta. Pero ponte por un momento en el lugar de Brad. Él sabe lo mucho que deseas cambiar tu situación actual y comenzar a trabajar como profesora. Te oye decirlo cada día, aunque tal vez tú no seas consciente de cuántas veces lo mencionas. Luego te enfadas cuando él hace todo lo posible por impulsarte en esa dirección. Actúa así porque te quiere y se preocupa por ti. Tú, Lisa, tiendes a quedarte estancada por temor a avanzar. Una de las misiones de Brad es ayudar a que te pongas en marcha cuando la situación lo requiere.*

Lisa pareció algo más calmada.

—Esa fue una de las cosas que me atrajeron de él. Siempre me apoyaba en todo. Supongo que no he estado atenta a lo que su presencia en mi vida me puede enseñar.

Tomó la decisión de mostrarse más sensible y agradecida con su alma gemela y ángel terrenal. Y debe de haber funcionado, porque aproximadamente un año más tarde Lisa terminó su tesis y se graduó. Tal vez simplemente decidió terminarla porque estaba cansada de las indirectas de Brad. Aun así, ella le abrazó delante de todos los que la felicitaban por su graduación.

> Rx
> ....
>
> Antes de terminar tu relación con un alma gemela porque os
> tiráis mutuamente los trastos a la cabeza, intenta ver cuál es
> la lección que debes aprender.

Consejos para la «almagemelitis»

Es posible que interiormente tengamos una imagen tan intensa
del alma gemela que deseamos encontrar, que la proyectemos en
cada nueva persona con quien salimos. Desde el primer momento estamos convencidos de que es «el amor de nuestra
vida», y así se lo hacemos saber a nuestros amigos. Al dedicar
por completo nuestro tiempo y nuestro esfuerzo a conseguir que
esta relación funcione, nos estamos condenando a nosotros
mismos y a la otra persona a la tragedia y al sufrimiento. Erróneamente nos hemos convencido de que si alguien es nuestra
pareja, es que realmente merece serlo. Yo suelo llamarlo «almagemelitis», una destructiva enfermedad romántica que es causa
de que muchos corazones sufran innecesariamente.

Cuando tenemos un ataque de «almagemelitis» actuamos
impulsivamente, presionando a la otra persona para que vea la relación desde nuestro punto de vista y asuma un compromiso mucho antes de que tengamos ocasión de conocernos mutuamente.
Y, cuando tomamos conciencia de que las posibilidades de nuestra pareja potencial sólo eran una fantasía, sufrimos dolorosamente las consecuencias. En lugar de dejar que Dios disponga el
momento adecuado para cada cosa y que los ángeles nos ayuden
a consolidar una relación, corremos hacia cualquier persona que
en ese momento se encuentre disponible. El doloroso resultado de
estas prisas es el divorcio, y el sufrimiento de nuestro corazón.

Terri es una joven y atractiva periodista de televisión que no
hace alarde de su belleza natural. Durante nuestra sesión, me
miró fijamente y me preguntó si era posible que se casara con un
hombre al que había conocido recientemente.

—Tengo la sensación de que conozco a Marcus desde siempre, aunque en realidad nos conocemos desde hace sólo dos meses —comenzó—. Podemos hablar de cualquier cosa y el sexo es estupendo. Estoy segura de que es mi alma gemela. He estado insistiendo para que alquilemos juntos una casa. ¿Nos ves juntos y casados en el futuro?

Guiada por los ángeles, le pregunté a Terri si había tenido antes esa misma experiencia.

—Oh, sí —respondió—. El año pasado conocí a un hombre estupendo y pensé que estábamos hechos el uno para el otro. Pero una vez que nos conocimos mejor, empezamos a discutir como perro y gato. Y estaba también aquel hombre del tiempo, la pasada primavera. Hubiera jurado que éramos almas gemelas. —Terri se sonrojó—. En realidad, creo que he pasado por lo mismo un par de veces en el pasado. ¿Es ahí adonde querías llegar?

—*Querida Terri, estás buscando un alma gemela tan afanosamente que acabas por verla en todos los hombres que te rodean. En este momento estás empezando a salir con Marcus. Por lo tanto, aún no le conoces lo suficiente como para estar segura de que sea tu alma gemela. En lugar de convencerte a ti misma de que es el hombre de tus sueños, te sugerimos que uses estos primeros meses de tu relación con Marcus para descubrir más cosas sobre él y sobre ti. Sienta las bases para crear una relación duradera a partir del respeto y la confianza, y deja que las cosas evolucionen lentamente, siguiendo su curso natural. No fuerces la relación, intentando convertirla en algo diferente a lo que realmente es. Si lo haces, acabarás por destruir su belleza.*

Terry pareció desinflarse.

—Supongo que lo que los ángeles me están diciendo es que tengo que ser paciente y esperar a que el hombre adecuado llegue por su propio pie, ya que no puedo intervenir siempre para hacer que las cosas ocurran.

—*Parece que esta relación podría durar bastante tiempo* —dijeron los ángeles—. *Pero lo que realmente importa no es saber si se trata de un amor permanente, de tu pareja definitiva.*

Esta relación te ayudará a fortalecer tu autoestima, y el hecho de haberla tenido enriquecerá tus futuras relaciones amorosas. Marcus es una de tus almas gemelas, es verdad. No debes olvidar, sin embargo, que todos los seres humanos tienen varias almas gemelas que corresponden a objetivos distintos. En este caso, parte de su misión consiste en hacerte saber que inspiras amor. Una de las razones por las que te precipitas en las relaciones amorosas es que necesitas desesperadamente sentirte amada, y no estás segura de inspirar a alguien este sentimiento. Te decimos que Marcus te ayudará a curar este miedo, pero eso sólo ocurrirá si permites que las cosas evolucionen naturalmente. En caso contrario, nunca te convencerás de que él o cualquier otro hombre puede amarte de verdad, ni sabrás con certeza si le has manipulado para que se casara, y eso te impedirá al mismo tiempo ser consciente de que eres capaz de inspirar amor.

—¿Quieren decir los ángeles que mi relación con él no será para siempre? —preguntó Terri.

—*No estamos diciendo nada parecido. El futuro no está escrito. Las elecciones que ambos hagáis serán decisivas. Sólo te estamos pidiendo que disfrutes del momento presente junto a este hombre, en lugar de intentar atrapar el futuro para guardarlo dentro de una pequeña caja, porque eso obstaculiza las energías amorosas, y es una de las principales causas por las que los seres humanos cambian de pareja, una vez que su relación se apaga, para volver a encontrar la magia perdida. Si intentas atrapar una relación, tú misma acabarás sintiéndote atrapada en ella. Concéntrate en disfrutar de cada momento que paséis juntos, y el futuro ya se ocupará de sí mismo.*

Terry se quedó boquiabierta y las lágrimas asomaron a sus ojos mientras digería el mensaje de los ángeles. Sabía que había intentado con todas sus fuerzas ver a Marcus como su alma gemela para que siempre estuviera con ella, y eso le había impedido disfrutar de los momentos en que estaban juntos. Pero al terminar esa sesión, tomó la decisión de vivir el presente, sin dejarse atrapar por la fantasía de que cada hombre que conocía era su alma gemela.

Rx

No intentes ejercer presión para que alguien se convierta en tu pareja o para que aparezca en tu vida un alma gemela. Deja que los ángeles y la naturaleza hagan su trabajo. Más adelante, tal vez recuerdes que hubo alguna «señal» especial cuando conociste a tu alma gemela, pero recuerda que también tuviste una «sensación especial» cuando conociste a otras muchas personas que no eran la pareja idónea para ti.

Consejos para cuando hay demasiadas almas gemelas

Para unas pocas personas, el problema no es la falta de almas gemelas potenciales. Por el contrario, tienen unas cuantas y no saben cuál escoger. He llegado a comprender que cuando alguien no puede decidirse entre varias almas gemelas, lo que ocurre en realidad es que ninguna de ellas es adecuada. Cada posible pareja reúne algunas de las cualidades que busca, pero no todas. Digamos, por ejemplo, que Shawn satisface tus necesidades físicas, pero su conversación te resulta aburrida y monótona; te encanta el intercambio intelectual con Nelson, pero él no logra encenderte de pasión; Leonard es un compañero ideal para ir de viaje con mochila y jugar al tenis, pero conversando o en la cama es sólo aceptable. En este caso, puede que te compliques la vida saliendo con los tres a la vez sin saber a cuál elegir, o preguntándote si existe ahí fuera algún amante capaz de satisfacer todas tus necesidades.

Tal vez ello te parezca un mal menor si lo comparas con la posibilidad de no tener ningún posible amante a la vista. Sin embargo, cuando varios corazones se enredan en torno a una única persona, alguien acaba sufriendo. Si todos los involucrados son considerados y se preocupan por los demás, entonces es seguro que pasarán por momentos dolorosos antes de que la situación se resuelva. La consecuencia más devastadora sería tal vez que dos de ellos se casaran para descubrir posterior-

mente que la relación no funciona porque no son almas gemelas ideales.

Cuando nos sentimos divididos entre dos o más almas gemelas potenciales, cada una de ellas con características especiales que nos conmueven, el consejo de los ángeles es no asumir
un compromiso hasta que no conozcamos a alguien que nos
ofrezca todo lo que buscamos. Los ángeles dicen que es muy importante encontrar una pareja que satisfaga todas nuestras necesidades. Les resulta difícil comprender por qué hay personas que
establecen un compromiso amoroso cuando la otra parte sólo
les parece aceptable, en lugar de buscar una pareja que verdaderamente responda a sus deseos. Recordemos que como hijos de
Dios merecemos lo mejor.

Carl, un exitoso y joven arquitecto de treinta y tres años, salía con tres mujeres a la vez: Caroline, Deborah y Sui Lee.

—Creo que estoy enamorado de las tres, o pienso que podría estarlo —me dijo él—. Las tres tienen cosas que yo valoro.
Creo que todas ellas podrían ser excelentes compañeras y madres. Algunas veces pienso que deseo una relación permanente
con Caroline. Otras veces pienso que no, que prefiero a Sui Lee.
En otros momentos Deborah parece ser la mujer ideal. La verdad es que no puedo tomar una decisión. ¿Cómo saber cuál de
ellas es la adecuada para mí?

Respiré profundamente y repetí mentalmente los nombres
de las tres mujeres, pidiéndoles a mis ángeles que me pusieran
en contacto con los ángeles de ellas. Unos y otros me hicieron
llegar rápidamente una considerable cantidad de información, y
yo se la fui repitiendo a Carl a medida que la iba recibiendo.

—*Ninguna de ellas es adecuada para los fines amorosos que
tienes en mente. Son mujeres ideales para quien desea una pareja
con sus cualidades específicas. Tú tienes tus propias necesidades,
que incluyen algunas características que estas estupendas mujeres
poseen. Eso no significa que exista algún problema con Caroline, ni
con Deborah ni con Sui Lee. Lo que ocurre es que ninguna de ellas
reúne en sí misma las metas personales, el estilo y el aspecto físico
que tú buscas. Comprometerte en una relación de pareja estable*

con alguna de ellas no solucionará tu problema; sólo te conducirá al dolor y la frustración.

Carl suspiró.

—¿Queréis decir que tengo que comenzar una vez más la búsqueda desde el principio?

—*Actualmente te aconsejamos no continuar tu relación con estas mujeres. Todas tienen sentimientos sinceros por ti, e intentarían cambiar para conservarte y complacerte. Sin embargo, ninguna de ellas puede satisfacer enteramente tus necesidades amorosas. Sólo estarías perdiendo tu tiempo y el suyo, y al final acabarías causando mucho dolor.*

»*Aléjate un poco de las tres y dedica algún tiempo a estar solo, en contacto con la naturaleza, que tanto significa para ti. Medita acerca de las cualidades que ellas tienen, esas cualidades que tú deseas encontrar en una sola mujer, para pasar junto a ella el resto de tu vida. Te instamos a que escribas una carta a los ángeles de la guarda de tu futura alma gemela. No te preocupes, una vez que la hayas escrito, será entregada sin demora a los ángeles de tu futuro amor. Pídeles que intervengan para que se produzca el encuentro.*

Carl se sentía intrigado ante la idea de escribir la carta y prometió intentarlo. Le pedí que se sentara con una libreta y escribiera a los ángeles de la guarda de su futura alma gemela, pidiéndoles que propiciaran el encuentro. Le invité a que dijera lo que había en su corazón sin preocuparse por la gramática, las faltas de ortografía o el estilo de la carta, ya que lo realmente importante era su sinceridad. Le sugerí que podía decir algo así, pero con sus propias palabras:

Queridos ángeles de la guarda de mi futura alma gemela:

Solicito vuestra ayuda para encontrarla y reconocerla. Por favor, haced que disfrute de la salud y la felicidad necesarias para que entre nosotros exista una armoniosa compatibilidad. Os pido que influyáis en las circunstancias para que nos encontremos el uno al otro. Orientadme y enviadme instrucciones explícitas para que pueda encontrarla sin demora. Por favor, ayudadme a sentirme sereno, en paz y colmado de amor hasta el momento en que encuentre a mi alma gemela y también después.

Gracias.

Carl debió de escribir su carta, porque recientemente recibí noticias suyas. Se ha casado con una mujer que parece reunir todas las cualidades que él estaba buscando. Ahora se siente agradecido de no haberse conformado con menos. Es el padre feliz de un bebé de un año.

Rx
....

Cuando te encuentres dividido entre almas gemelas potenciales, por tener cada una algo de lo que buscas en tu alma gemela ideal, no asumas un compromiso amoroso con ninguna de ellas. Recuerda que este es uno de los aspectos de tu vida más importantes. Continúa buscando hasta que encuentres a una persona que satisfaga todos tus requisitos.

Consejos para cuando intentamos cambiar a otra persona

¿No has acabado alguna vez con el corazón roto por intentar infructuosamente moldear a alguien para convertirlo en tu alma gemela ideal, llegando incluso a perder su amor por esta causa? La mayoría de nosotros hemos experimentado algo así en nuestra búsqueda del amor. Conocemos a una persona con características adorables y no tan adorables, y nos enamoramos de nuestra fantasía de lo que esta persona podría ser, en lugar de lo que es en realidad. Nos lanzamos de cabeza en la relación e intentamos persuadir, presionar o seducir a nuestra pareja para que se ajuste a nuestra imagen ideal.

Como ya hemos visto, las personas que sufren de «almagemelitis» imaginan, por ejemplo, que la relación sería perfecta si lograran que la otra parte estuviera de acuerdo en tener relaciones sexuales con mayor frecuencia, o fantasean sobre el éxito que su pareja alcanzaría con que sólo fuera más ambiciosa y tuviera conciencia de sus estupendas cualidades. Hay quienes creen tener una pareja perfecta tanto mental como físicamente, y estarían dispuestos a mudarse con ella a una granja para cultivar trigo y tener muchos niños, si con su amor consiguieran que dejara de beber, apostar, mentir o drogarse, o que abandonara cualquier otro hábito poco deseable. Cuando no se produce ningún cambio, y este individuo se resiste a los intentos de su pareja de convertirle en algo que no es, el resultado final es la frustración, el desencanto, la furia, la hostilidad, el dolor y el miedo.

Nos dicen los ángeles que en estos casos el problema no se debe a que la otra parte sea aparentemente incorregible, sino al hecho de que las personas que sufren de «almagemelitis» sólo están dispuestas a amar a su alma gemela si ésta acepta cambiar para complacerlas.

La mayor parte de las personas no deseamos que nuestra pareja nos cambie, y tomamos conciencia de que el amor que nos da no es incondicional en el momento en que intenta cambiarnos de forma significativa. Como consecuencia, la relación acaba inevitablemente en discusiones, luchas de poder, sufrimiento emocional y en ocasiones la ruptura.

Los ángeles dicen que cuando intentamos cambiar a otra persona, nos estamos haciendo un flaco favor tanto a nosotros mismos como ella. Perdemos el tiempo, y también la posibilidad de estar con otra pareja más adecuada a nuestras necesidades. Y, al mismo tiempo, privamos al otro de estar con alguien que le ame de forma incondicional. Es preferible que aceptes a tu alma gemela tal como es que hacerle daño y hacértelo también a ti intentando cambiarla.

Con gran tristeza los ángeles ven que aunque los seres humanos soñamos con un amor cálido e incondicional, que todo lo abarque, frecuentemente condicionamos nuestro amor por los demás. Esto es lo que le ocurrió a Theresa, una mujer divorciada de cuarenta y dos años, que acudió a mi consulta porque deseaba saber qué debía hacer para conservar a su novio, Charles, que continuamente la engañaba. Theresa cerró los ojos, expresando de esta forma el dolor emocional que la relación le causaba. Mientras hablaba retiraba de su rostro cubierto de lágrimas el cabello oscuro, ya canoso, y se lo sujetaba detrás con las manos.

—Cuando estamos juntos, Charles me trata como si yo fuera alguien muy especial —comenzó—, pero continuamente me engaña con mujeres distintas. Esto ha ocurrido una y otra vez. Cuando le pido explicaciones, se pone a llorar y me dice que me ama, que no entiende por qué razón lo hace, y me promete que nunca más se volverá a repetir. Pero luego, unas semanas más tarde, vuelvo a encontrar el número de teléfono de alguna mujer en el reverso de una tarjeta de visita, un preservativo dentro de su billetera o perfume femenino en su ropa cuando regresa a casa. Entonces empiezan nuevamente las llamadas que se cortan misteriosamente cuando yo contesto el teléfono, y una vez más todo vuelve a comenzar. Creo que es muy posible que Charles haya tenido este mismo problema con otras parejas en el pasado. Le amo y sé que, si no fuera por este inconveniente, seríamos felices juntos. Desde el mismo momento en que le vi supe que era el hombre ideal para mí. En muchos sentidos, es la mejor persona que ha pasado por mi vida. Sólo tendría que dejar de engañarme. ¿Qué me aconsejan los ángeles para conseguir que Charles me sea fiel?

Antes de que los ángeles pudieran responder, Theresa continuó:

—Le amo con toda mi alma y mi corazón. Es el primer hombre con el que me he sentido realmente compenetrada, y a su lado disfruto de las cosas. Lo que me está matando es lo que hace cuando no estamos juntos. Sufro tanto cuando descubro que me engaña, que en esos momentos sólo deseo morir. Le amo, pero en ocasiones también le odio terriblemente por tratarme de esta forma, y siento deseos de matarle. Sé que no debería tener estos arrebatos de furia y celos. ¿Qué puedo hacer?

Al llegar a este punto Theresa dejó de hablar y me miró fijamente a los ojos. Durante un momento yo también la miré a ella mientras iba entrando en el semitrance que me permite escuchar los consejos celestiales. En pocos segundos pude oír a los ángeles hablándome al oído derecho:

—*Estás siendo muy dura contigo misma, querida. Los celos que sientes con respecto a Charles son normales. Él te ha demostrado calidez, amor y aceptación y tu corazón está rebosante de estos sentimientos. Por favor, no te juzgues a ti misma negativamente por sentir ira, celos o vergüenza en una situación así. Son reacciones completamente normales, si descubres que un lazo de unión que es sagrado para ti, para la otra parte es tan poco importante. De esta forma, Charles te está demostrando que en el presente es incapaz de ser fiel, ni a ti ni a ninguna otra mujer. ¿Crees que deseas aceptar este hecho en tu relación con él?*

Theresa contestó:

—No. ¿Puedes decirme qué es lo que tengo que hacer para cambiarle?

Ella estaba claramente sorprendida ante el mensaje de los ángeles, pues esperaba que le revelaran alguna fórmula que hiciera que Charles se convirtiera en monógamo por amor a ella.

Los ángeles entonces le hicieron ver que su amor por su supuesta alma gemela no era incondicional.

—*Tú, Theresa, estás tratando de cambiar a Charles, para convertirlo en algo muy distinto de lo que es actualmente, algo que en el fondo de su corazón no desea ser. ¿Cómo te sentirías si alguien que te ama intentara presionarte para que renunciaras a tu interés por el arte? Si no puedes aceptarle tal como es, de todo corazón, debes entonces buscar a tu alma gemela en otra parte.*

Theresa se esforzó por no echarse a llorar.

—Tengo la sensación de haber oído la verdad de boca de mis mejores amigos. En el fondo creo que ya sabía que Charles no siente por mí lo mismo que yo siento por él. Lo cierto es que duele, y probablemente tardaré algún tiempo en superarlo. Pero al menos ahora sé que no debo poner más de mí en esta pareja que no va a darme lo que necesito.

Los ángeles terminaron de darle sus consejos:

—*Sabemos que lo que verdaderamente anhelas es un alma gemela que vea el amor como un sacramento, igual que lo haces tú, y que desee compartir este amor contigo en exclusiva, alguien con las buenas cualidades de Charles, pero capaz de ofrecerte la fidelidad que tanto necesitas. Si conocieras a alguien que te tratara amorosamente, fuera compatible contigo y sólo deseara estar junto a ti, ¿te sentirías feliz?*

—Por supuesto —dijo Theresa.

Comprendió que ella había decidido deliberadamente no ver las señales que le indicaban que Charles no estaba interesado en una relación monógama. Es posible que él la amara, pero no estaba preparado para ir más allá del sexo. Hasta el momento en que los ángeles intervinieron con su ayuda, Theresa vivía en un infierno que se había impuesto a sí misma al ignorar las señales celestiales.

Rx

Si crees que la otra persona necesita cambiar, eso quiere decir que no es el alma gemela adecuada para ti. Tratar de cambiar a alguien, aunque parezca necesitarlo, es una pérdida de tiempo. Si no puedes aceptarla tal como es, de todo corazón, entonces no es el alma gemela que estás buscando.

Consejos para el compromiso

Para muchas personas, encontrar a alguien con quien tener una relación amorosa satisfactoria no es un problema. El problema es que la mayoría de la gente que conocen parece no poder o no desear comprometerse. Aparentemente estas personas nunca se encuentran preparadas para el matrimonio o para asumir el compromiso de una relación en exclusiva. Por muy intensa y desesperada que sea su búsqueda, al final acaban siempre con parejas que desean permanecer libres de ataduras, que ya están casadas, que tienen una orientación sexual diferente o problemas con la ley, o que por cualquier otra razón no son adecuadas para una relación estable o para el matrimonio.

Dios y los ángeles se preocupan cuando ven que nos encontramos en este tipo de situaciones. Los ángeles saben que este camino sólo conduce a un sufrimiento innecesario, permanecen a nuestro lado y nos ven cuando nos desesperamos y parecemos agonizar por un amante que no se vuelca por entero en la relación. También nos observan cuando malgastamos nuestro tiempo y nuestra energía en estas relaciones sin futuro, mientras ignoramos las oportunidades de amor verdadero que nos envían. El cielo no desea vernos sufrir por alguien que nunca estará genuinamente a nuestro lado. Como haría un buen terapeuta, su consejo en estos casos es que, en lugar de presionar para conseguir un compromiso, lo que hay que hacer es concentrarse en averiguar por qué siempre se escogen personas inadecuadas para una relación de pareja plena. El cielo nos invita a considerar la posibilidad de que el problema esté causado por nuestro propio miedo a la intimidad, a la proximidad del otro, o por nuestro temor ante la posibilidad de perderlo todo una vez que lo hayamos conseguido.

Brenda, de treinta y siete años, me consultó sobre Stephan, el nuevo amor que había entrado en su vida, a quien siempre se refería como su novio. Dos años mayor que alla, nunca había estado casado, a pesar de haber tenido largas relaciones de convivencia con otras chicas antes de conocer a Brenda, quien, por su parte, antes de conocer a Stephan, había convivido con Drew, un estudiante de medicina a quien había amado apasionadamente y que rompió su relación con ella porque deseaba graduarse en la universidad y estabilizarse profesionalmente antes de considerar la idea del matrimonio. Más tarde Brenda se enamoró de uno de los compañeros de habitación de Drew, «un chico muy dulce cuando no bebía, pero que acabó en la cárcel por conducir ebrio». Luego tuvo un largo romance con su jefe, que estaba casado, y que juraba que se divorciaría de su mujer y se casaría con ella, aunque siempre encontraba excusas para posponerlo. Un día le informó de que deseaba romper su relación con ella y seguir con su mujer. Entonces ella se enamoró locamente de Ernst, un hombre soltero que buscaba una mujer con quien casarse, pero al cabo de dos meses descubrió que le había mentido, pues ya estaba casado. Finalmente apareció en su vida su actual amor, Stephan, aquejado de fobia al compromiso, que decía quererla, pero que no estaba interesado en una relación permanente, hecho ampliamente probado por su historial amoroso.

Ella se negó a tomarse en serio sus palabras. Estaba convencida de que era el hombre ideal, y que sólo necesitaba un pequeño empujón.

—Tenemos tanto en común —insistía—... Yo soy la mujer ideal para él y él es el hombre ideal para mí. Pero ¿por qué siempre acabo al lado de hombres que no lo comprenden y no aceptan comprometerse?

—*Querida Brenda, debes creer a Stephan cuando te dice que no está preparado para mantener una relación estable* —le dijeron los ángeles—. *Lo que deseamos que comprendas es que el problema no es que los hombres que se sienten atraídos por ti no deseen comprometerse, sino más bien que tú te sientes atraída por hombres que no son adecuados. Aunque una parte de tu corazón busca el amor y la intimidad, otra parte intenta mantenerse a salvo aceptando relaciones en las que no tienes que abrir tu corazón al otro completamente, para evitar algo que, como a tanta otra gente, te produce mucho miedo: ser herida, rechazada o abandonada.*

Le pregunté a Brenda si esto era verdad, si había ocurrido algo en su pasado que pudiera ser el origen de su temor a perder el verdadero amor cuando lo encontrara.

Me explicó que cuando tenía siete años había sido testigo del largo y amargo divorcio de sus padres. Para ella, su padre simplemente desapareció de su vida un día, y rara vez lo veía. Muchos años más tarde, siendo ya una persona adulta, se enteró de que su madre había hecho todo lo posible para obstaculizar los continuos intentos de su padre por verla. En esa época, lamentablemente, su padre ya había muerto. Brenda nunca se había podido liberar de la sensación de abandono, la depresión y el sentimiento de culpabilidad que había sufrido desde el divorcio de sus padres.

—*Podemos ayudarte a curar estas heridas para que pierdas el temor a involucrarte en una verdadera relación amorosa. Nosotros haremos el trabajo. Tú sólo tienes que sentir el deseo de que intervengamos para que se produzca la curación, y tienes que permitirnos hacerlo. ¿Nos das tu consentimiento?*

Brenda suspiró profundamente.

—De acuerdo, lo intentaré. ¿Qué se supone que debo hacer?

—*Lo que te pedimos es que estés dispuesta a liberarte de la imposibilidad de perdonar a tus padres, que tal vez exista dentro de ti. Te pedimos que sientas el deseo de liberarte de todo el dolor asociado al amor que sientes por ellos. Debes estar dispuesta a liberarte del temor a dar amor, incluido tu miedo a ser herida de una u otra forma. Y prepárate también para liberarte del miedo a ser amada, del temor a ser abandonada, a ser rechazada, a no inspirar amor o a ser herida. Finalmente te pedimos que desees cambiar por paz interior todo el dolor que actualmente asocias al amor.*

Mientras los ángeles trabajaban y hacían una profunda limpieza, observé cómo la postura de Brenda se iba relajando y su respiración se hacía más lenta y profunda.

—En este momento siento como si me hubiera quitado un peso de encima —dijo. Luego hizo una mueca, como si estuviera pensando en algo, muy ensimismada—. Pero ¿no existe ninguna posibilidad con Stephan? ¿No podría cambiar de opinión? Quiero decir que estamos muy bien juntos.

—*Querida hija* —le dijeron los ángeles—, *ten confianza, encontrarás las cosas de las que más disfrutas en esta relación en un hombre que te ame y esté dispuesto a asumir seriamente un compromiso. No debes interpretarlo como un rechazo hacia tu persona ni como un juicio sobre tu atractivo personal. Lo que ocurre es que Stephan carece aún de la madurez necesaria para plantearse algo tan serio como el matrimonio, y él lo sabe. Su historial amoroso debería ser para ti prueba suficiente de que tiene razón en las apreciaciones que hace sobre sí mismo. Lo que él siente por ti es todo lo que puede ofrecer a cualquier mujer hoy en día. Dista mucho de poder convertirse en un compañero capaz de brindarte amor, apoyo y fidelidad en el marco del matrimonio. Tendrías que esperar mucho tiempo antes de que estuviera preparado, y durante todo ese tiempo tú estarías perdiendo la oportunidad de consolidar una relación de pareja con una verdadera alma gemela, un hombre encantador que desee casarse, y que esté dispuesto a comprometerse. ¿Es eso realmente lo que deseas?*

Brenda admitió que no era eso lo que deseaba. Hablamos un rato más, y al final de la sesión parecía tener una visión más clara de la situación. Aparentemente estaba decidida a romper su relación con Stephan. Me dijo que le estaba agradecida por ser tan honesto con sus sentimientos, ya que había comprendido que ella no estaba siendo honesta consigo misma.

Rx

Sólo con desear liberarte de los miedos que te impiden encontrar una pareja que esté dispuesta a comprometerse, estás rompiendo las barreras que te impiden hallar un alma gemela que, igual que tú, busque una pareja estable.

Consejos para el amor destructivo

Existen ciertos casos trágicos en los que la búsqueda de un alma gemela se convierte en una continua pesadilla. En lugar de encontrar amor y felicidad, estas personas siempre acaban involucradas en relaciones que las llenan de frustración y sufrimiento. Escogen parejas que son incompatibles, que no están disponibles, que son indiferentes, abusivas, destructivas o explotadoras. A menudo acaban asistiendo a terapia, y en casos extremos en el hospital o en algún centro de acogida para mujeres maltratadas. Culpan a sus parejas, se culpan a sí mismas y también culpan a Dios, preguntándose por qué son perdedoras en el amor, y por qué parecen ser incapaces de encontrar una relación decente.

Cuando esto ocurre, los ángeles nos dicen, parafraseando a Shakespeare, que el problema no es tanto la buena o mala suerte de alguien como sus preferencias en materia de pareja. Seguramente esta persona siempre ha tenido almas gemelas amables y consideradas a su alrededor, sin haber sido consciente de su presencia. Hay quienes se sienten atraídos por determinadas características de otras personas que les excitan y que no son saludables para ellos.

El resultado al final es el mismo. Estas personas parecen sentirse atraídas por los individuos más inapropiados y a menudo peligrosos que podamos imaginar, y se enamoran de ellos. Por ejemplo, podrían enamorarse de alguien que no desea tener hijos cuando es lo que más desean en el mundo. O algo más grave: podrían desarrollar una fijación fatal con amantes que tienen alguna dependencia, o con cualquier otro tipo de persona peligrosa o violenta.

Dicen los ángeles del amor que siempre intentan contestar las plegarias de quienes les piden un alma gemela. Sin embargo, algunas personas son prisioneras de un patrón de conducta que les hace rechazar constantemente a las parejas ideales para ellas, y a menos que logren curarse y modificar sus tendencias en el terreno amoroso, no conseguirán su objetivo. En esta situación se encontraba Renee, secretaria de dirección en una pequeña editorial, que vino a verme a mi consulta llorando. Había estado pidiendo a Dios y a sus ángeles que la guiaran hacia el adorable hombre de sus sueños. Pero, según decía, cada vez que se encontraba en los brazos de un hombre al que consideraba su alma gemela ideal, acababa descubriendo que era un alcohólico o un maltratador.

—Siempre estoy buscando a mi alma gemela —sollozaba—, pero parece que sólo soy capaz de atraer a perdedores y maltratadores. Mis parejas siempre han tenido conmigo un comportamiento abusivo, tanto verbal como físicamente. No hago otra cosa que darme continuamente de bruces contra hombres que en un primer momento parecen prometedores, pero que más tarde, cuando llego a conocerlos, resulta que son adictos al alcohol, al juego o a cualquier otra cosa, que mienten, que son violentos o que tienen un comportamiento ladino. Mirando retrospectivamente, creo que las señales siempre están presentes en la fase inicial de la relación, pero como la química es tan ardiente, actúo a ciegas y me niego a verlas. ¿Qué es lo que hago mal? Lo que yo quiero es un hombre decente que me trate con corrección, alguien en quien yo pueda confiar, y que sea leal conmigo cuando tengamos hijos. ¿Por qué entonces me lío siempre con energúmenos?

Dejé que los ángeles del amor respondieran:

—*Con relación a tu deseo de encontrar un alma gemela, hemos estado en desacuerdo contigo muchas veces a la hora de elegir pareja. Continuamente te enviamos hombres que creemos que pueden ser parejas perfectas para ti, pero tú continúas ignorando su existencia. Estamos intentando ayudarte a valorar tus preferencias en materia de hombres, pero tú te resistes. Tendrás que cambiar en este aspecto si deseas reconocer a tu alma gemela la próxima vez.*

Renee admitió que siempre se había sentido atraída por lo que ella llamaba el estilo «machote», el tipo de hombre duro, fuerte y peligroso. Sólo con mirarles se excitaba, y decía que el sexo con ellos era fantástico. Más tarde, sin embargo, siempre acababan revelándose como individuos controladores y maltratadores.

Los ángeles le dijeron:

—*Estamos trabajando contigo para conciliar estas divergencias, porque la pareja que deseamos para ti es un poco diferente de la que tú prefieres.*

Los ángeles siempre supieron que, siendo un alma sensible, Renee sólo podía sentirse feliz y satisfecha formando pareja con un hombre que también fuera sensible, y que exteriorizara su afecto por ella. Cuando habían dispuesto encuentros con almas gemelas potenciales que fueran decentes, Renee nunca había sido consciente de ello. Ella tenía su atención centrada en los hombres equivocados que tanto la excitaban, y se cerraba al tipo de hombre que le convenía.

Renee me dijo que había tenido intuiciones similares al mensaje que los ángeles le estaban transmitiendo. Le expliqué que eso indicaba que ella estaba recibiendo ayuda de los ángeles a través de su intuición. Le dije también que los ángeles necesitaban que ella se curara de su actual fascinación por los hombres de tipo «macho», como preparación previa a la relación amorosa que estaban impacientes por poner en su camino.

Los ángeles agregaron:

—*Tú fuiste maltratada verbalmente por tu padre, que era un hombre estricto y exigente. Al final acabaste por creer que él tenía razón y que merecías el trato abusivo que recibías. Pronto comenzaste a magnificar tus pequeñas imperfecciones, como él solía hacer, y te convenciste a ti misma de que su comportamiento estaba justificado. Esta es la causa de que atrajeras a otros hombres que también abusaban de ti. Como resultado, te sentías mal en cualquier relación en la que no eras maltratada, y si el hombre que estaba a tu lado no te demostraba lo mucho que merecías sus malos tratos, pensabas que era un tonto o un pelele. Y cuando pusimos en tu camino un alma gemela apropiada para ti, tú le miraste despectivamente.*

Yo le aconsejé:

—Acuérdate de pedirles a los ángeles que te ayuden a desear cambiar, porque en este mismo momento los ángeles me dicen que no estás dispuesta a desprenderte de tu preferencia por esa masculinidad extrema que habitualmente tanto te excita. Si tú no cambias, ellos no pueden hacer nada para ayudarte. Les tienes con las manos atadas. Lo entiendes, ¿verdad?

—Sí, lo entiendo —contestó ella—, pero ¿qué pasará con el sexo? Yo sé cuál es el tipo de hombre al que los ángeles se refieren, como Moshe, del departamento de contabilidad. Es un ejemplo de hombre hogareño y emocionalmente equilibrado. Todo el mundo dice que haríamos muy buena pareja. Me ha invitado a salir varias veces. Sin embargo, no sé. No me dice nada realmente. Yo preferiría salir con Ralphie, del departamento de márketing. Él es más parecido a la clase de hombre que verdaderamente me atrae, aunque supongo que al final acabaría enterándome, de la peor manera, que es un maltratador o un alcohólico. En cambio, si me casara con alguien como Moshe, me estaría condenando a una vida de aburrimiento en la cama, ¿no es así? ¿Cómo puedo llegar a excitarme con un hombre que me deja fría?

Le dije que no era un caso de todo o nada, que los ángeles no deseaban privarla de una vida sexual intensa y satisfactoria, y que había un consejo celestial para su dilema.

Renee podía compartir un futuro confortable y seguro con un hombre, disfrutando al mismo tiempo de una intensa vida sexual.

—Entonces —dijo ella—, si logro tener gustos más sanos en materia de hombres, también mis gustos sexuales cambiarán, ¿no es cierto? ¿Acabaré sintiéndome loca por ellos?

—*¡Bravo, Renee!* —exclamaron los ángeles, aplaudiendo—. *Cuando estés preparada para relacionarte con estos hombres, ellos despertarán en ti la pasión que tanto deseas, y serás tratada con amabilidad y amor, como tú mereces. Primero debes eliminar o disminuir significativamente la autocrítica que te condujo a creer que merecías el trato abusivo que los hombres te han dado. Sólo entonces dejarás de sentirte atraída por este tipo de individuos.*

»*Te pedimos que tomes conciencia de estos pensamientos cuando tengas cualquier tipo de dolor físico, emocional, espiritual o intelectual. Cuando te sientas mal, sé consciente del pensamiento que tienes en la mente en ese momento. Te pedimos que lo anotes en un diario y te preguntes: ¿Con qué pensamiento positivo podría sustituirlo? A su debido tiempo comenzarás a reconocer los pensamientos de odio hacia ti misma, que podrás reemplazar por otros de amor. Es posible que no necesites llevar el diario durante mucho tiempo, pero podrás usarlo al principio como una herramienta que te impulse — a ti y a tu vida— hacia una nueva experiencia amorosa.*

Yo agregué:

—Recuerda que tus ángeles no desean controlarte. Lo que quieren es ayudarte a materializar tu deseo de tener una relación armoniosa, feliz y duradera, que sea más tranquila y placentera que las que has tenido a lo largo de tu vida con el otro tipo de hombres. ¿No te parece lógico?

Renee afirmó con la cabeza. La última vez que tuve noticias suyas, parecía haberse tomado muy en serio los consejos celestiales. Me explicó que había roto su relación de pareja con aquel individuo que la maltrataba, y anotando sus pensamientos diariamente. Me dijo que se sentía más feliz, más libre, como si se hubiera quitado un peso de encima. Estaba empezando a sentirse mejor consigo misma, y estaba cambiando sus preferencias en materia de hombres. Se encontraba tan bien que no consideraba necesario involucrarse precipitadamente en una relación de pareja. Mientras hablaba con ella, podía oír a sus ángeles diciéndome que un hombre ya se había interesado por ella, y que podía ser una verdadera alma gemela. Tengo la intuición de que Renee pronto estará bebiendo los vientos por un hombre al que antes habría calificado de «aburrido».

Rx

Atraes al tipo de hombre o mujer que crees merecer. Si crees que mereces que te traten de forma abusiva, con falta de respeto o con indiferencia, esta es la clase de relación que tendrás. Si, por el contrario, crees que mereces cariño, respeto y aprecio, ese será el tipo de amor que encontrarás.

5

Consejos para el matrimonio
y las relaciones de compromiso

Buscar una pareja puede convertirse en una experiencia peligrosa, llena de escollos como el rechazo, la infelicidad y la tristeza. Es fácil comprender, por tanto, que el sufrimiento causado por los problemas de pareja en un matrimonio de muchos años sea sensiblemente mayor. No existe nada parecido a la alegría y el bienestar de una relación en la que todo va bien, en contraposición al sufrimiento y la agonía que acompañan a las situaciones de crisis. No resulta sorprendente, pues, que los malentendidos, las fricciones de la convivencia, los actos hirientes procedentes del lado oscuro de cada uno de los miembros de la pareja y las amenazas externas, como dificultades económicas o la infelicidad, generen en la gente una mayor ansiedad que ningún otro aspecto de la vida.

El dolor y el sentimiento de culpabilidad que son consecuencia del divorcio y la desintegración de parejas que habían asumido un compromiso llenan la consulta de los terapeutas más que ningún otro problema. Tal como podemos ver en los telediarios cada día, la ruptura de relaciones amorosas es una de las principales causas de suicidio y, es triste decirlo, también de asesinato. La situación puede volverse tan desesperante que a menudo preferimos continuar sufriendo la pesadilla de una relación destructiva a ponerle fin.

Por todas estas razones, los ángeles atienden de inmediato las solicitudes de ayuda cuando tenemos dificultades con nuestra relación de pareja. Tal vez la tuya vaya viento en popa en el presente, pero siempre es conveniente saber cuáles son los consejos de los ángeles para los problemas que surgen con más frecuencia en el largo camino del matrimonio. También es posible que tu relación de pareja esté entrando en aguas turbulentas y desees suavizar las cosas antes de que empeoren, convirtiéndose en una amenaza para la relación. Quizás estés atravesando una crisis matrimonial de mayor importancia, que sólo podría solucionarse por mediación divina. Tanto si estás ante una situación de aburrimiento en el terreno amoroso, como si te enfrentas a la infidelidad, problemas sexuales, discusiones crónicas o cualquier otro reto en tu vida de pareja, los ángeles tienen soluciones prácticas para ofrecerte.

Una y otra vez los ángeles han demostrado su capacidad de dar consejos positivos a mis clientes, salvando matrimonios cuya crisis parecía no tener solución. Por diversas razones, a ellos les preocupa especialmente salvar los matrimonios y las relaciones comprometidas. Es posible que los ángeles, que tal vez desempeñaron un papel importante cuando conocimos a nuestra pareja, sepan que aunque tenemos tremendas discusiones, estamos uno al lado del otro para curarnos y convertirnos en personas más fuertes y felices. A menudo intervienen para recomendar formas más eficaces de entender el poder compartido o la comunicación, especialmente en el caso de parejas cuyos hijos están traumatizados por sus discusiones y peleas.

Aunque los ángeles hacen todo lo que está a su alcance, en ocasiones los miembros de una pareja desean separarse o no quieren cambiar. Cuando un matrimonio se disuelve, los ángeles pueden ayudar a que la transición sea lo más armoniosa posible, limpiando de amargura a los miembros de la pareja, a sus hijos y a otros familiares. Aunque personalmente estoy convencida de que cualquier relación puede curarse espiritualmente, he visto muchos casos en los que marido y mujer ya no deseaban estar juntos, y cuando se separaban o se divorciaban, sus respectivas vidas mejoraban notablemente. Siempre que actuemos según los consejos celestiales, no hay razón alguna para que nos culpemos si se llega al divorcio. No debemos interpretarlo como un fracaso, sino como una nueva oportunidad de aprendizaje y crecimiento personal. Cuando la pareja que se va a divorciar tiene hijos a su cargo, estamos ante un caso más serio, considerando el perjuicio que los niños podrían sufrir. También es cierto que hay niños que al apartarse del escenario de batalla de sus padres salen beneficiados.

Mi experiencia, tanto en el terreno científico como en el de las lecturas angélicas, me ha enseñado que cada matrimonio y cada familia se rigen por unas determinadas normas, es decir, que no hay carta blanca. Sé que cuando las personas les piden a Dios y a los ángeles que les guíen y sanen sus relaciones de pareja, las cosas siempre mejoran, aun en el caso de que el resultado final sea la separación. La prescripción divina para el síndrome «¿Debo quedarme o debo marcharme de casa?» sugiere que pidamos la curación al ángel de la guarda de la otra parte. Sin embargo, los ángeles nos advierten que no debemos especificar cómo queremos que se produzca esa curación; la decisión ha de quedar en manos de Dios. Ellos saben qué camino conduce a la mejor solución para ambas partes.

(Si nuestra relación necesita una ayuda más profunda, el ángel al que debemos llamar a nuestro lado es Uriel, arcángel de las curaciones emocionales —véase apéndice A—. Uriel cura los corazones doloridos y el orgullo herido, de forma que las parejas se puedan comunicar sin que el dolor enturbie su percepción de las cosas. Orienta también a las parejas con problemas para que encuentren los canales de ayuda humana más apropiados, como buenos consejeros matrimoniales, grupos de apoyo o el cariño de los amigos.)

Consejos para dejar marchar lo que se ha acabado

Cuando una relación se termina, sabemos que es injusto tanto para nosotros mismos como para la otra persona permanecer aferrados a nuestra pareja por un sentimiento de culpabilidad, necesidad u obligación. Aun así, una parte de nuestro ser sufre con sólo pensarlo, y se siente desolada ante la pérdida de un amor que ha significado tanto. Nuestros instintos hacen que nos aferremos con todas nuestras fuerzas, sin que seamos capaces de reconocer que ya no queda nada que compartir. En muchos casos continuamos atados a la relación, aun después de marcharse nuestra pareja, negando todas las señales, intentando convencernos a nosotros mismos de que el problema no es tan serio como parece, o que puede repararse de alguna manera. La consecuencia de aferrarnos con tanta intensidad a algo que ya no está es que ambas partes acaban sufriendo. En estos momentos de ira, se dicen palabras y se hacen cosas dolorosas e imperdonables.

Los ángeles no desean ver a ningún ser humano dolorido. Si a ambos miembros de la pareja aún les quedan cosas positivas por vivir juntos, les darán sus consejos celestiales para ayudar a que se produzca una curación. Algunas veces, sin embargo, a pesar del amor existente entre dos personas, la relación deja de ser satisfactoria o beneficiosa para ambas. Cuando esto ocurre, los ángeles pueden indicarnos cuál es la mejor manera de dejar atrás lo que ya no nos sirve, conservando el afecto y las cosas positivas que aún existen.

Elyse, directora de un centro de educación para adultos por Internet, vivía desde hacía muchos años un matrimonio desdichado. Sus hijos se habían casado. Ella tenía una firme orientación espiritual y deseaba intensamente disfrutar de una relación matrimonial profunda, que fuera parte importante de su vida. Había abandonado su trabajo académico por otro que consideraba más satisfactorio, y que consistía en ofrecer asesoramiento a la gente sobre cómo conseguir sus objetivos vitales. En cambio, su marido, profesor de una facultad de ingeniería, no sentía ningún interés por la espiritualidad, y no aceptaba que los ingresos de Elyse hubieran disminuido como consecuencia de su cambio de trabajo. Se negaba también a leer los libros que estaban teniendo tanta influencia en la vida de Elyse, o a asistir a las clases que a ella tanto le interesaban. Poco a poco se fueron distanciando. Comenzaron a discutir violentamente y con bastante frecuencia.

Antes de consultarme, Elyse había probado otros métodos más tradicionales de tratar el problema. Por ejemplo, le había sugerido a su marido que acudieran a un consejero matrimonial, pero él se negó. Teniendo en cuenta que los dos parecían sentirse igual de desdichados, ella comenzó a pensar en el divorcio, aunque su marido también rechazaba de plano esta solución.

Una tarde Elyse asistió a una de mis conferencias, en la que explicaba cómo entienden los ángeles la separación y el divorcio. Dije que afirman que todas las personas entran en nuestra vida para curarnos de algo; cada una de ellas se convierte en nuestra maestra y en portadora de mensajes celestiales. Es posible que una persona nos dé un mensaje angélico específico que nos enseñe alguna lección difícil de aprender, como puede ser la paciencia, o que propicie el cumplimiento de nuestros objetivos. Algunas personas entrarán en nuestra vida por un corto período de tiempo y luego desaparecerán. Otras permanecerán durante muchos años.

Una vez que hayamos concluido nuestro trabajo con una persona en particular, cumpliendo con el objetivo marcado, ya no nos sentiremos atraídos por ella con la misma intensidad. Los ángeles dicen que cuando intuimos que una relación ha llegado a su fin, es importante hacer una pausa y tomarnos un momento de reposo. Nos piden: «*Por favor, no os encasilléis, ni a la otra persona ni a vosotros mismos, como buenos o malos, correctos o equivocados. Además de ser imprecisas, las etiquetas crean sentimientos dolorosos en ambos miembros de la pareja. Si os sentís culpables de terminar una relación, convertiréis este sentimiento en dolor. Después de todo, una culpa siempre busca un castigo y acaba convirtiéndose en una profecía que lleva en sí su propio cumplimiento. Lo aconsejable es conservar una actitud mental de gratitud por los buenos momentos compartidos con esta persona. Mentalmente le diréis: "Te perdono, me perdono a mí y te dejo marchar, completamente". Luego dejad en las manos de Dios lo que pueda ocurrir más adelante*».

Al terminar la conferencia, hice lecturas de consejos angélicos a quienes tenían dudas sobre si debían terminar una relación desdichada o continuar con ella. «Habla con el ángel de la guarda de tu pareja —les aconsejaba—, y pídele que te clarifique el futuro de la relación. Pídele que intervenga para que se produzca la curación, ya sea mediante la solución del problema o por medio de un final pacífico de la pareja.»

Elyse me describió su reacción en el transcurso de una sesión, algunas semanas más tarde.

—Estaba segura de que la curación que yo estaba pidiendo al ángel de la guarda de mi marido no implicaba necesariamente la continuidad de nuestro matrimonio. La verdad es que estaba pidiendo algo más importante: la desaparición de toda la negatividad y el dolor que impregnaban la relación.

»Por lo tanto, seguí el consejo celestial y hablé mentalmente con su ángel de la guarda, aunque, a decir verdad, no veía ningún ángel, y mis palabras se parecían más a un diálogo conmigo misma. Expliqué el profundo dolor que sentía y pedí una solución divina. Le dije al ángel de la guarda que ya no me parecía aceptable continuar estancada en una relación que carecía de significado, y le expliqué que había llegado a la conclusión de que necesitaba tener una relación espiritual. Agregué que deseaba que se produjeran cambios profundos en mi matrimonio, y si ello no era posible, que mi marido aceptara mi partida. Dejé de plantearme la duda sobre si debía marcharme o quedarme, y me concentré en esperar la curación que se iba a producir.

Elyse continuó rezando y pidiendo a los ángeles la curación, sin especificar de qué tipo. Hablaba diariamente con el ángel de la guarda de su marido. Antes de que transcurrieran dos meses, me dijo que había ocurrido un milagro.

—Con gran calidez y claridad, mi marido me dijo: «Siempre te querré en mi corazón, pero no en mi cabeza. Tú estás caminando en una dirección diferente a la mía, y durante mucho tiempo he considerado seriamente qué ocurriría si yo caminara en tu misma dirección. Al final he decidido que no sería bueno para mí. Creo que ha llegado el momento de separarnos». Me sentí desconcertada. Nunca habíamos mantenido una conversación así sobre este tema. Me pareció increíble que él hubiera alcanzado tal nivel de paz y claridad sin la influencia externa de ningún consejero. Era como estar hablando con otra persona, alguien que hubiera presenciado mis conversaciones con su ángel de la guarda.

»En aquel momento mi marido y yo tomamos la decisión de separarnos amistosamente, y nos llevamos ahora mucho mejor que durante los últimos años de nuestro matrimonio. Negociamos un acuerdo de divorcio guiados por los consejos celestiales que yo había pedido a Dios. Nuestros hijos están viviendo la etapa de transición sin mayores problemas, porque una vez más hemos encontrado sentimientos amorosos cada uno en el otro. Descubrimos que el afecto que nos teníamos nos permitía aceptar nuestra separación.

Rx
....

Acude a tu propio ángel de la guarda o al de tu pareja. Pide la curación de la relación, pero sin esperar una solución determinada.

Consejos para el complejo
«La hierba del vecino es más verde»

Después de vivir algunos años juntos, es frecuente que uno u otro miembro de una pareja caiga en la trampa de «la hierba del vecino es más verde», que le lleva a considerar que una nueva pareja potencial es más prometedora que la que tiene. En muchas ocasiones he tenido que aconsejar a personas casadas o con pareja estable que creían haber encontrado recientemente a su alma gemela en una tercera persona. Buscaban consejo porque no sabían qué hacer en una situación así, y muchas de ellas esperaban secretamente que les confirmara que esa tercera persona era el amor de su vida. Deseaban escuchar que era espiritualmente correcto abandonar a su pareja por ese nuevo amor.

Lo más frecuente es que miren a la persona que acaban de conocer con gafas color de rosa, proyectando en ella su fantasía ideal, de la misma forma que lo hicieron en su día con su pareja. Si se vieran en la situación de compartir con esta nueva persona la vida de cada día, sus prometedoras expectativas acabarían también por caerse de su pedestal.

Úrsula, una clienta mía que llevaba muchos años casada y que trabajaba en publicidad, se encontraba exactamente en esta situación. A partir del momento en que conoció a un hombre maravilloso «que cambió su vida por completo», comenzó a preguntarse si su marido no era un obstáculo que le impedía estar con su amor ideal.

—Siento como si él fuera mi ángel —me dijo.

El problema era que su ángel, Victor, un ejecutivo de márketing, también formaba parte de un matrimonio desdichado. Además, ambos tenían hijos. Ninguno de los dos se sentía cómodo con la situación, y hasta ese momento no habían llegado a convertirse en amantes. Se encontraban frecuentemente para almorzar o cenar juntos, aunque Úrsula sabía que no podría posponer las relaciones sexuales por mucho tiempo. Me explicó:

—He intentado dejar de pensar en Victor, pero estoy convencida de que es el hombre perfecto para mí. No deseo hacer nada malo, aunque me pregunto si lo realmente malo no es continuar con un matrimonio sin amor, en lugar de estar junto a Victor. Mi marido es una buena persona y merece también encontrar a su alma gemela. Es posible que al dejarle libre le haga un favor a él, y me lo haga a mí misma también.

Luego Úrsula hizo la pregunta que la había traído hasta mi consulta buscando una lectura angélica:

—¿Forma parte Victor de mi vida futura? ¿Debería dejar a mi marido por él?

Comprendí que Úrsula estaba buscando una especie de autorización divina para abandonar a su familia, casarse con este otro hombre y vivir feliz a su lado para siempre. Normal mente siempre soy muy consciente de lo que mis clientes esperan que les diga, y nunca es agradable trasmitirles lo que no desean oír.

Mientras Úrsula me hablaba, yo había entrado en estado de semitrance y podía oír la voz de los ángeles trasmitiéndome su mensaje. Muchas veces durante mis sesiones, me veo en la necesidad de dividir mi consciencia entre lo que mi cliente me está diciendo en el mundo físico y las palabras de los ángeles en el mundo espiritual.

Cuando Úrsula me hizo su pregunta, respiré profundamente y sentí la presencia de los ángeles como si hubieran cogido el auricular de un teléfono y estuvieran hablando a través de mí. Decían:

—*Permítenos ayudarte a tomar decisiones basadas en el amor que existe dentro de ti, y no en un sentimiento de temor o culpabilidad. Tú sientes que tu matrimonio no satisface todas tus necesidades y deseas intensamente un gran amor que aprecies de verdad y que desees conservar. Sabemos todo esto.*

»*Estás disfrutando del amor incondicional que sientes cuando estás con este nuevo hombre, aunque es importante que recuerdes que la fuente del amor no se encuentra en otra persona, sino en el espíritu que llevas dentro. Tenemos muchas almas gemelas. No es necesario que te cases con un alma gemela para disfrutar de tu relación con ella. En algunos casos es mejor que la relación permanezca sin consumar, ya que el sexo puede dificultar o incluso estropear un estupendo entendimiento entre almas gemelas.*

Como terapeuta, sentí la necesidad de enfrentarme a Úrsula amorosamente, y le dije:

—Ahora soy yo quien te habla, Úrsula. Según la guía que recibo de los ángeles, te diré que, antes de tomar ninguna decisión, debes tener las cosas claras y sentirte muy segura de lo que vas a hacer. Es más, yo dejaría pasar tres días después de que hayas tomado una decisión, por si decidieras cambiar de opinión. Salir con un hombre casado suele ser el camino más corto para acabar con el corazón dolorido. En realidad son muy pocos los hombres casados que dejan a su esposa, sobre todo cuando tienen hijos. Los ángeles y yo hemos llegado a la conclusión de que tal vez la mejor solución sería conservar a este hombre como un buen amigo, y buscar otras opciones para satisfacer tus necesidades amorosas.

Úrsula parecía aliviada. Me quedé con la impresión de que le preocupaba mucho hacer lo correcto desde un punto de vista moral y espiritual. Ella había pensado que estaba justificado dejar a su marido, ya que no era feliz en su matrimonio, pero al mismo tiempo le inquietaba el efecto que ello podía tener tanto en él como en sus hijos. Y, por supuesto, también sentía curiosidad por saber cuáles eran las posibilidades futuras de su nueva relación. Esta solución parecía ofrecerle lo mejor de ambos mundos, sin herir a nadie.

—*No vamos a poner en tu vida ninguna relación que pueda comprometer tu sentido ético* —le explicaron los ángeles—. *Sin embargo, te ayudaremos a enfrentarte a la verdad sobre ti misma y sobre tu matrimonio.*

Al oír esto, Úrsula se sintió incómoda y se revolvió en su asiento. De todos modos, comprendió y aceptó la verdad contenida en el mensaje celestial. Ahora tenía una nueva reserva de fuerza para enfrentarse directamente a los problemas de su matrimonio, en lugar de intentar evitarlos lanzándose a una aventura transitoria, que podría conducirla al divorcio. Aún no sabía realmente si deseaba estar con su marido o con Victor, pero comprendía que tenía la opción de conservar a este último sin tener una relación física con él.

Los ángeles nunca moralizan, pero aplican el sentido común cuando tratan cuestiones morales. Dicen que si alguien viola sus propios códigos éticos, acabará sintiéndose dolorosamente culpable. En el caso de Úrsula, en ningún momento le dieron un tirón de orejas por considerar la posibilidad de tener una relación extramatrimonial. Simplemente le explicaron cómo satisfacer sus necesidades de forma que no causara dolor a nadie, ni a sí misma ni a los demás.

Rx
....

Afronta los problemas que puedas tener con tu actual pareja antes de saltar la valla y aterrizar donde la hierba parece más verde.

Consejos para las personas excesivamente controladoras

En ocasiones, cuando tratamos de solucionar nuestros problemas o mejorar una mala situación, ponemos tanto empeño, que lo que conseguimos finalmente es empeorar las cosas. Intentar controlar excesivamente una situación es tan peligroso como girar el volante del coche sin control. En lugar de seguir los acontecimientos en línea recta y con suavidad, todo se vuelve desordenado y caótico.

Una vez que hemos adquirido el hábito de ser excesivamente controladores, es difícil corregirlo. Aunque pidamos ayuda al cielo para cambiar en este aspecto, es posible que nos esforcemos tanto en intentarlo que al hacerlo obstaculicemos el trabajo que los ángeles están realizando para ayudarnos. Una vez que solicitamos ayuda divina, tenemos que quitarnos del medio para que los ángeles puedan hacer su labor. Ellos nos dicen que es como formar parte de un equipo deportivo, ya que para que nuestros compañeros puedan ayudarnos, primero tenemos que pasarles la pelota. En muchas ocasiones, las personas piden ayuda espiritual pero luego no permiten que ésta les llegue porque temen perder el control de la situación.

Patrice acudió a mí en busca de ayuda porque tenía dificultades en su relación con Keith, con el que llevaba casada quince años.

—Lo único que hacemos es discutir —me dijo—. Mi marido y mi hijo están continuamente en guerra. Cuando intento intervenir para que haya paz, entonces Keith y yo acabamos peleándonos también.

Me explicó que aunque Keith nunca tenía actitudes abusivas, según ella, presionaba demasiado a su hijo.

—Keith dice que está tratando de motivar a Bradley para que mejore sus notas, pero yo pienso que existen otras formas diferentes de motivar a la gente, sin tener que recurrir a la persecución. He probado a rezar, pero eso no parece ayudarme. Necesito desesperadamente que mi hogar sea apacible. ¿Cómo puedo conseguirlo?

A través de mí los ángeles le dijeron:

—*Desapégate, Patrice. Al intentar controlar la situación, te involucras demasiado. Debes distanciarte del problema a fin de que podamos intervenir y llevar armonía a tu vida. Si te desapegas, habrá armonía y curación.*

Los ángeles comprendieron que Patrice se involucraba excesivamente y con ello hacía que la tensión aumentara. Keith sentía que Patrice no confiaba en su juicio, y por su parte, Bradley veía que sus padres no se llevaban bien. Debido al estrés adicional que esto suponía, la situación se agravó, y los ángeles de la guarda de Patrice le dijeron que lo mejor que podía hacer era dar un paso atrás y retirarse.

—Los ángeles te piden que les permitas ayudarte —le dije.

Me miró sin estar muy convencida, con temor a confiar, pero al mismo tiempo sintiendo miedo de no hacerlo. Dijo que podía entender de dónde venían los ángeles, pero temía distanciarse del problema porque su marido podría acabar dominando completamente a su hijo en el plano emocional.

Patrice frunció el ceño, evidenciando el esfuerzo que tenía que hacer para poner en las manos de los ángeles el control de su conflicto familiar. Una vez más los ángeles hablaron en voz alta:

—*Te pedimos que respires profundamente, Patrice.*

Ella lo hizo y pude ver que se relajaba.

Los ángeles le aseguraron que el bienestar emocional de su hijo no estaba en peligro, y ella accedió a dar una oportunidad a la ayuda angélica. Entonces se encontró con otra barrera.

—Pero ¿*cómo* puedo desapegarme? —preguntó.

No estaba interesada en conocer la mecánica en sí. Simplemente no sabía cómo distanciarse de una situación emocional en la que se sentía tan involucrada.

Un ángel masculino de gran tamaño apareció detrás de Patrice y me dio algunas pistas visuales sobre la forma de manejar esta situación, como si en un televisor situado delante de mí hubiera visto un vídeo que me mostrara la solución ideal para esta familia. Mientras lo miraba iba recibiendo instrucciones, que esta vez me llegaban a través de la gesticulación de los ángeles y las imágenes recibidas por medio de mi clarividencia. Inmediatamente puse en palabras los consejos angélicos.

—Patrice, pídele a tu ángel que te ayude a desear distanciarte de esta situación. Él te ayudará a desear el desapego.

Patrice afirmó con la cabeza, encantada de que su ángel hubiera entendido su cerrazón mental, y de forma audible dijo:

—Por favor, ayudadme a desear poner la situación en manos de Dios.

Vi que se estremeció, una señal inequívoca de la intervención de los ángeles. Su cuerpo se relajó y comenzó a respirar lenta y profundamente.

—Algo acaba de ocurrir —fue todo lo que dijo.

Continué:

—Tu ángel de la guarda ahora te pide que visualices tu situación de forma simbólica, por ejemplo imaginando que Keith, Bradley y tú misma estáis en medio de uno de vuestros altercados.

El ángel asintió, indicando con ello que le estaba entendiendo correctamente, y continuó gesticulando sus instrucciones.

—El ángel está poniendo un gran cubo delante de ti y te pide que te visualices a ti misma depositando dentro del cubo esa situación.

Patrice frunció el ceño durante un momento mientras seguía estas instrucciones. De pronto sonrió; parecía que se hubiera quitado un gran peso de encima.

—Creo que está funcionando —dijo, sintiéndose visiblemente mejor.

Cuando volví a verla unos pocos meses después, estaba ansiosa por contarme sus noticias.

—Conseguí desapegarme, tal como tú y los ángeles me sugeristeis que hiciera. ¿Y sabes lo que ocurrió? Mi marido y mi hijo comenzaron a cambiar de actitud el uno con el otro. Al principio percibieron que ocurría algo extraño, aunque daban por sentado que yo intervendría en sus altercados. Cuando comprendieron que no lo haría, creo que el ardor de sus discusiones se evaporó, ya que desde entonces casi no han cruzado palabra. Verdaderamente es un milagro que en nuestra casa se respire ahora tanta paz gracias a una sola sesión de lectura angélica.

Rx

Distánciate de la situación. Si te resulta difícil hacerlo, pídele a los ángeles que te ayuden a desear dejar de controlar el asunto.

Consejos para la mala comunicación en el matrimonio

La mala comunicación puede causar más problemas matrimoniales y rupturas que cualquier otra circunstancia. Los terapeutas saben muy bien que muchas discusiones y separaciones ocurren porque uno de los cónyuges interpreta erróneamente algo que su pareja ha dicho o hecho. Cuando dos personas exploran juntas sus más profundos sentimientos y creencias, es inevitable que existan diferencias y malentendidos. Cuando el problema llega a ser grave, ambos miembros de la pareja acaban teniendo miedo de compartir sus verdaderos sentimientos. Y aunque continúan viviendo bajo el mismo techo, en lugar de un matrimonio que se ama, parecen dos personas que comparten piso.

Durante años he visto a los ángeles sanar relaciones de pareja con considerables problemas de comunicación, incluso casos en los que la comunicación era ya inexistente. Su consejo celestial para las parejas que se han distanciado es que compartan sus sentimientos más vulnerables, el amor y el odio que sientan el uno por el otro. En otras palabras, los ángeles les piden a ambos que sean completamente sinceros. Así fue como se curó el matrimonio de mi amiga Mary Ellen, autora de *Expect Miracles*. Mary Ellen hace más de veinte años que está casada con Howard. Hace ocho años comenzaron a tener intereses diferentes, y eso acabó por distanciarles. Cuando hablaban de temas importantes, como asuntos financieros, hijos, sexo o planes de futuro, sus palabras tenían una gran carga emocional, y discrepaban cada vez con más frecuencia. Finalmente, parecía que lo único que sabían hacer era discutir. Acabaron ambos con los sentimientos heridos, y convencidos de que no eran amados. Y, a pesar de que continuaron viviendo bajo el mismo techo, su matrimonio lo era sólo de palabra. Los dos se habían refugiado en el silencio.

Durante los siguientes seis años Mary Ellen y Howard ocuparon dormitorios distintos y no tuvieron relaciones sexuales. Casi no existía comunicación entre ellos. Mary Ellen decidió que a partir de entonces su matrimonio sería así. Intentó ignorar el hecho de que su necesidad de una relación íntima no estaba siendo satisfecha, y comenzó a canalizar su deseo de comunicación escribiendo poesía, un libro y un boletín. Asistió a un retiro angélico que se realizó un fin de semana, y tuvo la ocasión de concentrar su mente en los mensajes de amor y curación de los ángeles. Al día siguiente de regresar a casa, se despertó por la mañana con una frase: «Únicamente enseña amor». Y pensó: «¿Cómo puedo enseñar amor en mi boletín si yo misma no tengo amor en mi hogar?».

En lo concerniente a la enseñanza del amor, lo que los ángeles le estaban pidiendo era que viviera con integridad y que practicara lo mismo que enseñaba a los demás. Llamó a Howard a su trabajo y le contó la verdad. Le explicó lo mucho que le amaba y le echaba de menos. Él comenzó a llorar y dijo que también la amaba y la echaba de menos.

Mary Ellen dio testimonio de que los consejos de los ángeles le ayudaron a sanar su matrimonio al decir:

—Hemos vuelto a ser una pareja. Howard ha vuelto a nuestro dormitorio después de casi seis años. Es tan bueno y amable conmigo… Hablamos y compartimos las cosas. Al seguir el consejo de los ángeles de ser sinceros el uno con el otro, ambos pudimos abrir nuestro corazón.

Los ángeles dicen: «*La verdad cura de muchas maneras. Por ejemplo, si os sentís confusos o furiosos por las palabras o actos de vuestra pareja, pedidle inmediatamente que os aclare qué es lo que quiere decir. No deis por sentado que existe negatividad en vuestra pareja cuando es posible que no sea cierto. Al mismo tiempo, hacedle saber cómo os afectan sus palabras y sus actos. Si os sentís heridos o temerosos, por favor, admitid estos sentimientos inmediatamente. El hecho de retener en vuestro interior estas emociones sólo acarreará más malentendidos, mucha confusión y sufrimiento.*

»Comenzad por contarle a vuestra pareja la verdad sobre vosotros mismos en el presente. Pedidle que haga otro tanto, y no culpéis a terceras personas de vuestra verdad. En este proceso de compartir cosas y preocuparse por el otro, los miembros de una pareja pueden hacer desaparecer toneladas de ira y una eternidad de rabia. Si lo deseáis, pedid que os guiemos cuando vayáis a hablar para que vuestras palabras sean veraces. Si os desviárais del camino de vuestra verdad, nosotros os lo haríamos saber.»

Rx
....

Comunica sinceramente a tu pareja tus sentimientos de amor y miedo con respecto a vuestra relación.

Consejos para las pasiones que decaen

Al comienzo de cualquier relación íntima y romántica, experimentamos intensos sentimientos pasionales que nos unen a nuestra pareja. Nos sentimos fuertemente atraídos por el otro, deseamos estar juntos todo el tiempo, casi no podemos reprimir el deseo de acariciarnos, como tampoco podemos tomarnos un respiro de la profunda experiencia espiritual y emocional que son nuestras relaciones sexuales. Ambos nos preocupamos de verdad por las necesidades y la felicidad del otro.

Más tarde, sin embargo, a menos que sepamos qué hacer o qué evitar, el aburrimiento, la falta de interés y el descontento pueden adueñarse de la relación. Es como si ambos nos fuéramos consumiendo. Perdida la pasión, permanecemos juntos por costumbre, obligación, un sentimiento de culpabilidad o necesidades económicas, o por nuestros hijos.

Cuando nos aferramos a una pareja después de haberse acabado la pasión, la consecuencia más frecuente es el resentimiento mutuo, los comentarios despreciativos, la negación del afecto y otras formas de comportamiento pasivo-agresivo. El sexo se convierte en rutina y se pierde la pasión, en caso de haber existido en los primeros tiempos. Es posible que se busquen relaciones fuera del matrimonio o que se fantasee con tenerlas.

Los ángeles dicen que es natural que la pasión pase por fluctuaciones periódicas. En los momentos bajos, sin embargo, podemos potenciar nuestro deseo por medio de la voluntad y la intención consciente. La voluntad de elevar nuestra mente y nuestro corazón, y de reavivar la pasión cuando nos encontramos menos motivados, es el consejo celestial de los ángeles para las relaciones que están muriendo. El secreto es desear intensamente que la pasión aumente.

También podemos pedirles a los ángeles que nos ayuden a elevar el nivel de energía en nuestra relación. Ellos intervendrán directamente en nuestra mente y en nuestro corazón, eliminando cualquier sentimiento, ya sea de aburrimiento como de cualquier otro tipo, que pueda disminuir la pasión en nosotros, y nos inundarán de su propia pasión divina. Los ángeles pueden también darnos consejos que elevarán nuestra energía, como, por ejemplo, el de perdonar a nuestra pareja los desaires que sentimos que nos ha hecho o el de adquirir una nueva perspectiva de la relación.

Cuando Janie y Lynda se conocieron y comenzaron a salir juntas, se podían ver las chispas de su pasión. Todos sus amigos afirmaban que ambas parecían estar hechas la una para la otra. Janie, de treinta y siete años, nunca antes había tenido una larga relación comprometida. En cuanto a Lynda, de cuarenta años, llevaba divorciada cuatro y era nueva en el ambiente de las lesbianas cuando conoció a Janie. Se fueron a vivir juntas e intercambiaron anillos como símbolo del compromiso que adquirían la una con la otra. Todo parecía maravillosamente nuevo para la pareja. Estaban locamente enamoradas y ambas sentían la irrefrenable necesidad de expresar sus sentimientos románticos.

Dos años más tarde, cuando asistieron a una sesión angélica, estaban a punto de separarse. Janie me dijo que deseaba empezar a salir de nuevo con otras mujeres, y Lynda se sentía herida y confundida, y no estaba segura de si quería que la relación continuara. Ambas parecían ansiosas por escuchar la opinión de los ángeles sobre lo que debían hacer.

Los ángeles de Janie fueron los que hablaron primero. Su guía principal era su abuelo por parte materna. Se trataba de un hombre que fue brillante en los negocios gracias a sus habilidades sociales, y que no tenía mucha paciencia para tonterías. Me dijo: «*Janie siempre ha tenido una tendencia al aburrimiento, y está ansiosa de tener en este momento algo que despierte su entusiasmo*».

Tanto Janie como Lynda asintieron, expresando así que estaban de acuerdo. Luego él transmitió su mensaje a su nieta:

—*En este momento estás soñando con salir con otras personas como si ello fuera la panacea que te devolverá el entusiasmo. Pero, querida, muy pronto también te aburrirás de eso. Desde mi punto de vista, Lynda y tú compartís algo que es muy bueno.*

A pesar de que Janie se esforzó al máximo por permanecer tranquila, tuvo que secarse una lágrima. Al llegar a ese punto, los ángeles de Lynda hicieron su aparición.

—*Nosotros también opinamos que esta relación de pareja es muy beneficiosa para ambas. Os pedimos que os deis una oportunidad introduciendo algunos nuevos elementos románticos como componentes esenciales de la relación. Vemos que habéis sucumbido a una rutina que es aburrida y pesada, basada exclusivamente en las cosas básicas de la vida, que para ti, Lynda, consiste en pagar facturas. ¿Cuándo fue la última vez que salisteis de casa para pasar una noche romántica? ¿Consideraríais empezar nuevamente vuestra relación desde cero con una primera cita? Por lo que podemos ver, la respuesta es afirmativa. Existe aún mucho amor en esta pareja, y vemos que con un mínimo esfuerzo haríais revivir la llama una vez más.*

Con la ayuda de los ángeles, Lynda, Janie y yo consideramos nuevos planes para su relación amorosa. Los miércoles y sábados por la noche los dedicarían a salir juntas, y cada una de ellas, alternativamente, planificaría cada salida. No necesariamente serían cosas extraordinarias: ir de excursión, salir a caminar o ir al cine. Como Janie echaba en falta escuchar música en vivo en la sala de fiestas donde se habían conocido, decidieron que acudirían a conciertos al menos una vez al mes. Janie prometió serle leal a Lynda, y ésta prometió ampliar el abanico de sus intereses, incorporando cosas que fueran más allá de los asuntos cotidianos.

Seis meses más tarde recibí un correo electrónico de ellas en el que me decían que habían reencontrado la pasión. «Es distinto que antes —escribía Lynda—. Sin duda alguna estamos nuevamente enamoradas, pero de una forma madura y estable que me parece mejor que el amor loco de los primeros tiempos. Creo que las dos necesitábamos que los ángeles nos recordaran que debíamos volcar nuestros esfuerzos en la relación con el fin de conseguir lo que tanto deseábamos.»

(A propósito, mis clientes homosexuales, así como algunos heterosexuales, a menudo me preguntan qué dicen los ángeles sobre la homosexualidad, teniendo en cuenta que existen grupos religiosos y personas que tienen una opinión negativa de las parejas de un mismo sexo. Con frecuencia se sorprenden cuando les digo que los ángeles son completamente neutrales respecto a este asunto. No hacen ningún tipo de distinción entre relaciones homosexuales y heterosexuales y jamás emiten juicios negativos de las relaciones entre personas de igual sexo. Si nadie sufre ningún daño, los ángeles siempre se sienten felices ante el amor y el compromiso espiritual.)

Rx
....
Desea un aumento de la pasión y haz un esfuerzo para reavivar los sentimientos que originalmente te unieron a tu pareja.

Consejos para la impaciencia

Con cierta frecuencia ocurre que deseamos algo tan intensamente que en nuestro afán por conseguirlo presionamos demasiado y acabamos por estropear la situación. Fijamos nuestra
vista en el objetivo y concentramos toda nuestra energía en conseguir lo que deseamos tan pronto como sea posible. Tal vez
cuando éramos pequeños nos sentimos tan ansiosos por tener
un cachorro que acabamos aburriendo a nuestros padres. O es
posible que, ya adultos, tuviéramos tanta prisa por casarnos y
formar una familia, que caímos en la trampa de comprometernos con la persona equivocada.

Cuando desesperamos de impaciencia por conseguir algo
de nuestra pareja, el resultado es que creamos un abismo cada
vez mayor. Cuanto más la presionamos, más se retrae. Cuanto
más apasionado es nuestro comportamiento, más frialdad pro-
vocamos en la otra parte. Finalmente comenzamos a sentirnos
resentidos con nuestra pareja porque creemos que no satisface
nuestras necesidades, y la otra persona se siente incómoda porque constantemente la presionamos para que haga algo que no
desea.

Los ángeles, por el contrario, nunca actúan deprisa ni se im-
pacientan. Ellos saben que existe un ritmo óptimo y un tiempo
ideal para cada acontecimiento, y esperan tranquilamente a que
llegue ese momento. De hecho, parte de su trabajo es ayudar a
sincronizar los hechos, hacer que se cumpla el plan de Dios. Nos
dicen que, en lugar de presionar para que las cosas ocurran
cuando nosotros lo deseamos, avanzaremos más en la dirección
de nuestro objetivo si sabemos ser pacientes. Debemos mante-

ner la vista en nuestro objetivo, y dejar que los acontecimientos se manifiesten espontáneamente, con un ritmo más natural, y a menudo más lento. Esto es especialmente cierto cuando hablamos de relaciones íntimas o de matrimonio. Ese es el consejo que los ángeles le dieron a Gregor, uno de mis clientes.

Al principio Gregor hizo un resumen de los problemas que estaba teniendo en su matrimonio, y luego dijo suavemente:

—Mi mujer y yo nos entendemos, y en general hasta ahora todo ha sido satisfactorio.

Sin embargo, sus ángeles me presentaron una imagen completamente diferente, y me explicaron que existía tensión entre ellos. Gregor tragó saliva, al darse cuenta de que no podía engañar a sus ángeles.

—En las últimas semanas hemos estado discutiendo bastante —admitió—. No tengo idea de cuál es la causa, ya que personalmente me siento muy contento con las cosas que nos están ocurriendo a ambos, tanto en nuestra vida personal como en la profesional. Hemos decidido poner en marcha un proyecto de negocio familiar de media jornada, conservando nuestros respectivos trabajos. Es muy estimulante pensar que los dos nos dedicaremos a hacer algo que nos gusta. Esperamos que en el plazo de un año podamos abandonar nuestros actuales trabajos para dedicarnos a tiempo completo a la empresa familiar. Es posible que a causa del cambio estemos experimentando un cierto nivel de tensión.

Los ángeles de Gregor no se dejaron engañar y le dieron una respuesta clara y específica.

—*Las diferencias entre vosotros tienen su origen en la discrepancia que existe respecto a la posibilidad de tener hijos. Tú quieres tenerlos y tu mujer no.*

(Los ángeles no estaban traicionando la confianza de Gregor, sino ayudando a que la verdad saliera a la superficie.)

Él asintió y explicó cuál era su opinión.

—Sí, es verdad. Ha habido una cierta tensión a causa de este tema. Llevamos casados siete años, y yo ya he comenzado a sentir el deseo de que tengamos hijos. Es algo que cada vez anhelo con más intensidad. A Katherine, en cambio, la idea no le entusiasma, o tal vez no sabe con certeza si algún día se sentirá preparada para la maternidad. Todo ello ha influido en nuestros problemas dentro y fuera de la cama.

Los ángeles le ofrecieron sus consejos:

—*Este no es un buen momento para formar una familia. Generalmente, cuando las personas atraviesan una etapa de transición en su vida profesional, procuran no tener presiones económicas adicionales, y eso es exactamente lo que supondría la llegada de un hijo ahora. Para formar una familia es necesario que se den las condiciones adecuadas. En aproximadamente dos años y medio, cuando hayáis alcanzado una situación estable, al consolidarse vuestra empresa, ambos estaréis preparados.*

Miré a Gregor para comprobar su reacción. Parecía intrigado. Quería saber por un lado cuándo lograría tener una situación económica estable, y por otro si él y su mujer desearían alguna vez tener hijos juntos. Tomó rápidamente algunas notas en una libreta.

Se relajó considerablemente al comprender que en el futuro él y su mujer encontrarían el momento adecuado para ser padres. Su actitud apacible tuvo un efecto positivo en su matrimonio, y poco a poco ambos dejaron de discutir. Actualmente, hasta que llegue el momento de ser padres, están concentrando sus energías en su nuevo negocio.

Rx

Relájate y deja que las cosas ocurran espontáneamente cuando llegue el momento. Presionando con impaciencia sólo conseguirás alejarlas de tu vida aún más.

Consejos para aquellos momentos en los que nos sentimos atrapados

En muchas relaciones se llega a un punto en el que ambas partes conocen las debilidades, los desequilibrios y las zonas oscuras del otro, y a pesar de que desearían seguir juntos, se preguntan si no estarían mejor solos o con otra pareja. A menudo se llega a este estado de cosas después de una prolongada etapa de conflictos matrimoniales no resueltos, sentimientos de ira y palabras dolorosas que terminan provocando la separación. El resultado final es como la letra de esa canción que dice: «No puedo vivir contigo ni sin ti». Se trata del dolor de sentirse atrapado en una relación desdichada, junto a una persona que ha sido hiriente con sus palabras o actos. En este caso, los miembros de la pareja no desean permanecer juntos, pero tampoco quieren separarse. (Es poco frecuente que sólo uno de ellos vea las cosas de esta forma. Cuando uno es desdichado, el otro normalmente lo percibe. Aun así, como terapeuta he descubierto que a menos que tengan la oportunidad de comparar sus puntos de vista, como ocurre en la terapia, cada uno de ellos cree que es el único que no puede vivir con la otra persona pero tampoco sin ella.)

Lucy, de cuarenta y cinco años, propietaria de un negocio, buscó ayuda angélica cuando comenzó a sentirse atrapada en su matrimonio. Le preocupaba el hecho de que tanto ella como su marido habían sufrido mucho intentando salvar una relación de doce años que un día fue feliz.

—Hemos tenido muchos problemas. Tanto mi marido, Chandler, como yo ya habíamos estado casados antes —me contó.

Originalmente habían tenido la custodia de todos los hijos de los matrimonios anteriores de ambos. Después de que se casaran, tuvieron juntos otros dos hijos. Todo parecía marchar perfectamente hasta que empezaron a tener problemas con la ex mujer de Chandler.

—Ally se sentía muy celosa en la época en que los niños vivían con nosotros, a pesar de haber sido ella quien tomó la decisión de separarse de ellos —me explicó Lucy—. A causa de sus continuas mentiras e interferencias, nuestra vida se llenó de tristeza. Mi marido temía hacerle frente porque luego ella, cuando hablaba con los niños, distorsionaba las cosas intentando inspirarles lástima. Entonces empecé a sentir cierto resentimiento hacia mi marido y sus hijos. Sus hijos ya se han marchado de casa, pero el sufrimiento no. Chandler y yo también hemos tenido muchos problemas en nuestra relación de pareja. Todo ello ha creado una situación realmente incómoda y me ha hecho tanto daño, que no estoy segura de poder perdonarle.

Lucy mantenía los ojos, los puños y la boca cerrados, expresando así su ira.

—Creo que necesito consejo sobre el camino correcto que debo seguir. Me he planteado la posibilidad del divorcio, pero todavía no tengo una idea clara al respecto. Amo a mi marido y le odio al mismo tiempo. Supongo que si pudiera perdonarle por todas las cosas en las que me ha fallado, encontraría la paz y podría sentir nuevamente amor por él.

Mientras hablaba, sonreí en mi interior. Era maravilloso escuchar en boca de Lucy la palabra «perdonar», ya que es una de las formas fundamentales de curación, como recalcan siempre los ángeles. Para ellos *perdonar* significa: «*liberar el dolor asociado a los hechos. No es necesario perdonar el acto, sino a la persona que lo ha cometido. El perdón no es una obligación, sino que es parte esencial del proceso de curación*».

Transmití a Lucy el mensaje divino.

—Es muy probable que estés recibiendo orientación celestial a través de los ángeles. En la actualidad únicamente puedes ver en Chandler sus debilidades y fallos. De hecho, creo que tienes unos ángeles que se expresan con mucha energía, y trabajar con ellos es maravilloso, porque sus mensajes son muy claros.

Lucy esbozó una radiante sonrisa al comprender que había oído correctamente el mensaje de los ángeles.

—*Sí, el perdón es muy importante para ti en este caso* —continuaron los ángeles—. *No necesitas perdonar los actos o las faltas de Chandler; sólo tienes que perdonarle a él como persona. Se en-*

cuentra en una extraña situación en este momento porque ve que tú eres desdichada y eso le hace sentir muy mal. A pesar de no ser verdaderamente responsable de tus sentimientos, él asume esa responsabilidad.

»Si nos das tu autorización, te ayudaremos a perdonarle, y también a perdonar a su ex mujer. Podemos ayudarte a desear perdonarles, y esto es precisamente lo que tienes que pedirnos.

Más tarde los ángeles le dijeron a Lucy a través de mí que por diversas razones preferían que su matrimonio no se disolviera. En primer lugar, aún existía amor entre ellos, y en segundo lugar, un divorcio los desviaría a ambos de su objetivo en el camino espiritual. Finalmente, sus hijos sufrirían emocionalmente, y ello les afectaría de un modo profundo y negativo en la edad adulta. Aun así, encogiéndose de hombros, los ángeles dijeron:

—*No podemos forzarte a que permanezcas a su lado; no es nuestra intención que hagas nuestra voluntad, pero te pediremos que al menos lo intentes.*

Lucy asintió pensativa. Pude comprender que lo que estaba oyendo armonizaba con su propia inclinación a concederle una oportunidad a su relación de pareja. Estuvo de acuerdo en llevar a la práctica los consejos de los ángeles para salvar su matrimonio.

—Deseo que mi marido y mi matrimonio sigan siendo importantes para mí —me confesó—, y me doy cuenta de que necesitaré la ayuda de Dios, de Jesús y de los ángeles para liberarme de esta carga que hace tiempo llevamos los dos, y que nos ha hecho sentir profundamente cansados de todo, incluso de nosotros mismos.

Rx
....

Alcanzarás la curación perdonando no las palabras o los hechos, sino a las personas.

Consejos para la falta de intimidad

Al llegar a un cierto punto, en todas las parejas acaba produciéndose un alejamiento, y se crea un abismo aparentemente difícil de salvar. Si nosotros y nuestra pareja sabemos salir el uno al encuentro del otro sin demora, este abismo puede desaparecer, permitiéndonos recuperar los sentimientos de intimidad y proximidad originales. Cuando no sabemos hacerlo, la distancia puede volverse insalvable, la relación puede enfriarse, y en ese caso acabaremos caminando en direcciones distintas. Es triste decirlo, pero el egoísmo humano hace que frecuentemente cada miembro de la pareja sienta que es el otro quien se ha distanciado. Los ángeles dicen que nunca perdemos la conexión íntima con nuestra pareja a menos que con nuestras palabras o nuestros actos hayamos cooperado de alguna forma a crear ese enfriamiento en la relación. Eso es precisamente lo que Carolyn descubrió.

Después de veinte años de matrimonio, Carolyn se quejaba de que su marido y ella ya no parecían conocerse mutuamente.

—Ambos hemos cambiado —me explicó—. Yo más que él. No parece que tengamos ya nada en común. Hemos dejado de abrazarnos, de mimarnos, y jamás hacemos el amor. Es como si fuéramos unos extraños, y no puedo imaginarme envejeciendo a su lado.

Unas pocas semanas antes, la empresa en la que Carolyn trabajaba había anunciado su traslado a otra localidad. Ella me dijo que no era necesario que se trasladara con la empresa, ya que tenía otras oportunidades laborales en su ciudad. Aun así, se preguntaba si no utilizar el cambio de ubicación de la empresa para separarse de su marido, pues últimamente soñaba con estar sola durante algún tiempo.

—Mis hijos prácticamente son mayores, y estoy segura de que se adaptarían al nuevo entorno. Me gustaría comenzar de nuevo desde cero: nueva ciudad, nueva vida —me dijo ansiosa, como si me estuviera pidiendo la bendición—. En mi trabajo suelo conocer a muchas personas interesantes que tienen tanto en común conmigo…, y algunas veces detesto regresar a casa. Necesito un alma gemela, un compañero, en lugar de un socio financiero estable, que es lo único que siento que es mi marido para mí en estos momentos.

Comprobé el nivel de energía de Carolyn y el de su matrimonio.

—Tienes razón —le dije—, los ángeles me dicen que la energía en tu matrimonio es muy escasa en este momento. Por otra parte, el traslado de tu empresa está generando muchas emociones en ti que consumen tu energía. ¿Estás segura de que deseas tomar una decisión tan importante sobre tu matrimonio en medio del torbellino del otro cambio que tendrá lugar?

Carolyn me dijo que tenía miedo de perder el control de sus nervios si no aceptaba el traslado. Reflejaba una actitud de «ahora o nunca» que nacía de sus miedos y no de los consejos celestiales. Los ángeles siempre nos aconsejan no impacientarnos y esperar a que Dios nos envíe lo que deseamos cuando Él considere que es el momento adecuado para nuestro proceso de desarrollo. Además, Carolyn no había tomado aún una decisión firme. De hecho, estaba pidiendo consejo. Un ángel femenino de gran tamaño apareció por encima de la cabeza de Carolyn y me mostró una película que yo podía ver con el ojo de mi mente. Era muy alto y sus ojos y su sonrisa irradiaban tanto amor que pensé que podía estallar de la intensidad de la emoción que experimentaba. En esta película mental proyectada por el ángel, pude ver un repaso de la infancia de Carolyn. Su padre la había educado con estrictas normas de comportamiento, haciéndoselo notar siempre que no las cumplía, cosa que en la infancia ocurre con frecuencia. Carolyn sentía que su padre no la quería porque ella no era una niña buena. Empezó a sentir odio por sí misma y pensó que los demás también lo sentían. Pasaba muchas horas sola, en su dormitorio, leyendo y escribiendo. Era bastante tímida y solitaria, y no se sentía cómoda cuando se encontraba rodeada de otros niños.

Pude sentir la profundidad de la dolorosa soledad de Carolyn. Lamentablemente, ella se había mantenido apartada de los demás toda su vida, al sentir que no merecía su amistad ni su compañía. Pensaba que si intentaba tener amigos, una vez que ellos llegaran a conocerla mejor acabarían rechazándola, y pensarían lo poco que merecía ella su afecto. Al mismo tiempo, como todos nosotros, ansiaba recibir amor y sentirse unida a otras personas.

Cuando se casó con Harold, pensó que su soledad se había acabado. Pero al cabo de un tiempo comenzó a notar una cierta frialdad entre ellos. Ya no hablaban como antes, y cada uno pasaba más tiempo en su estudio, Carolyn trabajando en su doctorado y su marido en sus asuntos profesionales. Ella se sentía tan aislada como en su infancia.

Cuando recibió la noticia de que estaba embarazada, fue como si un rayo de esperanza la hubiera alegrado, y pensó que después del nacimiento de su hijo se sentiría mejor. Encontró consuelo al ser madre no de uno, sino de tres hijos, dos niños y una niña. Fue creando una relación muy íntima con sus hijos, en la que finalmente se sintió querida y aceptada. Sin embargo, ahora que los chicos habían crecido, sentía miedo ante la idea de quedarse sola con Harold. Sabía que eso sólo evidenciaría la distancia real que había entre ellos y su propio sentimiento de aislamiento.

Sus ángeles le dijeron a través de mí:

—*El hecho de considerar que tu sentimiento de soledad es producto de circunstancias externas sólo empeorará la situación. Recuerda esto: estamos a tu lado en cada momento y vemos en tu interior esa bondad que tanto buscas. Intentas encontrar en el mundo exterior unas cualidades que no te decides a explorar en tu interior. Y, como no eres capaz de reconocerlas en ti misma, tampoco puedes reconocerlas en los demás. Sin embargo, nosotros te decimos que si te detienes a observar estos aspectos de tu naturaleza interior, pronto los encontrarás también en el mundo exterior. Todas tus relaciones se harán más profundas si te concentras en las flores que existen en tu interior.*

Observé que Carolyn se estremecía al reconocer la verdad, es decir, que ni su marido ni los demás habían huido de ella, sino que era ella quien había huido de sí misma. Me dijo que ahora era consciente de que por sentir que no merecía ser querida y por temer ser rechazada, se había distanciado de su marido durante los primeros años de matrimonio. Se había convencido a sí misma de que él acabaría alejándose de ella. La misma certeza del rechazo había creado la experiencia que ella más temía y, como consecuencia, se sentía sola y sin cariño la mayor parte del tiempo.

Los ángeles la consolaron:

—*El nivel de energía existente en tu interior y en tu matrimonio aumentará considerablemente si te gustas a ti misma, o mejor dicho, si permites que eso ocurra. Queremos que descubras todas las cosas valiosas y agradables que hay dentro de ti, y que luego podrás ver también en los demás. Te pedimos también que busques en tu interior el amor por tu marido; cuando lo encuentres, comenzarás a sentir su amor por ti. Sal de tu estudio, entra en el suyo y empieza a pasar algún tiempo con él. Te sorprenderás del cambio que se producirá. Durante todos estos años él ha estado esperando que hicieras esto. Verás cómo tu vida cobra un mayor significado.*

Carolyn cogió un pañuelo de papel y se secó las lágrimas de los ojos.

—Probablemente tenéis razón —dijo—. Realmente no deseo divorciarme. Sólo quiero estar cerca de mi marido. Deseo intentarlo una vez más.

Volví a hablar con Carolyn un mes después de nuestra sesión. El cambio fue increíble. Me contó que ya no se escondía en su estudio, y había comenzado a mantener conversaciones con su marido cuando estaban juntos en la cocina, en el salón e incluso en el dormitorio. Él le había respondido, y ya no pasaba las tardes sumergido en sus papeles.

—Al principio esperé que me rechazara, pero luego intenté pensar que era digna de amor, que podía gustar a los demás, y tomé conciencia de algunos aspectos positivos de mi persona en los que nunca antes había reparado. ¿Y sabes qué? Descubrí que le gustaba a mi marido, y yo, por mi parte, encontré en él cualidades maravillosas que había olvidado. Ambos estamos mucho más relajados y felices, y disfrutamos intensamente del tiempo que pasamos juntos. Y eso, permíteme decirlo, es un milagro.

Un año más tarde vi a Carolyn y a su marido en uno de mis grupos de trabajo. Casi no la reconocí. Irradiaba felicidad interior y había perdido algo de peso, cosas que ella atribuía a su recién encontrada paz interior. Durante todo el seminario, disfruté observando a la pareja, sentados los dos juntos, con las manos cogidas. El hecho de que Carolyn estuviese dispuesta a gustarse a sí misma y a tender un puente hacia su marido fue el remedio divino que hizo que este matrimonio en crisis recuperara la intimidad.

Rx
....

Ponte nuevamente en contacto con todo lo bueno y amable que existe en ti, y volverás a conectar con todo lo bueno y amable que hay en tu pareja.

Consejos para la infidelidad

Posiblemente nada sea tan doloroso como descubrir que nuestra pareja, que creíamos que nos era fiel, ha estado teniendo una aventura con otra persona. Cuando eso ocurre, nos sentimos engañados y traicionados, y nos convencemos de que debe de haber algo malo en nosotros que ha hecho que dejáramos de ser deseables. Los niveles de ira y dolor se disparan en la escala Richter. Experimentamos entonces la sensación devastadora de que algo sumamente importante para nuestra persona y para nuestro bienestar está siendo destruido de un modo irreversible.

A menudo el dolor de una aventura extramatrimonial es una calle de doble sentido. La persona que engaña también sufre. Siente remordimientos por provocar sufrimiento a su pareja, a sus padres y a sus hijos, y un tremendo sentimiento de culpabilidad por el hecho de que la libido controle sus actos.

Yolanda y José hacía siete años que estaban casados, y todo parecía ir bien en su relación. Pero Yolanda comenzó a notar algunas cosas extrañas para las que no encontraba explicación. Por ejemplo, José trabajaba hasta tarde, pero su nómina no reflejaba esas horas extras. En alguna ocasión, al regresar a casa del trabajo no había querido cenar, aunque normalmente tenía mucho apetito. Además, se había comprado ropa interior nueva, cuando hasta ese momento jamás lo había hecho. Yolanda sospechaba que su marido estaba teniendo una aventura, pero no se sentía preparada para admitir esta posibilidad.

Un sábado por la tarde, notó que el cable del teléfono llegaba hasta el baño, donde José estaba encerrado manteniendo una conversación. Al escuchar detrás de la puerta, pudo oír a su marido hablando en un tono de voz susurrante, como para no ser oído. Yolanda cree que escuchó: «Pero si te quiero, nena…». Su corazón se detuvo mientras corría hacia otro teléfono, que descolgó con mucho cuidado. Entonces pudo oír claramente a José y a una mujer mantener una discusión amorosa.

Yolanda se sintió desbordada, y no fue capaz de encararse con su marido hasta muchos días más tarde. Cuando ella se lo preguntó directamente, José admitió el romance de inmediato. Se puso a llorar y le pidió que lo perdonara, asegurándole que la aventura se había terminado. Yolanda deseaba desesperadamente creerle, pero estaba demasiado herida y confundida para sacar conclusiones. Acudió a mí para que le hiciera una lectura celestial, confiando en que los ángeles le darían el consejo que necesitaba.

Los ángeles de Yolanda me pidieron que grabara nuestra sesión. *«Ella no entenderá lo que realmente estamos diciendo a menos que lo oiga repetidas veces»*, me explicaron. Esto me sugirió que esa sesión iba a ser intensamente emocional. Cogí una caja de pañuelos de papel y puse en marcha la grabadora.

—*Comenzaremos por pedirte que veas esta situación desde nuestra perspectiva* —le dijeron los ángeles.

Un grupo grande de seres transmitió el mensaje a Yolanda. En él se encontraba también Jesús, con quien Yolanda tenía una relación intensa, de pie justo detrás de ella. Su cara estaba radiante de luz. También podía ver a la abuela materna de Yolanda, una persona dura, pero a la vez espiritual y llena de amor. Este grupo me habló al unísono como si se tratara de una única voz. Por momentos, sin embargo, Jesús hablaba solo, igual que la abuela de Yolanda.

Los ángeles le dijeron que José la amaba mucho y que no deseaba conscientemente abandonarla ni engañarla. Sin justificar el comportamiento de su marido ni buscar culpables, le explicaron suavemente que la aventura de José era producto de dos factores: sus problemas de autoestima y la crisis de su matrimonio.

—*Necesitas comprender que tienes control sobre la situación y cosas que decir sobre el tema. No debes ver tu matrimonio como si estuviera controlado completamente por José o por la otra mujer. Tú también tienes un papel importante a la hora de determinar el futuro de tu matrimonio.*

Yolanda no se había dado cuenta de que todavía tenía cierto control sobre la situación.

—*Tú deseas que te garanticemos que José no te volverá a traicionar, y eso es algo que no podemos hacer. Sin embargo, si deseas conscientemente que tu matrimonio no se rompa, y que sea una relación satisfactoria y feliz, ambos deberéis hacer algunos cambios en vuestra vida. No sólo José tendrá que cambiar, querida. Tú también sufrirás ciertas consecuencias externas si no examinas y cambias tu vida interna.*

—No lo comprendo —interrumpió Yolanda—. ¿Qué clase de cambios tengo que hacer?

Los ángeles le contestaron de forma perfectamente clara:

—*Desde nuestra perspectiva, vemos que a tu matrimonio le falta alegría, que es una relación basada en el miedo. Tus temores, Yolanda, son de dos tipos: el trabajo doméstico te produce inseguridad, ya que temes que tu hogar no esté del todo limpio y ordenado; lo mismo te ocurre con el dinero, porque te da miedo que no haya suficiente. Tanto tu relación con tu marido como vuestras conversaciones están dominadas por estas dos clases de miedos.*

»Y dado que José comparte tus temores respecto al dinero, vuestras conversaciones sobre el tema son frecuentes. Sin embargo, debes saber que él se considera a sí mismo poco hábil en temas financieros, y este sentimiento ha afectado negativamente a su autoestima. Su relación con la otra mujer respondía más a una necesidad de reafirmación que a una motivación sexual. En los momentos en los que estaba con ella jamás se preocupaba por los problemas económicos.*

Yolanda cerró los ojos, dejando escapar algunas lágrimas.

—Gracias a Dios. De esta forma es más fácil de sobrellevar. Yo pensé que ya no me amaba, o que me consideraba responsable de nuestros problemas económicos.

—*Vemos que continuaréis casados, ya que los dos sentís la relación como un profundo compromiso. En el momento en que empecéis a hablar sinceramente, con el corazón, en lugar de hacerlo la mayor parte del tiempo con el intelecto, tanto uno como el otro experimentaréis la alegría de crecer juntos. Tienes que preocuparte menos por tu casa y más por el lado humano de la vida. Tómate tiempo para reír y para amar. Ello te hará sentirte mejor en tu relación de pareja y como madre potencial. Libérate de las preocupaciones económicas, y comunícaselo a José. Al hacerlo le liberarás a él de la presión que le hacía perder su rumbo. Confía en que nosotros nos ocuparemos de que no pases hambre y de que tengas un techo sobre tu cabeza. Has de estar dispuesta a perdonar a José y a la otra mujer, y a perdonarte a ti misma. Te pedimos que nos permitas ayudarte a renovar el compromiso de tu matrimonio.*

Luego vi el espíritu de dos bebés alrededor de Yolanda. En mi experiencia como clarividente, he podido comprobar que antes de nacer, los hijos están junto a sus madres como globos llenos de helio, esperando tener la oportunidad de nacer de esa mujer. Los espíritus de los niños sólo aparecen cuando su nacimiento es factible. Mencioné los niños a Yolanda, y me confirmó que siempre había soñado con tener dos hijos.

Ella y José me visitaron casi un año más tarde. Iban cogidos de la mano y proyectaban la imagen de una exuberante juventud. José puso su mano sobre el vientre de Yolanda y anunció que estaban esperando un niño. La pareja y sus ángeles me informaron de que, gracias a los intentos de Yolanda por cambiar y al amor que José sentía por ella, habían recuperado la intimidad de la primera etapa de su relación, y habían conseguido curar el daño provocado por la aventura de José. Los ángeles me contaron que él era fiel a Yolanda y que ella se sentía más relajada respecto a su casa y a su situación económica.

Rx
....
Perdona a tu pareja y piensa en los cambios que tú tendrías que hacer para poder continuar juntos.

Consejos para las discusiones sobre el dinero

Como ocurría en la historia de Yolanda y José, los conflictos por asuntos económicos pueden ser terriblemente destructivos en una relación. En las encuestas se cita continuamente el dinero como causa principal de las tensiones y discusiones entre personas que comparten una relación íntima. Hasta tal punto esto es cierto, que se considera al dinero la fuente de todos los males, aunque sería más correcto decir que es el tema clave de todas las discusiones maritales.

Asombrosamente, a muchos de nosotros se nos enseña a considerar el dinero el polo opuesto de la espiritualidad, cuando ni Dios ni los ángeles desean que nadie sufra por falta de dinero. Ellos saben que el dinero es una herramienta que, usada adecuadamente, puede ayudar a la gente a cumplir la misión divina que tiene encomendada aquí en la tierra. Saben que cuando las personas pasan necesidades o tienen dificultades económicas están tan ocupadas intentando sobrevivir que no pueden centrar la atención en su espiritualidad.

Los seres celestiales se sienten doblemente tristes cuando las parejas convierten el dinero en un motivo de conflicto, en lugar de considerarlo un recurso más para alcanzar la felicidad. Raymond y Selma llevaban casados seis meses y habían vivido juntos durante dos años antes de casarse. Ambos tenían cargos ejecutivos en grandes empresas en la ciudad de San Francisco. Él trabajaba en una compañía de seguros y ella en la industria informática. Los dos vestían muy bien y tenían un elevado nivel social y cultural. Eran la típica pareja con dos buenos salarios y sin hijos.

Cuando miré a sus ángeles, me mostraron imágenes que me hicieron retraerme. Les veía en su casa gritando y tirándose cosas en medio de acaloradas discusiones.

—Los ángeles me están diciendo que discutís frecuentemente por cuestiones de dinero —les dije.

Ambos asintieron.

—La culpa es de Selma —dijo Raymond—. Se gasta todo lo que ganamos en cosas que no necesitamos. Mírala ahora mismo, por ejemplo. El traje que lleva nos ha costado una fortuna, y los zapatos más de trescientos dólares. Por no hablar del precio de las joyas. Y aquí estamos, intentando crear una cartera de valores, y ella…

—Quieres decir que *tú* estás tratando de crear una cartera de valores —lo interrumpió Selma enfadada—. No es idea mía tirar el dinero en la bolsa. ¿Por qué no podemos tener un buen coche y una casa estupenda como el resto del mundo?

—Porque tienes las tarjetas de crédito al límite, hasta el punto de que lo único que hacemos es pagar intereses —le gritó Raymond.

Como comprendí que así no íbamos a llegar a ninguna parte, les pedí que se callaran. Era el momento de llamar a los ángeles para que ofrecieran una perspectiva sana de la situación.

«*Ninguno de los dos miembros de la pareja ha escuchado al otro mientras hablaba*», me susurró un ángel al oído. Intuitivamente sabía lo que los ángeles querían decir. Raymond y Selma se escondían detrás de un muro de palabras cargadas de ira para no prestarse atención el uno al otro. Los ángeles me guiaron para que pudiera ayudar a esta pareja.

—*Ambos habéis decidido que el otro está equivocado. Os*

aconsejamos que renunciéis a esta actitud, ya que ninguno de los dos es culpable de nada. La verdad es que tenéis diferentes formas de manejar el dinero: eso es todo. Vuestro único error ha sido no mantener una comunicación abierta y tolerante sobre el tema hasta ahora. Por lo tanto, os recomendamos que intentéis ver toda la situación a través de los ojos del otro.

Raymond y Selma me miraron perplejos. Era evidente que estaban tan centrados en sus propios puntos de vista que no entendían lo que los ángeles les estaban diciendo. Finalmente Raymond preguntó:

—¿Cómo puedo ver las cosas a través de los ojos de Selma? ¿Es eso posible?

—Vosotros habéis pedido ayuda a los ángeles —les dije—, y necesitaré vuestra confianza y vuestra cooperación para poder transmitiros esa ayuda.

Ambos asintieron con vehemencia, e intuí que estaban compitiendo entre sí para ver quién de los dos era el «mejor» colaborador. Entonces decidí aplicar una técnica que aprendí durante mi preparación como psicoterapeuta.

—Raymond, quiero pedirte que imagines que eres Selma por un momento. Desde la perspectiva de Selma, ¿podrías hablarnos de dinero?

Raymond sonrió, aparentemente pensando que eso iba a ser muy fácil.

—Bien, yo soy Selma, y me encanta gastar cada céntimo que mi marido y yo ganamos en prendas de punto Saint John. Y, por supuesto, tengo que comprarme cada nuevo par de zapatos Nordstrom, aunque al hacerlo la tarjeta de crédito se quede al límite.

Puse mi mano en el hombro de Raymond y le pedí que respirara profundamente. Mientras tanto Selma, con los brazos cruzados sobre el pecho, en actitud defensiva, lanzaba a Raymond miradas furiosas. Mentalmente, recé a los ángeles pidiéndoles ayuda extra.

—Intentémoslo de nuevo, aunque parezca raro o tonto. Raymond, imagina de nuevo que tú eres Selma y una vez más háblanos de dinero —le pedí después de que los ángeles me aseguraran que el método iba a funcionar.

Raymond se aclaró la garganta nervioso. Como si de un actor profesional se tratara, movió los músculos de los hombros y del cuello para relajarse antes de comenzar su interpretación. Miró a Selma, visiblemente relajado, mientras ella sonreía en actitud de aprobación.

—Me llamo Selma y trabajo para una empresa en un puesto de ejecutivo medio. —Rápidamente terminó de meterse en el papel y continuó hablando—. La mayor parte de las personas que trabajan en mi departamento son hombres, y a veces me pregunto si alguna vez podré ascender. Aunque tengo una excelente formación en administración de empresas y en ciencias de la información, la empresa suele ascender a los hombres a los puestos ejecutivos de alto nivel. Para progresar en mi carrera necesito que me tomen en serio. Por esta razón procuro tener un guardarropa acorde al puesto que deseo. Sólo hay dos mujeres en mi empresa en puestos superiores, y llevan una ropa estupenda. De hecho, me inspiro en ellas a la hora de vestirme. Si no lo hiciera, acabaría pareciendo una de las secretarias de la oficina.

Ambos permanecieron en silencio largo rato, ensimismados en sus pensamientos. Finalmente Raymond dijo a Selma:

—¿Realmente consideras tu guardarropa una inversión?

—Eso es exactamente lo que he estado tratando de decirte —le respondió ella con brusquedad, y enseguida se disculpó—. ¿Realmente piensas que deseo vestirme de esta forma? —preguntó mientras cogía el dobladillo de su vestido de punto—. Por supuesto que prefiero un par de tejanos y una camiseta, pero me estancaría en mi puesto para siempre si no me vistiera para el éxito.

—Los ángeles os han pedido que cada uno de vosotros vea el punto de vista del otro —intervine—. Selma, ¿podrías tú ahora imaginar que eres Raymond y hablar de dinero?

—De acuerdo —dijo seriamente—. Soy Raymond y he heredado un pequeño fondo de inversión, pero los intereses bancarios no son nada en comparación con los beneficios que se pueden obtener en la bolsa. Mi padre, y su padre antes que él, hicieron una fortuna invirtiendo en acciones. Prácticamente se puede decir que siento estar defraudando a mi padre al no hacerlo. Si pudiera, recortaría del presupuesto mensual todo lo que es prescindible y lo invertiría. Me pongo como loco cuando leo el periódico cada mañana y veo que las acciones en las que deseaba invertir están en alza. El dinero extra que Selma gasta en ropa y zapatos podría duplicarse fácilmente invirtiéndolo con cuidado. Si jugáramos bien nuestras cartas, en un plazo de diez años podríamos tener un cómodo retiro y vivir de renta.

Al igual que cuando Raymond representaba a Selma, pude ver que ella estaba atónita por las palabras que habían salido de su boca. Se volvió hacia su marido y le dijo:

—Siento haberte juzgado erróneamente, Ray.

Los ángeles hablaron de nuevo:

—*Renegociad vuestras posturas respecto al dinero, escuchando cuidadosamente el punto de vista del otro y comprometiéndoos a dejar de lado toda palabra y todo acto que exprese ira. Es muy útil rezar antes de comenzar una conversación sobre este tema. Os sugerimos que tengáis el dinero de cada uno en bancos distintos, y que sólo destinéis una parte de él a una cuenta conjunta. De esta manera cada uno de vosotros únicamente tendría que responder ante sí mismo sobre la forma en que gaste o ahorre su dinero, con la sola excepción de una cantidad fija que sería invertida cuidadosamente.*

Raymond y Selma se abrazaron con fuerza mientras él repetía:

—Nosotros podemos hacer que funcione, querida.

Rx
....

Trata de comprender lo que piensa tu pareja con respecto al dinero, haciendo el ejercicio de ver las cosas desde su punto de vista. Sólo entonces podréis empezar a solucionar vuestras discusiones sobre el dinero.

Consejos para los conflictos sexuales

Inmediatamente después del dinero, el sexo es la principal causa de falta de armonía en las relaciones de pareja. A pesar de que las personas no inician una relación de pareja sólo por el sexo, éste es una parte importante de la relación. Cuando las dos partes tienen diferentes necesidades y deseos sexuales, ambos se sienten frustrados y estafados. Por ejemplo, puede que uno de los miembros de la pareja desee experimentar con diversas técnicas y posiciones, mientras que el otro no se siente predispuesto a ello, o incluso le produce aversión. En consecuencia, ambos se sentirán tristes y furiosos, y culparán del problema a la otra parte, abriendo así una puerta hacia la ruptura.

En otros casos, uno de los dos siente una necesidad sexual mayor, y por lo tanto necesita tener relaciones sexuales con más frecuencia. Los terapeutas lo llaman «discrepancia respecto al deseo sexual». Lo típico es que el deseo sexual masculino sea mayor que el femenino, pero no siempre es así. También he podido observar el caso contrario, en el que la mujer es la parte frustrada e insatisfecha. Sin que importe cuál de los dos miembros de la pareja es el que está más ávido de sexo, la discrepancia en este terreno crea malentendidos, infelicidad e ira, y eso puede llegar a minar la relación.

Chantall vino a verme para que le hiciera una lectura angélica sobre su pareja, Felipe, un chico con el que vivía.

—Deseo saber si es el hombre con quien debería casarme —me dijo.

Felipe se lo había pedido dos veces, pero en cada oca-

sión ella le había contestado que quería pensárselo un poco
más.

—Se trata de nuestra vida sexual —me explicó.

Chantall me contó que Felipe tenía unas necesidades sexuales mayores que las suyas.

—Yo estaría muy satisfecha teniendo relaciones dos o tres
veces por semana —me dijo—, pero Felipe desea hacerlo cada
día, y en algunas ocasiones dos o tres veces. Le amo, pero lo cierto es que me está agotando. Cuando digo que no, comenzamos
una de nuestras terribles discusiones, que me hacen perder tanto tiempo y tanta energía como si hubiera accedido. Me gustaría
saber qué dicen los ángeles respecto a mi relación con Felipe.

«*Existe amor en esta relación* —me dijeron los ángeles, y así
se lo transmití a Chantall—. *Lo que está en discusión aquí es la
forma de expresar ese amor. Desde nuestra perspectiva, vemos que
Felipe manifiesta la profundidad de su amor con actos y no con palabras. Al usar esta forma de expresión física, el mensaje que envía
a Chantall se convierte en una señal confusa. Lo que él intenta con
sus expresiones de amor físico es demostrarle su afecto y su pasión.
Felipe es un hombre muy apasionado, tanto en lo referente a las
pasiones elevadas como a las bajas, y se siente muy frustrado si no
puede exteriorizar sus emociones. Para él, expresarse físicamente es
una liberación y una forma de comunicarse con su amada Chantall.*»

La diferencia entre Chantall y Felipe en cuanto a su grado
de deseo sexual era en realidad una diferencia entre sus respectivas formas de expresar el amor por el otro. Felipe intentaba expresar su amor con actos que él consideraba amorosos (sexo).
Cuando recibía una negativa, sentía que su amor estaba siendo
rechazado, y se encerraba en sí mismo. De igual modo, Chantall
trataba de expresar su amor diciéndole a Felipe lo mucho que lo
quería. Cuando no lograba satisfacer con ello su ansiedad, ella se
sentía incapaz y comenzaba a presionarle.

Le expliqué todo esto a Chantall mientras ella permanencía
sentada con los brazos cruzados y una mirada sombría.

—O sea, que esto quiere decir que debería casarme con él y

soportar que me acose todo el tiempo para tener relaciones sexuales, ¿no? —dijo.

—*Desde nuestro punto de vista, vemos que os casaréis y tendréis hijos si así lo deseáis. Queremos advertirte, sin embargo, que no es conveniente que te apresures a formalizar esta unión. Hacerlo no sería beneficioso ni para ti, ni para él ni para vuestros futuros hijos.*

Chantall se estaba impacientando.

—¿Me estáis diciendo que me case con Felipe o no?

—*No en este momento. No sería aconsejable, no. Es necesario que ambos os sentéis y habléis con un consejero como interlocutor, alguien que sea capaz de traducir el amor que sentís el uno por el otro a un lenguaje que ambos comprendáis, para que podáis empezar a disfrutar del amor. Tal como están las cosas en este momento, tus expresiones verbales de amor por Felipe sólo encuentran en él oídos sordos, y sus demostraciones de afecto sólo encuentran en ti unos ojos ciegos. La verdad es que habláis lenguajes diferentes, y necesitáis un intérprete para tratar de la posibilidad de casaros.*

—No estoy segura de que Felipe acceda a acudir a un consejero matrimonial. ¿No podemos discutirlo a solas, entre nosotros? —preguntó Chantall.

—*Considerando la urgencia que tienes en resolver este asunto, te recomendamos una vez más la intervención de una tercera persona, un consejero matrimonial, para que os ayude a iniciar la conversación que posteriormente tengáis en privado y que con la intervención de un consejero será más fluida.*

Salí parcialmente de mi semitrance y dije:

—Tus ángeles me recomiendan enérgicamente que Felipe y tú os entrevistéis con un consejero matrimonial, y voy a darte el nombre de tres terapeutas especializados en relaciones de pareja que aúnan la espiritualidad y la psicoterapia.

Algunos meses más tarde recibí noticias de uno de estos consejeros, que había visto a Felipe y a Chantall por separado y también juntos durante algún tiempo, y me explicó que estaban aprendiendo a conciliar con éxito sus diferencias sexuales. Algunas parejas pueden aprender a comprender sus respectivas formas de comunicación por medio del método de prueba y error. En el caso de Chantall y Felipe, en sus sesiones con el consejero matrimonial aprendieron la importancia de reconocer y aceptar las expresiones de amor del otro. Una vez que Felipe sintió que su amor era aceptado, su necesidad de probar a través del sexo que Chantall lo amaba fue disminuyendo. Al mismo tiempo, cuanto menos presionada se sentía ella para tener relaciones sexuales, mayor era el deseo que sentía por Felipe. Muy pronto también comenzó a ver el sexo como una forma de expresarle su amor. Finalmente construyeron un modelo de pareja que resultó ser satisfactorio para ambas partes, tanto en el terreno emocional como en el sexual. Un poco más tarde Chantall me contó que, si todo seguía marchando bien, tenían planes de casarse en el plazo de un año.

Rx

Que cada uno aprenda el lenguaje amoroso del otro. Hablad de vuestras distintas formas de expresar el amor y por qué cada uno de vosotros ve en ellas una forma de exteriorizar su pasión. Intentad traducir vuestro amor por el otro a un lenguaje que ambos podáis comprender.

Consejos para las relaciones espiritualmente desequilibradas

En la década de 1990, la mayoría de los conflictos de pareja que traté en mi consulta privada de psicoterapia tenían que ver con el dinero, el sexo y los hijos. Es increíble la diferencia que puede suponer una década. Como resultado del resurgimiento de la espiritualidad en la sociedad actual, ésta ha pasado a ser la principal causa de conflicto en las relaciones de pareja. Eso ocurre cuando alguien que se encuentra en el camino espiritual está casado o viviendo con alguien a quien este tema no le interesa.

Normalmente, la persona que tiene tendencia a la espiritualidad siente que no puede hablar de las cosas que de verdad le interesan con su pareja, porque cuando intenta plantear el tema, suele encontrarse con escepticismo y desdén. Como consecuencia, sale a buscar lo que necesita fuera de casa, asistiendo a grupos de estudio, conferencias y talleres. Cuando regresa, debe guardar silencio si no desea tener una discusión. Lo cierto es que le resulta imposible compartir con su pareja sus pensamientos y conocimientos, dando lugar a una sensación de soledad y un resentimiento que le distancian de la persona con quien comparte la vida.

Esta situación también le resulta difícil al otro miembro de la pareja. En el caso de que haya sido educado en una religión conservadora, es posible que le hayan enseñado a temer y desconfiar de la metafísica y la espiritualidad, como algo malo y oscuro, no muy alejado de la demonología. Aun en el caso de que el miembro no espiritual de la pareja no tenga prejuicios contra la espiritualidad, pueden surgir temores muy comunes, tales como: «¿Y si se lía con el líder de algún grupo de culto? ¿Y si le lavan el cerebro? ¿Y si su autoestima aumenta hasta el punto de pedirme el divorcio?».

En mi opinión, estas son relaciones espiritualmente desequilibradas. Cuando alguien forma parte de una pareja así, lo más probable es que se sienta triste y frustrado. El abismo de intereses y entendimiento existente entre las dos partes puede parecer insalvable. Es posible que, si nos encontráramos en esta situación, consideráramos la posibilidad de divorciarnos, preguntándonos si no es hora de cambiar a nuestra actual pareja por otra con mayor orientación espiritual. Todos los meses me entrevisto con bastantes personas que, por desgracia, se encuentran en situaciones similares.

Una de mis alumnas, Sue, comenzó a interesarse por los ángeles y los fenómenos psíquicos después de la muerte de su madre. Habiendo crecido en un hogar cristiano, había sido siempre una persona conservadora. Nunca había dedicado demasiado tiempo a pensar en la vida después de la muerte o en otros elevados temas filosóficos. Estaba demasiado concentrada en las responsabilidades diarias para pensar en el cielo, en qué hay después de la muerte o en otros temas esotéricos.

Cuando su madre falleció tras una repentina enfermedad, ella cayó en un estado de desesperación. Una noche se despertó después de haber dormido profundamente. Allí, a los pies de la cama, se encontraba su madre, rodeada por una luz de un blanco azulado. Se frotó los ojos y pensó que estaba soñando, pero su madre se encontraba delante de ella, de forma tan real como la vida misma, le habló telepáticamente y le transmitió tal sensación de paz y tranquilidad que sanó al instante muchas de sus penas. Después de que la aparición se desvaneciera, Sue miró a Dan, su marido, que continuaba durmiendo profundamente.

A la mañana siguiente, durante el desayuno, quiso hablarle de ese encuentro, pero tuvo miedo de su reacción, puesto que él siempre había pensado que estas cosas eran tonterías. Armándose de coraje, introdujo el tema de la vida después de la muerte, y Dan puso los ojos en blanco.

—Mira —dijo, dejando por un momento su periódico—, cuando una persona muere, se va. Siento ser yo quien te dé esta noticia, querida, pero la verdad es que la vida es una experiencia dulce y corta; luego todo se acaba definitivamente.

Se puso en pie, fue hasta donde estaba Sue y le puso la mano sobre los hombros.

—Si se trata de tu madre, ¿qué te parece si buscamos ayuda? Sé lo mucho que la echas de menos.

Después de que Dan abandonara la cocina, Sue sintió que él no la había tomado en serio, y continuó haciéndose preguntas sobre el encuentro. Había sido perfectamente real; no era comparable a ningún sueño que hubiera tenido antes. «Tal vez alguien haya escrito un libro sobre el tema», pensó mientras se vestía. Una hora más tarde había comprado tres libros que trataban de la vida después de la muerte. Se sintió muy reconfortada al leer sobre casos de personas que habían tenido experiencias cercanas a la muerte, y de personas a las que se les habían aparecido seres queridos ya fallecidos. Escondió los libros donde Dan no pudiera encontrarlos, sabiendo que él reaccionaría con desdén si ella mencionaba que los estaba leyendo. Cerca de su casa localizó una librería que impartía clases sobre temas relacionados con la metafísica, y que incluía en su programa una clase mía.

El único problema que tenía Sue era que no podía compartir sus nuevos intereses y experiencias con su marido, a quien siempre había estado muy unida. Ella se sentía culpable, como si llevara una doble vida, escabulléndose para asistir a clases de metafísica a espaldas de su marido. A esas alturas comenzó a preguntarse si el divorcio no sería la mejor solución al problema.

Finalmente reunió el coraje suficiente para venir a verme. Los ángeles le dijeron:

—*Debes ver a tu marido como una persona espiritual, ya que todos los seres humanos son hijos de Dios, y Dan es una persona verdaderamente espiritual. Evita los pensamientos que conducen a la separación y las divergencias, tales como: «Él no es tan espiritual como yo». Aunque no sea consciente de ello, tu marido es tan espiritual como tú, y si eres capaz de verlo así, a él le resultará más fácil reconocerlo.*

—Nunca antes pensé en él como en un ser espiritual —reflexionó Sue—, pero eso encaja perfectamente en todo lo que he aprendido. Todos somos seres espirituales.

Los ángeles prosiguieron:

—*Pon vuestra relación en manos del cielo, completamente. Pide a Dios que te ayude a liberarte de cualquier vínculo emocional que tengas con la situación, en caso de que estés aferrándote a pensamientos o sentimientos dolorosos. A menos que te desvincules del tema y permitas que Dios y nosotros te ayudemos, no podremos intervenir. Si aceptas poner tu vida amorosa en manos del cielo, abrirás una puerta a la luz divina que iluminará la situación. La relación sanará de forma milagrosa e imprevista, o terminará armoniosamente para ser sustituida por otra, una vez que estés emocionalmente preparada para ello.*

Sue parecía preocupada.

—Me gustaría poder liberarme de esta situación, pero ¿cómo hacerlo?

Los ángeles le dieron el siguiente consejo celestial, que puede ser útil a otras personas:

—*Visualiza tu propia imagen sosteniendo vuestra relación en la mano que normalmente usas para escribir. Esta es tu mano liberadora. Después de contar hasta tres, abre la mano y visualiza un ángel que lleva tu relación hacia la luz, donde puede ser sanada. Siente la liberación y la ligereza que se experimentan al decirle a Dios: «Pongo esta situación enteramente en tus manos. Por favor, hazte cargo de ella para que yo pueda liberar mi mente, que se encuentra agotada de estar siempre esforzándose en pensar y decidir qué es lo correcto en cada caso». Siéntete segura de que la situación ya ha sido curada, y al poco tiempo tendrás pruebas de ello. Espera un milagro.*

Sue se tomó este consejo muy en serio. En lugar de desesperar por encontrarse atrapada en una relación espiritualmente desequilibrada, se dedicó a sanar los pensamientos y sentimientos que tenía sobre la situación, y confió en los ángeles para que encontraran una solución al problema de desequilibrio espiritual que había en su vida. Posteriormente su marido y ella se separaron, aunque de un modo amistoso. Más adelante Sue conoció a un hombre con orientación espiritual, con el que actualmente está pensando en casarse.

Rx

Intenta comprender que aunque tu pareja no tenga orientación espiritual, es un ser espiritual. No tengas pensamientos que creen una separación entre ambos. Es posible que él o ella descubra la espiritualidad más adelante, o que decidáis seguir caminos separados, abriéndose para ti la posibilidad de conocer a alguien con quien compartir tu camino espiritual.

Consejos para tratar con ex parejas problemáticas

Actualmente muchos conflictos matrimoniales se originan en relaciones y matrimonios previos. Debido al hecho de que muchos matrimonios y parejas que viven juntas acaban separándose, las familias mixtas han comenzado a considerarse algo normal. Además de las fricciones y tensiones típicas de la vida matrimonial, estas familias formadas por adultos, niños procedentes de matrimonios anteriores y medio hermanos deben hacer frente al estrés adicional que suponen la custodia de los niños y las discusiones con anteriores cónyuges o parejas.

Kirsten, de treinta y tres años, intentaba resolver un problema que le había surgido al casarse por segunda vez. Cuando Kirk y ella se conocieron, ambos estaban casados. Kirsten se sentía muy desdichada porque se había enterado de que su marido había estado tomando secretamente cocaína y se negaba a buscar ayuda. Kirk también se sentía muy triste, porque deseaba tener más hijos y su mujer no. Ni Kirsten ni Kirk encontraban afecto en su hogar, de forma que se sentían emocionalmente vulnerables y tenían una profunda necesidad de una relación amorosa. Su aventura fue prácticamente inevitable y se convirtió rápidamente en una relación seria.

Ambos decidieron abandonar a sus cónyuges para poder formar juntos una pareja. El divorcio de Kirsten fue rápido, pero la mujer de Kirk continuamente ponía obstáculos para firmar los papeles.

—Estamos tan enamorados —me contó Kirsten—. Francamente, nunca había tenido esta sensación de serenidad junto a nadie. —Entonces su sonrisa dejó paso al ceño fruncido—. Nuestra mayor preocupación es la amargura de su ex mujer. Continuamente intenta envenenar la mente de su hija de nueve años, predisponiéndola negativamente en contra de su padre y de mí. Llama por teléfono a todas horas y nos grita, tanto a Kirk como a mí. Entra en nuestra casa cada vez que viene a recoger a su hija y comienza a discutir conmigo. Eso está teniendo un efecto terrible en nosotros, así como en la relación de Kirk con su hija. Necesitamos ayuda espiritual con respecto a este asunto. ¿Qué podemos hacer para resolver este problema antes de que nos destruya a todos por completo?

Respiré profundamente y me centré en los mensajes que los ángeles me daban para Kirsten.

—Sí, los ángeles me presentan una solución pacífica de la situación —le dije, y proseguí transmitiendo su mensaje—: *Puedes acelerar el proceso de curación escribiendo una carta a los ángeles de la guarda de la ex mujer de Kirk. Pídeles que te ayuden a encontrar una solución pacífica, y sus ángeles le explicarán, susurrándole al oído, que por el bien de su hija es importante que actúe según el espíritu del amor divino.*

Kirsten estaba muy ocupada escribiendo este mensaje en su libreta.

—Vale, estoy dispuesta a intentarlo —dijo.

Los ángeles continuaron dándole sus consejos celestiales:

—*Es importante que veas a la ex esposa de Kirk desde una perspectiva amorosa. Si das por sentado que actuará inadecuadamente, lo que haces en realidad es enviarle energía negativa que se manifestará luego en sus actos.*

Kirsten me miró con los ojos muy abiertos, como si mis palabras la sorprendieran.

—Eso tiene sentido. Últimamente he estado sintiendo el impulso de perdonar a la ex mujer de Kirk. Creo que tal vez los ángeles me han estado hablando.

El caso de Kirsten refleja la prescripción que tantas veces he oído dar a los ángeles en situaciones similares. La clave es mirar a la otra persona amorosamente, ya se trate de ex amantes, ex cónyuges o de la ex mujer o el ex marido de nuestra pareja. Si persistimos en no perdonar o en culpar al otro, lo que estamos haciendo es abrigar sentimientos tóxicos que intensificarán luego cualquier hostilidad existente contra nosotros. Los ángeles vieron que la ex mujer de Kirk podía sentir la energía negativa de Kirsten, y que eso la impulsaba a tener un comportamiento aún más negativo.

Un año más tarde, Kirsten acudió a una sesión para evaluar

el desarrollo de los acontecimientos. Esta vez quería que le hiciera una lectura para el bebé que Kirk y ella estaban esperando. Pude ver que su cambio de actitud respecto a la ex mujer de Kirk había eliminado gran parte del estrés que existía en su hogar, y ayudado a la hija de Kirk a asimilar el divorcio. Los ángeles dijeron también que el bebé que estaba esperando se sentía feliz de formar parte de una familia en la que existía tanto amor.

Rx

Ten pensamientos amorosos respecto a la otra persona. No le envíes energía negativa que pueda retornar a ti bajo la forma de nuevos problemas y dolores de cabeza.

6

Consejos para los hijos, la familia y otros seres queridos

Los ángeles pueden ofrecernos más cosas, además de aconsejarnos sobre cómo resolver nuestros desafíos personales y mejorar nuestras relaciones románticas. Tienen a nuestra disposición consejos eficaces para los problemas que tenemos con nuestros hijos, nuestros padres, nuestros hermanos y otros seres queridos. Rivalidad entre hermanos, familias mixtas, discusiones matrimoniales, choque generacional entre padres e hijos…, a veces el conflicto en las familias parece inevitable. Según los ángeles, con su ayuda podemos tener unas relaciones pacíficas con cada uno de los miembros de nuestra familia.

De vez en cuando, todos tenemos dificultades para comunicarnos con los demás, especialmente con las personas que están más cerca de nosotros. A menos que estos malentendidos sean superados, degeneran rápidamente en situaciones de distanciamiento dentro de la familia que suelen empeorar con el tiempo. Afortunadamente, cuando las personas aprendemos a escuchar y seguir las sugerencias celestiales, los ángeles pueden enseñarnos a tener relaciones familiares amorosas y sinceras. Lo que más nos desean los ángeles a los seres humanos es la paz, y se sienten felices de iluminar todos los aspectos de nuestras relaciones.

Consejos para niños tristes y retraídos

Cuando un niño que ha sido normal y feliz de pronto adopta una actitud retraída y distante, sus padres se sienten paralizados por el miedo de que algo realmente malo esté ocurriendo. De hecho, este temor puede empeorar aún más la situación del niño, haciendo que se sienta más triste y solitario.

Los ángeles dicen que las expectativas positivas de los padres generan resultados positivos en sus hijos. Por el contrario, la preocupación es un sentimiento negativo que trae aparejados problemas referentes a la realización de la persona. Los ángeles nos dicen que los niños son sensibles y pueden percibir cuándo los adultos están preocupados. Su reacción en ese caso es negativa porque, al ver que sus padres tienen miedo de algo, se sienten ellos mismos aprensivos e inseguros.

Ilona estaba sumamente preocupada por su hija mayor, Kim, de quince años. Se preguntaba por qué ella, que siempre había sido una chica alegre y feliz, de pronto se había vuelto distante y malhumorada. La imaginación de Ilona barajaba imágenes de sexo, embarazo, consumo de drogas e incluso cosas peores.

—Cada vez que intento hablar con ella, me elude. Hasta hace unos pocos meses siempre habíamos estado muy unidas. Ahora casi no me responde cuando le hablo, y pasa la mayor parte del tiempo a solas, encerrada en su habitación. ¿Saben los ángeles si Kim está enfadada conmigo por alguna razón? ¿O ha empezado a consumir drogas? Deseo saber por qué ha cambiado tanto y se muestra tan distante.

—*Piensa en cómo veías a Kim en los buenos momentos que habéis compartido* —respondieron los ángeles—. *Tú la tenías en la más alta estima, y esperabas que ella hiciera otro tanto. Dabais por sentado que había un respeto y un cariño mutuo entre vosotras, y eso era lo que acababa ocurriendo en la realidad. Piensa en ello de esta manera: ¿No te comportas tú de forma distinta cuando estás rodeada de gente que te quiere de verdad? ¿Acaso no hace aflorar lo mejor de ti el hecho de que alguien tenga una buena opinión de tu persona?*

—Por supuesto —contestó Ilona.

—*Y, por el contrario, ¿no te comportas torpemente cuando alguien parece no darte su aprobación?*

—Sí, supongo que sí —admitió Ilona.

—*Tu hija sólo responde a tus expectativas. Tú te has tomado como algo personal el hecho de que ella haya comenzado a necesitar un mayor grado de soledad e intimidad para aclarar sus ideas, ahora que se ha convertido en una adolescente. Has cambiado tu forma de verla y de relacionarte con ella. Tus expectativas negativas con respecto a ella la vuelven cada vez más retraída.*

Ilona levantó una ceja.

—¿Quieren decir que soy *yo* la causa de que Kim se comporte de esta manera?

—*Todas las personas son en definitiva una extensión tuya, y por eso tus expectativas les afectan, tanto las positivas como las negativas. Tú reaccionas de forma diferente cuando estás ante una persona positiva que cuando estás ante alguien temeroso o que te desaprueba; otro tanto le ocurre a Kim.*

»*Somos conscientes de que deseas tener una relación más profunda e íntima con tu hija. Te pedimos que cada vez que pienses en Kim o que hables con ella veas y sientas la relación que deseas tener. Imagina que vais juntas al cine o de compras, o que charláis como una madre y una hija que son muy buenas amigas. Cuando veas surgir en tu mente expectativas negativas, pídenos que corrijamos esos pensamientos para que estén en armonía con tus deseos, y no con tus miedos.*

—Puedo hacerlo —dijo Ilona.

Dos semanas más tarde tuve una sesión con ella para ver cómo evolucionaba la situación.

—Al principio me resultaba difícil sentirme optimista cuando Kim me ignoraba —comenzó—. Entonces recé pidiendo ayuda y eso pareció que me daba un poco más de fuerza. No podía darme por vencida, porque quiero muchísimo a mi hija. Me obligué a visualizar una imagen en la que estábamos juntas, como solíamos hacer en el pasado. Y parece que eso está teniendo un efecto muy positivo en Kim. Yo, por mi parte, me siento un poco mejor, más esperanzada, creo.

Un mes después de esta conversación recibí una llamada telefónica de Ilona. Su voz sonaba muy emocionada.

—Nunca adivinará de dónde acabo de regresar —me dijo casi sin aliento—. Kim y yo hemos ido al cine y ha sido un día estupendo. Fue exactamente igual que la imagen que había visualizado. Poco a poco está acercándose nuevamente a mí y se comporta como si disfrutara de mi compañía. Ya no pasa sola tanto tiempo, encerrada en su habitación, y de momento nos llevamos muy bien.

Es importante afirmar aquí que el hecho de que un niño adopte una actitud retraída y decida aislarse puede ser una señal de que algo está ocurriendo en su interior. Podría tratarse de alguna forma de abuso o de malos tratos, como veremos a continuación. En caso de que existan sospechas de que el niño esté consumiendo drogas, se debe buscar ayuda profesional de inmediato. Sin embargo, en la historia de Kim la causa esencial del conflicto era su reacción a las expectativas de Ilona.

Rx
....

Mantén una actitud y unas expectativas positivas respecto a tus hijos. Tu energía positiva hará que se sientan más próximos a ti, y que respondan a tus expectativas.

Consejos para ayudar a los niños a adaptarse a un nuevo lugar

La mudanza de una familia a una ciudad distante puede llegar a ser devastadora para los niños, que suelen experimentar un alto nivel de tensión emocional al encontrarse lejos de sus amigos y en un entorno que no conocen. A ello debemos agregar la incertidumbre de tener que adaptarse a una nueva escuela, a nuevos compañeros de clase y a una ciudad desconocida. En caso de no contar con el apoyo de los adultos, estos niños podrían sufrir un trauma que llegará incluso a afectar a su vida adulta.

Los ángeles saben que a los niños habitualmente les resulta difícil asimilar un cambio radical de entorno. Sin embargo, comprenden que una mudanza es a menudo inevitable y puede ser beneficiosa para toda la familia a largo plazo. Ofrecen a los padres un consejo celestial que tiene como finalidad enseñarles a ayudar a sus hijos a adaptarse a las nuevas situaciones, a crecer y a desarrollarse.

Los ángeles se lo transmitieron a Betty, una mujer de cuarenta y cuatro años, viuda y madre de tres niños. Desde la muerte accidental de su marido dos años antes, los hijos de Betty, de siete, nueve y once años, poco a poco habían ido adaptándose a vivir sin su padre. Betty había aceptado un puesto como gerente de administración en otra ciudad. Su nuevo trabajo le reportaría un salario inicial considerable y otros beneficios no menos importantes, lo que haría más fácil la vida para ella y sus hijos. Al principio estaba entusiasmada. Luego se tuvo que enfrentar a la realidad. Cuando sus hijos supieron que tendrían que mudarse a otro lugar, lejos de sus raíces y sus amigos, rompieron a llorar. Ella se sintió entonces terriblemente culpable. Por esta razón acudió a verme.

Me pidió que la aconsejara.

—Pienso que he tomado la mejor decisión para todos nosotros. Sin embargo, me preocupa el daño que podría causar a mis hijos al alejarlos de sus raíces en esta etapa de su vida. Ya han tenido que pasar por muchas cosas al perder a su padre. Y justo ahora les pido que se queden sin sus amigos y se alejen del entorno que les es familiar.

Enseguida pude ver un bello grupo de ángeles en torno a Betty, y entre ellos a su marido muerto, Ed. Ellos me mostraron una película de Betty y sus hijos en un futuro próximo, en la que los chicos reían alegremente.

Los ángeles dijeron a Betty:

—*Tus hijos responderán bien a la mudanza, aunque debes tener en cuenta que necesitarán que les prestes más atención al prin-*

cipio, en la fase de transición. Al encontrarse lejos del afecto de sus amigos, esperarán una mayor dedicación por tu parte. Piensa que tendrás que pasar más tiempo jugando con ellos, porque será de vital importancia para que la transición sea suave.

Betty sonrió y dijo:

—Ed solía jugar mucho con los niños. Siempre los calmaba, y a mí también. En algunas ocasiones estoy tan ocupada que olvido dedicar algún tiempo a jugar con ellos. En los últimos tiempos, con mucha frecuencia les pido que no estén en medio, los instalo delante del televisor, o simplemente les sugiero que se busquen ellos mismos alguna forma de entretenimiento. —Entonces dejó caer la cabeza y dijo suavemente—: Creo que necesito pasar más tiempo a su lado.

Le aseguré que sus ángeles no estaban tratando de hacer que se sintiera culpable, sino que le estaban ofreciendo un consejo celestial que podía ayudar a sus hijos a adaptarse mejor. Los ángeles recalcaron que si Betty dedicaba más tiempo a estar con sus hijos, ellos se sentirían más amados y seguros. Los niños llevarían consigo estos sentimientos a la escuela, su aspecto feliz les atraería nuevos amigos, y eso naturalmente les ayudaría a superar su sentimiento de pérdida, de confusión y de añoranza por la ciudad donde vivían antes.

Rx

Da a tus hijos mucho afecto y dedícales más tiempo hasta que hagan nuevos amigos y se adapten al nuevo entorno. Al haber perdido el contacto con sus compañeros de clase, necesitarán que les dediques más atención.

Consejos para niños hiperactivos

En los últimos años han aumentado notablemente los casos de niños a los que se ha diagnosticado cierto déficit de atención por hiperactividad. Estos niños tienen un importante exceso de energía, que les hace ir a gran velocidad de un juego, juguete o pensamiento a otro. Suelen hablar ininterrumpidamente y revolucionan a todas las personas que les rodean. Es posible que los padres se encuentren al borde de un ataque de nervios, sintiéndose frustrados e incapaces de comunicarse eficazmente con sus hijos, y a menudo profundamente cansados de intentar seguirles el ritmo.

En algunas escuelas de los Estados Unidos, el veinte por ciento de los estudiantes tienen estos síntomas, aunque lo más preocupante es que el número continúa aumentando. El tratamiento médico está basado en el Methylphenidate (Ritalin). Según investigaciones realizadas en el campo de la medicina, se ha estimado que a comienzos del siglo XXI «unos ocho millones de niños estadounidenses» serán tratados con este medicamento. Algo muy inquietante.

Este era el caso de un muchacho cuya madre, María, había venido a verme por otro problema. Ese día los ángeles tenían su propia agenda en mente. En lugar de contestar a la pregunta que les hacía, me mostraron la imagen de un chico que vivía con ella. Cuando se lo describí a María como un adolescente alto, delgado, de pelo oscuro, que llevaba gafas con montura metálica, me dijo, sorprendida, que se trataba de su hijo, Ricardo, al que llamaban Ricky.

De pronto sentí la intensa energía de los ángeles de Ricky que a través de mí le hablaban a María. Hablaban en voz alta y vocalizaban claramente, ansiosos de que su mensaje llegara a María.

—¿Tiene su hijo un exceso de energía nerviosa? ¿Demasiada energía? —le pregunté—. Porque esto es lo que los ángeles me están diciendo.

María cogió un oso de peluche que estaba sobre mi sofá y lo abrazó fuertemente contra su pecho.

—Sí, así es. El psicólogo de la escuela ha diagnosticado que es hiperactivo y le recetó Ritalin. Estoy muy preocupada por el efecto que este medicamento pueda tener en él, pero no sé qué otra cosa puedo hacer.

Los ángeles le dijeron:

—*Ricky tiene grandes ambiciones. Aunque no da esa impresión, interiormente se siente muy preocupado por su futuro. Por favor, deja que afloren sus inclinaciones artísticas. Deseamos hacer especial hincapié en esto. El trabajo artístico es una forma de liberación para él. Sugiérele que dibuje, por ejemplo. A través del dibujo o de la música podrá canalizar toda esa energía. Tiene capacidad de liderazgo y se está preparando para llegar a ocupar en el futuro un puesto ejecutivo en alguna empresa. No te preocupes por tu hijo.*

María dijo que Ricky sentía inclinación por la música, que tocaba el piano, y que tenía talento musical. Dijo también que le motivaría y le apoyaría para que desarrollara actividades creativas. Agregó que pediría ayuda a los ángeles para que le sugirieran otras actividades de las que Ricky pudiera disfrutar. Los ángeles le dijeron que si Ricky canalizaba su energía de esta forma, estaría más tranquilo y más centrado, tanto en casa como en el instituto.

—*Te pedimos que en tu afán de ayudar a Ricky no intentes controlar su nivel de energía con fármacos. En lugar de eso, ayúdale a descubrir cómo concentrar su joven mente. Nosotros hemos podido observar que aquellos jóvenes que desarrollan actividades creativas, como la música u otras formas de expresión artística, encuentran en ellas una válvula de escape y tienden a calmar el torbellino de su actividad mental. Haz que tu hijo se involucre en proyectos que verdaderamente le interesen, y todos saldréis beneficiados con ello.*

Vi aparecer al lado de Ricky el cuerpo etéreo y el espíritu de un hombre alto. Le dije a María:

—En este momento hay junto a Ricky un pariente de sexo masculino ya fallecido. Es alto y delgado. ¿Es su bisabuelo?

—Sí, tal como lo describes, pienso que es él —respondió María.

Continué describiendo lo que estaba viendo y oyendo.

—El bisabuelo de Ricky me está enseñando los dientes, y me explica que tenía algún tipo de problema con su dentadura. Lo hace para que te des cuenta de que es tu abuelo.

María dio un grito de alegría.

—Mi abuelo no tenía dientes. ¡Es él!

—Tu abuelo está muy, muy cerca de tu hijo, de forma que Ricky tiene una fuerte influencia masculina en su vida —continué—. Me está diciendo que Ricky no siempre te escucha, y que tampoco escucha a sus ángeles ni lo escucha a él. De hecho, me indica que frecuentemente parece tener tapados los oídos, como si estuvieran obstruidos por tapones de cera. Dice que debes dejarle solo cuando está soñando despierto, porque es su forma de lidiar con sus problemas. No te preocupes por él. Todo está bajo control. Está en las manos de Dios.

María sonrió y respiró aliviada.

—Yo sentía que mi hijo tenía la protección de Dios.

Volví a ver a María y a Ricky un año más tarde, en uno de mis grupos de trabajo. Ricky me dio la impresión de ser un joven maduro y tranquilo. Su madre me llevó aparte y me dijo que le había apuntado a clases de música, y que también había empezado a dedicarse a la fotografía. Había dejado completamente el medicamento que le habían recetado pocos meses después de concentrarse en sus actividades artísticas, y sus notas estaban mejorando mucho.

Los ángeles me transmitieron para Ricky algunas de las sugerencias de la prestigiosa Fundación Nacional para Niños Creativos y Talentosos. «A muchos niños con talentos especiales se les diagnostica déficit de atención por hiperactividad —dice la fundación—, y muchos padres no son conscientes de que sus hijos podrían tener estas capacidades.» Según la fundación, estos niños normalmente poseen idénticas características a las que presentaba Ricky, igual que otros muchos niños con el mismo diagnóstico. Estas características incluyen un alto grado de sensibilidad hacia su entorno, un exceso de energía y una gran facilidad para aburrirse o distraerse debido a la velocidad con que su mente trabaja. Suelen sentirse frustrados a menudo al no disponer de los recursos necesarios para materializar sus ideas creativas, y les resulta muy difícil permanecer sentados y tranquilos si no se encuentran absortos en algún tema que personalmente les interese.

Rx
....

Los niños a los que se diagnostica un déficit de atención por hiperactividad son por norma general sumamente creativos, y tienden a estabilizarse cuando se les ayuda a encontrar una forma de canalizar su energía de forma creativa.

Consejos para los niños que sienten ira

Los padres se alarman y se horrorizan cuando un niño habitualmente feliz y encantador de pronto se vuelve iracundo y destructivo. La intimidad familiar se ve perturbada por la tensión que provocan los continuos estallidos del niño, y la atmósfera apacible del hogar se rompe con fuertes gritos, portazos u objetos que vuelan por los aires. Todos los miembros de la familia acaban heridos. Los padres se culpan a sí mismos, los hermanos sufren algo parecido a malos tratos emocionales, y tanto los compañeros de clase como el propio sistema educativo se ven también afectados. Si los esfuerzos iniciales de corregir este comportamiento fracasan, es posible que los padres comiencen a sentir pánico ante la situación, y acaben culpándose el uno al otro, llegando en algunos casos a divorciarse.

Los ángeles prescriben como remedio divino el ejercicio físico, que permite a los niños canalizar su desmesurado sentimiento de ira. Recomiendan de forma especial las disciplinas orientales, por ejemplo el yoga y el taichi, ya que enseñan a concentrar simultáneamente la mente y el cuerpo. Este es el consejo que le dieron a Dianna, que tenía una hija cuyo comportamiento se había vuelto muy problemático.

La hija de Dianna tenía diez años, y había comenzado a tener problemas en el colegio y estallidos de ira en casa.

—La maestra de Teri dice que intenta ser el centro de atención, y cuando las cosas no salen como ella espera, se enfada mucho y ataca a los otros niños, tanto verbal como físicamente —comenzó Dianna—. Como consecuencia, ellos ya no quieren saber nada de Teri. Cuando intentamos hablar con ella sobre el tema, reacciona con nosotros de la misma forma. En algunas ocasiones sufre estallidos de ira sin que exista una causa aparente. Mi marido dice que yo tengo la culpa por malcriarla. Yo opino que la culpa es suya por tratarla con tanta dureza. Hemos estado discutiendo mucho últimamente. ¿Qué ha pasado con la niña dulce y amable que era Teri antes? ¿Pueden decirme los ángeles cuál es la causa de su ira y cómo podemos ayudarla a controlarse?

Inmediatamente pude percibir por clarividencia una imagen de Teri en la que cambiaba rápidamente de una actividad a otra. Los ángeles me permitieron entrar en sus pensamientos y sus procesos emocionales para que pudiera entenderla de verdad. Vi que sus pensamientos oscilaban de un tema a otro con mayor rapidez que el metrónomo en un «Vals del minuto». Las emociones de Teri eran muy volubles, hasta el punto de que frecuentemente anulaban su capacidad de escuchar y concentrarse.

Inmediatamente recibí otro grupo de imágenes en las que veía a Teri practicando una forma de arte marcial. A diferencia de las violentas películas de artes marciales de Hollywood, ella realizaba posturas de yoga. La percibí estirando sus brazos y piernas con serenidad, controlando su postura y sus músculos. Pude sentir que se había producido un gran cambio en su mente y en su corazón. Teri parecía concentrada y extremadamente calmada, casi serena. Le dije a Dianna:

—Los ángeles me muestran que la niña tiene una gran cantidad de energía, y que su único problema es un exceso de ira. Me explican que necesita encontrar definitivamente una forma física de concentrar su energía, como el taichi o cualquier otra disciplina oriental.

Los ángeles agregaron:

—*Tu hija es muy fuerte y está llena de energía. No deseamos que su energía sea bloqueada o rechazada. Ella tiene que sentirse bien con su naturaleza enérgica, ya que cuando sea adulta llegará a tener una posición de poder y liderazgo. Las disciplinas orientales son preferibles a los deportes que se juegan en equipo, y serían muy beneficiosas para ella. Le permitirían aprender a concentrar su mente y su energía. Los deportes competitivos exacerbarían su agresividad.*

Dianna dijo:

—En ocasiones he pensado en inscribirla en clases de taichi. Es algo realmente estupendo.

Era evidente que los ángeles habían estado transmitiendo el mensaje a Dianna directamente, pero por alguna razón ella no había seguido su consejo.

Ahora estaba completamente decidida a matricular a su hija en clases de taichi. Me llamó por teléfono hace dos semanas para informarme de que en la niña se había producido un cambio notable.

—Por primera vez desde que era pequeña es un placer tenerla cerca —exclamó con entusiasmo—. Sus profesores dicen que se lleva mejor con todo el mundo, y ven un claro progreso tanto en los deberes que hace en casa como en las notas de sus exámenes. Creo que ahora se siente mucho mejor consigo misma y está orgullosa de su trabajo. Gracias, ángeles.

Rx

Prueba el ejercicio físico como válvula de escape para niños que sientan mucha ira. Son especialmente aconsejables las disciplinas orientales, tales como el yoga, el taichi y el aikido, ya que les enseñan a concentrar su cuerpo y su mente.

Consejos para la drogadicción en adolescentes

Existen muchas discusiones familiares sobre las drogas, el tabaco y el alcohol. El uso de estas sustancias por parte de los adolescentes se ha disparado de forma alarmante. Como es lógico, los padres temen que el abuso de ellas afecte negativamente a las notas o las oportunidades de trabajo de sus hijos, y que los conduzca a comportamientos que pongan su vida en peligro o que sean delictivos, como conducir después de haber ingerido alguna sustancia, cometer actos de vandalismo, robar, pertenecer a grupos poco recomendables y cosas aún peores.

Lo que pocos padres entienden es la *causa* del abuso de las drogas por parte de los adolescentes. Los ángeles nos dicen que se debe a la existencia de sentimientos de miedo y vacío interior. Eso fue lo que le dijeron a mi clienta Loretta sobre su hijo, que acostumbraba a fumar marihuana.

Loretta, dedicada al trabajo doméstico y madre de tres hijos, me confesó lo siguiente durante nuestra primera sesión:

—Estoy preocupada por mi hijo, Lester. Fuma mucha marihuana y temo que se haya convertido en un adicto.

Repetí el nombre de Lester unas cuantas veces. Me resulta más fácil obtener información sobre una persona que no es mi cliente repitiendo su nombre una y otra vez. Cuando conseguí sintonizar con Lester, oí que sus ángeles decían: «*Está siendo muy duro consigo mismo. Mentalmente se golpea a sí mismo*». Transmití este mensaje a Loretta y agregué que los ángeles me decían que también había ira en su interior.

Podía oír a los ángeles de Lester hablándome en voz alta en mi oído derecho.

—Me están diciendo que para Lester la marihuana es una forma de escapar de lo que siente por sí mismo, de modo que le piden que por el momento sea compasiva. Los ángeles están trabajando en él y con él para sanar su adicción.

Loretta parecía sorprendida, como si hubiera esperado que los ángeles condenaran rotundamente el uso de la marihuana y le dieran instrucciones para tomar medidas urgentes. Ellos le explicaron que quienes sufren algún tipo de adicción están buscando el amor de Dios, se sienten vacíos por dentro, están convencidos de que no son amados y de que no merecen serlo. Entonces comienzan a buscar aquello que desean (el amor divino) fuera de sí mismos. Esperando conectar con Dios a través de la esencia de la sustancia que consumen, comen, beben, consumen drogas, apuestan, gastan en exceso o fuman. Intentan de esta manera sentir en su interior que son amados plenamente.

Los ángeles le dijeron:

—*Le aterroriza la idea de abandonar su adicción debido a su sentimiento de vacío interior. Pedirle que deje de consumir marihuana es como pedirle que deje de ser el centro de su universo. Lester tiene problemas con su padre. Se ha sentido atormentado por él y ahora se atormenta a sí mismo. Sentimos compasión por él. Ahora mismo no sabe cómo amarse a sí mismo, y por tanto enmascara estos sentimientos. El problema no tiene nada que ver contigo.*

—Pero ¿qué puedo hacer? —me preguntó Loretta en tono implorante—. Tengo miedo de que comience a consumir drogas más peligrosas si continúa así.

Los ángeles le transmitieron este consejo:

—*Sería de gran ayuda para él estar lejos del estrés de la ciudad y todo eso. Si pudiera irse a un rancho o a cualquier otro lugar donde estuviera en contacto con la naturaleza, eso le permitiría liberarse de la manera poco sana que tiene de verse a sí mismo y de ver la vida.*

Parecía que una bombilla de luz destellara sobre la cabeza de Loretta.

—Mi hermano tiene un rancho, y a Lester le encanta ir allí —dijo excitada—. Habíamos planeado enviarle este verano.

Le expliqué que los ángeles pensaban que vivir en el rancho ayudaría a Lester a sanar su mente. Siempre me siento muy emocionada cuando hablo con personas que están dispuestas a escuchar y seguir los consejos celestiales.

—O sea, que ya has estado recibiendo orientación celestial sobre cómo puede sanar tu hijo. Los ángeles te aconsejan simplemente que continúes rezando por él —le dije, intentando alentarla.

Los ángeles me sugirieron un desenlace feliz, mostrándome un arco iris que coronaba a Loretta y su hijo. Esta imagen indica la posibilidad de un final feliz, siempre que se sigan los consejos celestiales recibidos. Los ángeles me mostraron también la palabra «preocupación» dentro de un círculo atravesado por una línea, para indicarme que no había razón para sentir inquietud.

Loretta trajo a su hijo a verme un año más tarde. Lester había dejado de consumir marihuana mientras estaba en el rancho de su tío. Sin embargo, cuando regresó a casa, sus amigos se la ofrecieron y se sintió tentado a retomar el hábito. Se lo confesó a su madre y le preguntó qué debía hacer. Durante la conversación, Lester le describió el mismo sentimiento de vacío que los ángeles le habían mencionado a ella durante la sesión. Entonces Loretta comprendió que ambos tenían que venir a verme a la consulta para que les hiciera una lectura angélica. Lester estaba de acuerdo y la idea le entusiasmaba.

—*La única forma de hacer desaparecer ese sentimiento de vacío para reemplazarlo por amor y plenitud es tomando conciencia de que somos parte de Dios, Lester* —le dijeron los ángeles—. *Existen diversas formas de hacerlo: practicando la meditación, pasando algún tiempo a solas en medio de la naturaleza, viviendo el amor en el marco de una religión o con nuestra intervención. Si tú nos lo pides, Lester, entraremos en tu mente, en tus emociones y en tus células, y te infundiremos exactamente lo que estás buscando, la certeza de ser profundamente amado.*

»*El amor de Dios está en todas partes, ya que el Creador es omnipresente. Y, por extensión, todas las cosas contienen en sí mismas la esencia del amor divino. El ruido que existe en la vida cotidiana puede diluir tu conciencia de nuestra presencia. Por esta razón fuimos tan rotundos cuando le mencionamos a tu madre que necesitabas pasar algún tiempo al aire libre. Es algo parecido al proverbio que dice: «Se está más cerca de Dios en un jardín que en ningún otro sitio».*

Lester dijo que mientras había estado en el rancho de su tío se había sentido rebosante de una maravillosa energía positiva, y que cuando experimentaba ese sentimiento no tenía necesidad de consumir drogas. Su madre le preguntó si deseaba que escribiera a su tío para preguntarle si podía irse a vivir allí para siempre. La expresión del rostro de Lester se iluminó. En la actualidad vive en el rancho y pasa los veranos con su madre. En este caso, como en el de muchos otros chicos, la grandeza de la naturaleza es el escenario que los ángeles consideran ideal para la curación del sentimiento de vacío interior.

Cuando hablo con padres que creen que sus hijos pueden estar consumiendo drogas, les explico que los ángeles insisten en la importancia de rezar. Si tenemos que enfrentarnos al hecho de que uno de nuestros seres queridos sufre alguna forma de adicción, es aconsejable solicitar la intercesión divina. El término *intercesión* significa que se realiza algo en nombre de otro. Los estudios científicos revelan que las personas por las que se reza tienen un nivel de recuperación más alto de operaciones, accidentes y todo tipo de enfermedades.

Rx
....

Pide a los ángeles que te ayuden a guiar a tu hijo para que haga meditación, pase tiempo en contacto con la naturaleza, se dedique a alguna actividad que le entusiasme o conecte con algún grupo de apoyo, laico o religioso.

Consejos para los conflictos con los padres

En la medida en que los hijos maduran y se preparan para abandonar el nido, llega un momento en que los padres descubren las ideas de sus hijos respecto al camino que desean seguir. A menudo, lo que los padres piensan que es mejor y lo que los hijos piensan que es mejor no tienen nada que ver. Los padres más iluminados, guiados por los ángeles, resuelven el conflicto de forma pacífica, buscando soluciones, ayudando a sus hijos a despegar en la vida, y ofreciéndoles su amor y su apoyo.

Algunos padres y algunos hijos tardan cierto tiempo en encontrar el camino que les conduzca a una solución armoniosa. Y mientras, se enzarzan en peleas, haciendo saltar chispas por los aires, y hacen que aparezca el resentimiento donde sólo debería haber amor. Cuando esto ocurre, los ángeles se sienten ansiosos por intervenir, si las personas involucradas se lo permiten, para darles consejos sobre cómo resolver el conflicto.

Allysa, una estudiante universitaria de diecinueve años, estaba atravesando una crisis importante. Le gustaba el arte y quería dedicarse profesionalmente a alguna actividad artística. Su padre se negaba incluso a considerar la posibilidad e insistía en que cursara estudios empresariales. Es más, se había negado a pagarle su educación si no lo hacía.

—Siento una fuerte inclinación hacia el arte —me explicó Allysa—, pero mis padres insisten en que necesito algo que me sirva de respaldo en la vida. Ellos están pagando mi educación, de forma que no estoy en situación de decir que no. Mi padre desea que tenga una titulación en empresariales porque considera que es lo más conveniente para mí. Cada vez que menciono la mera posibilidad de estudiar arte, papá explota.

Allysa entonces me confesó que plegarse a los deseos de su padre le suponía pagar un precio muy alto. En el segundo semestre de su primer año en la universidad comenzó a beber sin control, aumentó considerablemente de peso y tuvo algunas relaciones amorosas de carácter abusivo. La comunicación con sus padres, que no era buena antes de marcharse a la universidad, acabó convirtiéndose en una batalla campal cuando iba a su casa de visita.

Durante nuestra conversación, Allysa pidió consejo a los ángeles, y ellos me respondieron: «*Esta situación es una importante oportunidad de crecimiento, ya que Allysa está haciendo frente al miedo que alberga en su interior desde hace mucho tiempo, el miedo de ser sincera y franca con su padre. Él es un espíritu más avanzado de lo que ella es capaz de comprender, y está abierto a negociar la situación*».

Hablé con Allysa sobre el mensaje de los ángeles, intentando averiguar cómo había manejado las discusiones que había tenido con su padre sobre el tema. Cuanta más información me daba, más comprendía lo que los ángeles acababan de decirme. Los intentos de Allysa de comunicarse con su padre revelaban que estaba a la defensiva. Ella solía pedirle las cosas expresándose con palabras llenas de ira, y luego se sumía en el silencio más absoluto cuando él intentaba defender su punto de vista.

Los ángeles y yo pedimos a Allysa que hablara con su padre

como si se tratara de un tutor o un amigo por el que sintiera afecto. A través de mí los ángeles le dijeron:

—*Sugiérele este pacto que te recomendamos de forma muy especial: agregar un par de clases de arte en tu plan de estudios y posponer una o dos clases de empresariales para un poco más adelante.*

Los ángeles le estaban proponiendo que orientara sus estudios en dos direcciones. Cuando le sugerí esto a Allysa, se quedó estupefacta por la simplicidad de la solución. Su padre y ella habían considerado hasta ese momento su carrera una situación de todo o nada. Allysa regresó a casa y tuvo una conversación muy razonable con su padre. Hablaron sobre lo valioso que sería para una artista tener una formación empresarial, y viceversa. Su padre aceptó que incluyera dos clases de arte en su programa de estudios y que dejara una clase de empresariales.

Cuando volví a tener noticias suyas, Allysa me dijo que hacía mucho tiempo que no se sentía tan feliz y tan positiva sobre su futuro. Su sobrepeso había desaparecido, lo mismo que las discusiones familiares.

> ### Rx
> ....
> Puedes estar seguro de que los demás son personas más evolucionadas de lo que piensas. Sugiere una solución de compromiso y la obtendrás.

Consejos para la rivalidad entre hermanos adultos

Los conflictos entre hermanos son inevitables. Los padres son seres humanos y tienen cierta cantidad limitada de tiempo, dinero y energía. En ocasiones los hijos verán que la atención y los recursos parentales que ansían van a parar a sus otros hermanos. El resultado de ello son celos y hostilidades que se traducen en peleas, resentimientos y rivalidades que no siempre se resuelven en la niñez, en cuyo caso, el problema puede extenderse hasta la edad adulta, y un hermano se enfrentará al otro siempre que tenga ocasión de hacerlo, no perdiendo la oportunidad de criticarlo o degradarlo.

A Fahri, su hermana Nedi continuamente la trataba mal. Fahri era dueña de una tienda y la mayor de tres hermanas. Su padre había muerto cuando eran muy jóvenes y su madre había comenzado a trabajar al enviudar. Esta señora disponía de muy poco tiempo para dedicar a sus hijas. Nedi, la hermana del medio, siempre se había sentido resentida por la posición de Fahri como hermana mayor, y por la atención que su madre prestaba a la otra hermana, la más pequeña. Como resultado, desde que eran niñas, Nedi siempre había tratado mal a Fahri, y a pesar de que ahora ya eran adultas y estaban casadas, continuaba haciéndolo en todas las reuniones familiares.

—Nedi siempre me insulta —se quejó Fahri, furiosa—. Esta misma semana dijo que seguramente yo debía de ser tan mala en la cama que mi marido acabaría por abandonarme. Y cuando protesto, dice que soy demasiado sensible y que sólo estaba bromeando. Pero lo cierto es que sus bromas hieren mis sentimientos, y no sé cómo poner fin a esto.

Los ángeles le enseñaron el método de solución más eficaz que yo jamás haya visto:

—*Para que se produzca una curación en este conflicto, piensa que mantienes una conversación con los ángeles de la guarda de tu hermana. Habla mentalmente con ellos o bien escríbeles una carta. Ábreles tu corazón y pídeles que te ayuden a resolver el conflicto. Puedes estar segura de que comparten tu objetivo de paz. Después de pedir ayuda a esos ángeles, presta más atención a tus sentimientos, intuiciones, sueños y visiones. Estos son los canales que utilizaremos para enviarte nuestros consejos con el fin de que encuentres una solución amorosa al problema que tienes con tu hermana.*

Fahri deseaba probar este método, aunque se preguntaba si conseguiría contactar con los ángeles de la guarda de su hermana, y si realmente podrían cambiar la actitud de Nedi.

—No necesitas tener poderes psíquicos para hablar con los ángeles de la guarda de otra persona —le expliqué—. Puede que no los oigas ni sientas que responden a tu petición. Sin embargo, tendrás la evidencia de que te han escuchado, porque intervendrán para llevar paz a la situación con gran rapidez. De hecho, cierra tus ojos ahora mismo. Respira profundamente y piensa que deseas enviar un mensaje a los ángeles de la guarda de tu hermana. Luego, mentalmente, cuéntales cómo te sientes y que deseas llegar a una solución pacífica de la situación.

Observé mientras Fahri seguía mis instrucciones. Abrió los ojos y sonrió.

—Me siento mejor —me dijo—. Más esperanzada de que Nedi y yo podamos tener una relación normal entre hermanas.

Dos semanas más tarde Fahri me envió un correo electrónico. Había salido a cenar con su hermana. Al llegar al restaurante, Nedi parecía sentirse incómoda. «He estado viendo a una terapeuta —le dijo su hermana antes de que Fahri pudiera abrir la boca—, y he tomado conciencia de que no he sido una muy buena hermana. Volqué en ti gran parte de la ira y el resentimiento que sentía por la muerte de nuestro padre, y estaba celosa de que mamá pasara tanto tiempo hablando contigo de asuntos domésticos. Ahora he comprendido que eso estaba mal y me pregunto si es demasiado tarde para comenzar desde cero nuestra relación de hermanas.»

Cuando Nedi le pidió a Fahri que la disculpara, ambas hermanas se echaron a llorar y se reconciliaron. Fahri piensa que el cambio de su hermana se podría considerar un milagro, que sus ángeles de la guarda deben de haber estado hablándole desde arriba, porque no se lo puede explicar de otra forma.

Hablar con los ángeles de la guarda de la otra persona también es una buena solución cuando tomamos conciencia de que hemos herido a alguien haciendo o diciendo cosas que luego lamentamos. En este caso podemos pedir a los ángeles de la guarda de esta persona que intervengan y le ayuden a perdonarnos. Los ángeles son felices de poder ayudarnos a corregir los errores y a aprender de ellos, para que no volvamos a repetirlos.

Rx
....
Habla directamente con los ángeles de la guarda de tus hermanos. Pídeles que intervengan y te ayuden a solucionar los conflictos existentes entre vosotros.

Consejos para tratar con padres de avanzada edad

Debido a los adelantos de la medicina y de la tecnología, las expectativas de vida son cada vez mayores. Como resultado, uno de los problemas más importantes a los que la mayoría de las personas y las parejas tienen que enfrentarse es al hecho de que sus padres se hacen viejos. Es el momento de tomar decisiones. Los hijos adultos lo pasan muy mal al plantearse si sus padres han de vivir con ellos o si los ingresarán en una residencia para la tercera edad. Si optan por lo primero, podrían incomodar a su pareja y alterar la rutina habitual y la vida personal de ambos. El segundo camino podría conducir al hijo adulto a un insoportable sentimiento de culpabilidad.

Sidney, uno de mis clientes, es dueño de un pequeño negocio de importación de vinos junto a la persona que comparte su vida, Antonio. La mala salud de su anciana madre se había convertido en una gran preocupación para él, y eso era motivo de desavenencias con Antonio.

—Mi madre no ve bien y creo que ya no puede cuidar de sí misma —me dijo—. Choca con los muebles de su casa, se golpea contra las paredes y está llena de cicatrices y hematomas. Me preocupa que uno de estos días se caiga y se rompa la cadera. No sé qué hacer y continuamente le doy vueltas y más vueltas. ¿Debería llevar a mamá a vivir conmigo y con mi pareja? A Antonio la idea no le entusiasmaba demasiado. De hecho, hemos estado discutiendo mucho sobre ello últimamente, aunque antes nunca nos peleábamos. ¿Debería ingresarla en una residencia para ancianos? Estoy seguro de que eso la mataría. Y, como no puedo pedirle a mi hermano pequeño que me ayude, parece que la responsabilidad ha de recaer enteramente sobre mis hombros. ¿Qué dicen los ángeles?

Los ángeles habían comenzado a hablar antes de que Sidney completara su pregunta.

—*Estás intentando resolver con tu intelecto un problema emocional. Vemos que en esta situación te debates entre la culpa y la preocupación, y tus reacciones emocionales son perfectamente comprensibles para nosotros. Cualquier cosa que se refiera a tu querida madre es algo emocional. Si deseas resolver esta situación de la mejor manera para todas las personas involucradas, no puedes buscar una solución intelectual, cerrando tus canales internos. Es muy importante que mantengas abierto el canal interno de las emociones.*

Cuando le transmití este mensaje, Sidney admitió:

—Creo que soy bastante cerebral. Yo soy quien lleva la parte comercial de nuestra empresa. Antonio selecciona los vinos. No conozco otra forma de abordar un problema si no es con la cabeza. ¿Qué debería hacer?

—*Lo que te decimos es lo siguiente: Ninguna de las opciones que son posibles en la actualidad te permiten sentirte bien. Si llevas a tu madre a vivir con vosotros, te preocupa el efecto que eso puede tener en tu relación de pareja. Te preocupa también que tu madre pueda sentirse incómoda ante Antonio, o que tenga la sensación de que te está imponiendo su presencia. Por otra parte, si ingresas a tu madre en una residencia de ancianos, te perturba que ella pueda pensar que no la quieres, que muera allí o que vaya extinguiéndose lentamente, al sentirse deprimida y abandonada. Te queremos decir que existen otras opciones, y si nos lo permites deseamos aconsejarte. Déjanos ayudarte a encontrar una residencia adecuada donde tu madre pueda vivir. Ten en cuenta tus emociones a la hora de tomar una decisión. Presta atención a tu sensación visceral ante cada residencia de ancianos que visites. Estas sensaciones son tu conexión con lo divino. Presta oídos a tu corazón y sabrás qué residencia os traerá paz a ti, a tu madre y a tu pareja.*

Siguiendo la sugerencia de los ángeles, le pedí a Sidney que imaginara a su madre viviendo en su casa. Él cerro los ojos, frunció el ceño y puso sus manos en el estómago.

—¿Qué te dice tu estómago? —le pregunté.

—Que no va a funcionar —me respondió—. Siento que mi madre y mi pareja se tratarán mutuamente con frialdad y distancia. Eso me creará un abismo con los dos, y la situación acabará siendo muy incómoda para todos nosotros.

—Entonces —le aconsejé—, imagina que tu madre vive en una residencia para personas de la tercera edad. No se parece a un hospital, sino más bien a un complejo de apartamentos donde ofrecen comidas y otros servicios. ¿Qué te dice tu estómago ahora?

—Que si visito a mi madre con cierta frecuencia, se sentirá realmente feliz allí. Ambos nos sentiremos felices, porque ella tendrá libertad pero al mismo tiempo recibiría los cuidados apropiados.

Dejando que las emociones le guiaran, Sidney visitó en compañía de Antonio un cierto número de residencias en la ciudad en la que vivían. Al final encontraron una que, según la opinión de ambos, les daba buenas vibraciones. Cuando Sidney llevó a su madre para que la viera, los dos se quedaron atónitos al enterarse de que una de sus amigas de la infancia vivía allí. La madre de Sidney se entusiasmó inmediatamente con el lugar y estaba ansiosa por mudarse.

Rx

Si te encuentras en la necesidad de tomar decisiones con respecto a tus ancianos padres, intenta imaginar todas las opciones posibles. Con el fin de decidir cuál es la solución óptima, utiliza tus reacciones físicas y emocionales como un barómetro.

7

Consejos para la profesión, los negocios y las finanzas

Casi todos nosotros pasamos la mayor parte de nuestra vida trabajando. Dedicamos más tiempo al trabajo que a la familia, las relaciones amorosas o la salud. Aun así, nuestra actividad profesional incide de forma directa en las áreas personales de nuestra vida. Las preocupaciones económicas nos mantienen despiertos por la noche y nos llevan a discutir con nuestros seres queridos. Nuestra ambición de ascender en el trabajo hace que nuestros colegas y compañeros se vuelvan competidores hostiles, favoreciendo la aparición de enfermedades relacionadas con el estrés. Lo mismo ocurre con los empresarios que tienen que hacer frente a una dura competencia y temen perder la fuente de sus ingresos y su autoestima.

Para muchos, su trabajo es su identidad personal. Después de todo, la primera pregunta que solemos hacer al conocer a alguien es: «¿A qué te dedicas?». La respuesta a menudo estimula o descalifica una amistad potencial. La verdad es que invertimos nuestra propia persona en nuestro trabajo, con independencia de que nos guste o no lo que hagamos. Si montamos un negocio, invertimos además nuestras esperanzas, nuestros sueños, nuestro futuro, nuestro tiempo libre y todos nuestros ahorros.

Los ángeles no sólo desean aconsejarnos sobre nuestra vida personal y amorosa. Quieren también ayudarnos a encontrar soluciones para problemas de negocios, conflictos profesionales y dilemas financieros. El cielo tiene consejos sobre cómo podemos ganar un dinero sustancioso. Dios también puede aconsejarnos cómo convertir una aventura empresarial ruinosa en un completo éxito. Asimismo, nuestros seres queridos fallecidos que hayan tenido en su vida experiencia en actividades empresariales o financieras, se encuentran a nuestro lado dispuestos a ofrecernos sus consejos.

Consejos para encontrar la profesión adecuada

Las investigaciones revelan que para sentirnos satisfechos de la vida, es muy importante que encontremos un trabajo adecuado, la profesión ideal para nosotros. Una decisión equivocada puede mantenernos prisioneros en una dolorosa situación, negativa para nuestro cuerpo, nuestra mente, nuestro espíritu, nuestra familia e incluso nuestras finanzas. Un trabajo inadecuado puede acabar con nuestra salud y con nuestro matrimonio, mientras que uno que nos gusta puede ser la piedra fundamental de una vida satisfactoria y feliz.

Es triste que muchas personas permanezcan esclavizadas en situaciones paralizadoras, realizando trabajos poco gratificadores, que nada tienen que ver con sus intereses personales y que no constituyen una forma potencial de realización personal. Cada noche regresan a casa después de una jornada de trabajo ingrato, sintiendo que han pasado otro día vacío y carente de significado para poder ganar unos dólares. Desean algo mejor que ni siquiera saben si existe, o si podrían encontrarlo. Y en caso de hacerlo, temen no dar la talla.

Algunas personas rechazan esta posibilidad considerándola poco realista. Piensan que no es sabio anteponer la realización personal cuando buscan trabajo. Opinan que hay cosas que son más importantes, como las responsabilidades familiares, las deudas o contar con un medio de vida. «Oh sí, es fantástico que la gente tenga la suerte de conseguir un trabajo que le guste —dicen con un tono burlón—, pero todos no podemos contar con ser tan afortunados. Tengo tres niños que alimentar y un techo que poner sobre sus cabezas.»

Sin embargo, Dios y nuestros ángeles de la guarda no sólo nos dicen que merecemos tener un trabajo que nos gratifique espiritualmente y nos reporte un salario razonable, sino que desean ayudarnos a conseguirlo. Dios nos ha concedido a todos los seres humanos dones y pasiones. Son esas cosas que hacemos muy bien y de las que disfrutamos tan intensamente que deseamos dedicarles todo nuestro tiempo, ya nos paguen por ello o no. Puede tratarse de una facilidad especial para las matemáticas, de un don para tocar el violín, de la capacidad de calmar a la gente, haciendo que se sientan bien, de la habilidad propia de los dedos de un cirujano, de una resistencia y una aptitud físicas inusuales, de la inclinación hacia el trabajo social o de una personalidad particularmente estable.

Dios nos ha dado estos dones para que los usemos y hará lo que sea necesario para que los ejercitemos, haciéndonos avanzar un pequeño paso cada vez. Debemos tener fe en Él y en nosotros mismos para ponernos en camino sin disponer de un mapa y confiar en que, al estar actuando según los deseos divinos, los ángeles pondrán los medios para que lleguemos finalmente a nuestro destino. La guía celestial puede tomar la forma de una llamada telefónica inesperada, un artículo que leemos en una revista, un comentario que oímos por casualidad durante el almuerzo, unas clases fascinantes de las que nos hemos enterado o un viejo amigo con el que nos encontramos en un supermercado. Al final, sin que ni nuestra familia ni nosotros acabemos en la calle, se nos guiará hacia la profesión o el trabajo para el que estamos destinados.

Gillian, graduada en un instituto de estudios empresariales, estaba viviendo una profunda crisis respecto a su carrera profesional. Se sentía aburrida en su puesto de mando medio, en una gran firma de procesos de datos, y estaba considerando la posibilidad de hacer un cambio en su vida laboral. Gillian había sentido la misma clase de inquietud otras veces, y eso la había llevado a cambiar de trabajo, ocupando siempre puestos de nivel medio en empresas de su comunidad. Había trabajado en una compañía de grabación, en una firma dedicada a la fabricación de raquetas, en un grupo empresarial de salud y mantenimiento, y en la oficina principal de una cadena nacional de tiendas de electrodomésticos. En todas estas ocasiones creyó que un nuevo entorno laboral con nuevos compañeros de trabajo le proporcionaría el estímulo y el empujón que estaba buscando. Sin embargo, siempre terminaba sintiéndose insatisfecha, frustrada y aburrida.

—Obviamente, estoy haciendo algo mal —se lamentaba—. Cada vez que cambio de trabajo lo hago con la certeza de que me sentiré feliz en mi nuevo puesto, pero al cabo de unos meses comienzo a sentirme triste de nuevo. ¿Pueden los ángeles sugerirme un trabajo en el que me sienta bien? En resumen, ya no puedo continuar de esta forma.

—*Tú siempre has escogido tus trabajos basándote en el salario y no en las condiciones que podrían verdaderamente traducirse en paz y felicidad* —le dijeron los ángeles.

Ella frunció el ceño.

—Sí, me siento cansada de ser gerente, y he estado pensando en hacer un cambio radical y dedicarme a algo completamente distinto. El problema es que he invertido mucho tiempo en obtener mi título y necesito el dinero para hacer frente a los créditos que solicité para mis estudios. Acabo de firmar un contrato de alquiler de un apartamento, por un plazo de tres años, y estoy ayudando a mi madre a pagar sus facturas del hospital. No podría dedicarme a otra cosa que no me proporcionara el mismo dinero. En otras palabras, no puedo permitirme el lujo de hacer otro tipo de trabajo.

—*Concéntrate en el aquí y ahora* — le sugirieron los ángeles con firmeza—. *No te preocupes pensando: «¿Cómo voy a pagar esto?» o «¿Estaré cualificada para desarrollar esta actividad?». Lo único que tienes que hacer es buscar un trabajo más gratificante para tu alma y para tu corazón. Al hacerlo, encontrarás en tu interior una mayor dosis de energía y entusiasmo, que podrás dedicar a todas las cosas de tu vida. Deja el «cómo» a Dios. Él te guiará* paso a paso, y todas las puertas se abrirán ante ti en el momento oportuno. Ten confianza.

»No lo pospongas esperando tener una certeza absoluta que garantice tu éxito, pues hasta que des el paso A, Dios no te dirá cuál es el paso B. Si deseas tener un futuro gratificante, puedes estar segura de que, sean cuales sean los obstáculos que se presenten en tu camino, con la ayuda de Dios serás guiada hacia él.

—Estoy dispuesta a probar cualquier cosa —respondió Gillian—, pero lo cierto es que no tengo ni idea de qué tipo de trabajo desearía hacer. Ya he intentado antes imaginarme mi futuro, pero no puedo verlo con claridad. ¿Pueden los ángeles ayudarme en esto?

Los ángeles de Gillian me presentaron una imagen mental suya que la mostraba exuberante, rodeada de árboles, plantas y flores.

—Te pedimos que intentes cambiar de trabajo nuevamente, teniendo presente que eres más feliz cuando estás rodeada de los ángeles de la naturaleza. La naturaleza tiene un lugar muy importante en tu corazón. Por el contrario, cuando estás entre cuatro paredes durante mucho tiempo no te sientes feliz. No debes preocuparte por el dinero, querida mía, pues tú eres perfectamente capaz de desarrollar una carrera muy placentera trabajando entre los árboles, las plantas y las flores que tanto amas.

Por primera vez la cara de Gillian se iluminó.

—Esa es una idea maravillosa. Esta noche voy a dedicarme a estudiar nuevas posibilidades.

Algunas semanas más tarde Gillian me llamó por teléfono.

—Esto es muy embarazoso. He descubierto varias posibilidades laborales estupendas, aunque no sé con cuál de ellas quedarme. ¿Tienen los ángeles o usted alguna sugerencia que hacerme al respecto?

Los ángeles le dieron un mensaje rápido:

—Permítenos que te ayudemos a averiguar qué carrera se adaptaría mejor a tus intereses y necesidades. Puedes dirigirte a nosotros en voz alta, mentalmente o por escrito. Pídenos que las respuestas que recibas sean claras y específicas. O, antes de irte a *dormir, déjanos entrar en tus sueños para que podamos darte una idea clara de cuál es tu misión en la vida.*

—¿Cómo reconoceré las respuestas cuando las reciba? —preguntó Gillian—. No tengo poderes psíquicos.

Le conté lo que he repetido a mis clientes tantas veces. Los consejos de los ángeles para la elección de una profesión adecuada nos llegan en forma de sentimientos intensos e inexplicables, de sueños muy vívidos, de una imagen repentina o de una frase o un nombre que escuchamos, como si alguien hubiera hablado dentro de nuestra cabeza. Si no estamos seguros de haber comprendido el mensaje claramente, podemos pedir a los ángeles una señal que confirme la interpretación que hemos hecho de él. Si se lo pedimos, los ángeles siempre encontrarán formas de confirmarnos de un modo indiscutible que estamos recibiendo sus consejos clara y correctamente.

Luego expliqué a Gillian que si se viera ante varias posibilidades laborales buenas y no supiera cuál escoger, no debería quedarse atrapada en la ilusión de que sólo existe un trabajo perfecto. Se volvería loca intentando armar el rompecabezas. De la misma forma que no tenemos una única alma gemela potencial, podemos contar con numerosas posibilidades profesionales. Cada una de ellas puede aportarnos un sentimiento de realización personal, y cuando el trabajo que elegimos nos permite utilizar ampliamente los talentos y dones que Dios nos ha dado, experimentamos una profunda satisfacción, y alcanzamos el éxito en cada área de nuestra vida. Gillian prometió recordarlo mientras estuviera buscando un nuevo trabajo.

La siguiente vez que la vi, vino corriendo y me dio un fuerte abrazo.

—Los ángeles tenían tanta razón… Estoy trabajando para el Servicio de Parques Nacionales. Dirijo el área de mantenimiento y me paso todo el día conduciendo en medio de la naturaleza. Jamás en mi vida me había sentido tan feliz.

Los ángeles siempre desean que encuentres trabajo en aquellas áreas que tienen relación con tus intereses y pasiones personales. Para alguien que, como Gillian, adora estar al aire libre, trabajar en una oficina es como cumplir una condena en prisión. Para una persona creativa, un trabajo duro y monótono sería un destino igualmente terrible, y para alguien que ama el lenguaje visual, trabajar con números todo el día sería una verdadera tortura. A una persona que disfruta ayudando a la gente, le parecería triste y vacío de contenido estar encerrada en una pequeña habitación frente a un terminal de ordenador. Una vez que Gillian encontró un trabajo que consistía en pasar al aire libre gran parte del tiempo, comenzó a experimentar un nivel de satisfacción y felicidad en su vida que nunca antes habría creído posible.

Rx

....

Busca un trabajo satisfactorio que corresponda a tus talentos e intereses. Confía en que el camino hacia tu trabajo ideal se abrirá ante ti paso a paso.

Consejos para esperar el momento adecuado para cambiar de trabajo

Cuando nos sentimos ansiosos por conseguir un trabajo mejor o por dejar el que actualmente tenemos para intentar descubrir una vocación completamente nueva, puede ocurrir que recemos pidiendo consejo y no recibamos una respuesta de inmediato. Aunque acudimos a entrevistas de trabajo, luego no somos contratados, y no ocurre ninguna misteriosa coincidencia que nos guíe en la dirección correcta. En otras palabras, que no recibimos una guía clara en cuanto a lo que debemos hacer. Cuando esto ocurre, es posible que comencemos a dudar de los ángeles. Nos preguntamos si existen de verdad. Si se supone que cuando pedimos ayuda se ponen en acción al instante, entonces, ¿por qué no hemos dado hasta ahora con algo que nos guíe hacia un nuevo trabajo?

Con relación a los períodos de transición en una carrera profesional y en otras situaciones, los ángeles nos aconsejan ejercitar la paciencia. Ellos conocen perfectamente nuestro profundo deseo de trabajar en aquello que nos gusta. Aun así, saben también que podríamos sufrir importantes desencantos y fracasos si de forma prematura cambiáramos de profesión o nos iniciáramos en alguna actividad. Los ángeles nos dicen que aunque no hayamos encontrado aún el trabajo de nuestros sueños, eso no implica que no esté esperándonos. Lo que realmente ocurre en esos casos es que no damos al cielo suficiente tiempo para que haga los arreglos necesarios, de forma que lo que deseamos caiga justo a nuestros pies. Los ángeles dicen también que en ocasiones no estamos preparados para los cambios que debemos llevar a cabo, en cuyo caso es posible que antes tengamos que aprender una lección específica, o sanar por medio del perdón nuestra relación con algún compañero de trabajo. Podría incluso ser algo tan simple como la conveniencia de matricularnos en unas clases determinadas.

Si estamos pidiendo ayuda con respecto a nuestra vida profesional, debemos tener en cuenta que algunas veces el cielo mantiene las puertas cerradas hasta que llega el momento de atravesar el umbral. Esto es el plan de Dios. Los ángeles disponen la forma en que las cosas han de ocurrir, sincronizándolas. Una multitud de personas y acontecimientos son coordinados armoniosamente para que todo suceda con naturalidad, sin que sea necesario esfuerzo alguno.

Esta es la lección que los ángeles le enseñaron a Carla, una mujer de unos treinta años de la que no sabía mucho, excepto que era contable. Desde el momento en que tomó asiento en mi oficina, sus ángeles comenzaron a mostrarme una película muy clara. Veía una imagen de Carla en la que parecía una jirafa que estiraba el cuello para comer las hojas de la parte más alta de los árboles, lo cual significaba que intentaba conseguir algo nuevo. Los ángeles me aclararon que Carla estaba en aquel momento en una etapa de crecimiento.

—Los ángeles me están mostrando que estás en un período de gran crecimiento —le dije—. Estás ensanchándote, expandiéndote.

Carla confirmó que eso era verdad. Yo podía ver cómo sus ángeles de la guarda aplaudían, expresando su aprobación ante el importante esfuerzo que estaba haciendo para crecer como persona. Le conté a Carla esta visión y le transmití lo que los ángeles le decían:

—*Al coger este camino comenzarás a ver las cosas desde otras perspectivas, tendrás nuevos puntos de vista. Tú tienes el coraje de hacerlo, mientras que algunas personas temen mirar las cosas de forma diferente a los demás. Tus ángeles te bendicen por tu voluntad de ver las cosas desde una nueva perspectiva.*

—Todo eso está muy bien —dijo Carla—, pero ¿donde están los ángeles cuando realmente los necesito? Me siento muy desdichada en mi actual trabajo. Mi vida es un caos. Mi marido y yo acabamos de separarnos y vamos a divorciarnos. Yo he vuelto a vivir con mis padres. Últimamente he estado haciendo balance de mi vida. Me he preguntado especialmente qué tipo de trabajo desearía hacer durante los próximos veinte o treinta años. Estoy intentando dar a mi vida una nueva orientación y encontrar un trabajo gratificante, tal como me dijiste. He hecho todo lo que me dijiste y he pedido a los ángeles que me aconsejen y me guíen hacia una nueva actividad que me permita usar todos mis talentos, un trabajo con el que pueda contribuir a hacer que el mundo sea un lugar mejor. Sin embargo, parece que no recibo ninguna respuesta celestial. Ya han pasado un par de meses y no ha ocurrido nada nuevo. Estoy empezando a preguntarme si realmente existen los ángeles. ¿O es que estoy haciendo algo mal?

—*No, querida, tú no estás haciendo nada mal* —respondieron los ángeles—. *Sin embargo, eres naturalmente impaciente y te está resultando difícil completar este período de transición que te conducirá a tu vida futura. Todos los acontecimientos forman parte de un plan celestial, que está únicamente en las manos de Dios. Todavía no ha llegado el momento de que abandones tu actual trabajo. Te pedimos que tengas paciencia contigo misma, con nosotros, con las circunstancias externas y con el cielo. Si nos pides que ocurra un cambio en tu vida profesional, o en cualquier otra área de tu vida, inmediatamente estudiamos cuáles serían las condiciones necesarias para hacerlo posible. La construcción de un edificio se hace paso a paso, siguiendo una determinada secuencia de etapas, para evitar que su estructura sea frágil e inestable y llegue a derrumbarse. La creación de una nueva vida y de una nueva carrera profesional ha de hacerse con igual cuidado.*

»Para ti, la construcción de tu nueva vida aún no ha terminado. Tampoco has tenido tiempo suficiente, desde la última etapa de tu antigua vida, para comprender por completo los cambios que estás viviendo actualmente. Este no sería el momento adecuado para hacer cambios significativos en tu vida profesional. En justicia debo decir que no estás aún preparada, y eso retrasaría tu progreso y tu crecimiento personal, en lugar de propiciarlos.

»Confía en que nosotros conocemos los deseos que hay en tu corazón. Estamos trabajando en ti y en tus nuevas circunstancias de la mejor forma posible. En unos pocos meses estarás en condiciones de comprenderte a ti misma más profundamente y tendrás una conciencia más clara de lo que deberás hacer en tu nueva vida. Hasta que llegue ese momento mantén tu mente abierta y continúa leyendo y aprendiendo sobre aquellos temas que más te interesen. No importa que lo que estudies no sea útil en tu vida presente, si de verdad te interesa. La alegría de aprender estas cosas es el mapa que te conducirá hacia tu nueva vida profesional.

Segura ya de que los ángeles estaban escuchándola realmente y de que lo único que se esperaba de ella era que tuviera un poco de paciencia, Carla se fue a casa con más alegría en su corazón. Me dijo que el mensaje de los ángeles la alentaba a esperar con menos ansiedad a que concluyera esta etapa. Estaba dispuesta a hacer un balance de su vida y a aprender las lecciones de su divorcio y de la desafortunada elección que había hecho en el terreno profesional.

> ### Rx
> ....
> Si ese nuevo trabajo o cambio profesional que deseas tan intensamente no ocurre de inmediato, no desesperes. La necesaria confluencia de circunstancias puede tardar algún tiempo en materializarse. No olvides que detrás de cada cosa existe un plan celestial.

Consejos para cuando no nos gusta nuestro trabajo

Algunas personas nunca piensan en dejar su trabajo, aunque lo detesten. Puede que opinen que es infantil plantearse si su trabajo es gratificante y satisfactorio, o si disfrutan haciéndolo. Por alguna razón, tal vez por los conceptos puritanos que hemos heredado, se tiene la idea errónea de que ganarse la vida tiene que ser algo difícil y doloroso, de que así es como Dios dispuso que fuera. «¿Por qué crees que se lo llama trabajo?». Esta pregunta resume perfectamente esa actitud.

Pero los ángeles dicen que Dios no desea vernos sufrir. El trabajo entendido como una dolorosa carga no forma parte de los planes que tiene para la humanidad. Los ángeles desean que encontremos trabajos satisfactorios, que nos hagan felices y nos permitan hacer uso de todos nuestros talentos e intereses en beneficio del mundo entero. Dios y los ángeles nos darán su apoyo de cualquier forma que sea necesaria si nos concentramos en nuestro objetivo.

Los ángeles y yo tratamos de explicarle esto a un asistente social llamado Clarence. Nunca antes había sentido yo un nivel de energía vital tan bajo en uno de mis clientes. Su voz sonaba vacía, como si su alma se hubiera extinguido. No hacía falta tener poderes psíquicos para saber que Clarence se estaba consumiendo. Su profesión era de por sí una explicación suficiente. Después de todo, los asistentes sociales tienen que hacer frente a casos muy duros e involucrarse en situaciones familiares volubles y de gran intensidad emocional. Clarence no es que diera la impresión de estar quemado. Parecía haber ido aún más lejos: se había convertido en un zombi que caminaba de un lado a otro. Todo lo que los ángeles me mostraban no hacía más que reforzar esta idea.

Le comenté que parecía estar muy cansado. Me respondió a la defensiva.

—Bueno, ¿qué esperaba? Soy un asistente social y el cansancio va con la profesión.

Le pregunté si alguna vez había considerado la posibilidad de cambiar de trabajo. Rápidamente me cortó.

—Dejar mi trabajo. Dedicarme a otro tipo de actividad. Naturalmente que he pensado en ello. ¿Quién no lo ha hecho? Es bonito soñar y todo eso. Pero, seamos realistas. A nadie le gusta realmente su trabajo. El trabajo es lo que es. De lo que se trata es de recibir un cheque cada mes, tener seguridad social y disponer de dinero cuando llega la edad de jubilarse. Por supuesto que no me gusta mi trabajo. Mucha gente siente lo mismo que yo, ¿no? No soy el único. Tengo que ganar suficiente dinero para pagar las facturas, ¿no? Además, mi madre está enferma y debo ayudarla económicamente.

La negatividad de Clarence al principio me preocupó, y me pregunté si estaba empeñado en ser desdichado. No tenía la certeza de que fuera a aceptar la ayuda de los ángeles. Luego decidí seguir lo que siempre pienso que es el mejor consejo: les pedí a los ángeles que me guiaran para poder llegar hasta ese hombre tan desdichado. Inmediatamente sentí que la energía angélica me calmaba.

—De hecho, Clarence —le dije—, también existen muchas personas que disfrutan con su trabajo. Cuando se levantan por la mañana se sienten entusiasmadas ante la idea de comenzar un nuevo día y están deseosas de hacer su trabajo. No me refiero a los adictos al trabajo, sino a personas que han encontrado profesiones que les gustan tanto, que el solo hecho de ejercerlas les llena de energía.

Los ángeles le dijeron, con amor pero con firmeza:

—*Tú esperas que tu trabajo sea doloroso. Estos no son, sin embargo, los planes que Dios tiene para sus hijos. Tú has visto a tu padre y a tu madre sufrir con su trabajo, y de ahí proviene la idea negativa que tienes sobre este tema. Pero esas fueron elecciones que ellos hicieron en su día, como parte de su camino espiritual, para ofrecerte a ti una vida mejor. Para ellos, su trabajo era gratificante y satisfactorio. ¿No sentías la grandeza de su amor por ti? ¿Cómo podían ellos estar tan llenos de amor si su trabajo era tan vacío?*

Clarence se sintió desconcertado ante esta pregunta.

—No lo sé, no lo sé —repitió—. Era evidente que aún se resistía a lo que los ángeles le estaban diciendo.

—*Piensa en aquellos de tus amigos que tienen un trabajo que les hace sentirse felices y llenos de entusiasmo, del que se sienten orgullosos y que les da alguna forma de alegría. Esto es exactamente lo que deseamos para ti también. Intenta encontrar el coraje necesario para creer que la alegría, el amor y la realización personal son la finalidad última del trabajo. Permite que te guiemos hacia esa meta.*

Clarence aún parecía poco convencido, y con una sensación de opresión en el pecho creí que iba a descartar los consejos de los ángeles. Y tenía razón. Según me contó un amigo, al marcharse de la sesión dijo que esto de los ángeles era una gran tontería. Conservó su trabajo y no hizo ningún tipo de cambio en su vida. Unos años más tarde murió de un ataque al corazón.

Si Clarence hubiera sido capaz de ver el trabajo como lo hacen los ángeles, y no como una carga, si hubiera aceptado que la vocación es una forma de realización personal, habría estado en condiciones de hacer un cambio profesional que le salvara, permitiéndole disfrutar de muchos años de plenitud y satisfacción.

Rx
....

Mira a tu alrededor y verás que muchas personas de las que conoces disfrutan con lo que hacen. Aprende que el trabajo no tiene por qué ser penoso y carente de alegría. Sigue el ejemplo de tus amigos y busca la vocación gratificante que te mereces.

Consejos para el estrés en el trabajo

El estrés, particularmente el que está relacionado con el trabajo, es una de las causas más frecuentes de muerte. Infartos, problemas del aparato digestivo y complicaciones pulmonares matan a millones de personas cada año. El estrés en el trabajo es con mucha frecuencia causa de divorcio, malos tratos a los niños, alcoholismo, consumo de drogas, suicidio y enfermedades mentales. Tanto social como personalmente, el coste de los casos de estrés relacionado con el trabajo es incalculable.

El estrés laboral es especialmente grave en la actualidad cuando las empresas están haciendo reducción de personal y los empleados tienen que asumir el trabajo de dos o tres personas cada uno. No es de extrañar, pues, que muchos sientan que están prisioneros en una noria, yendo de actividad en actividad desde el momento en que se despiertan hasta la hora en que se van a dormir. Existen otros factores adicionales a la carga de estrés que soportan, como, por ejemplo: el aburrimiento, un jefe abusivo, un entorno laboral ruidoso, largos desplazamientos, tensión entre compañeros, horarios difíciles de compatibilizar con la vida familiar y preocupaciones económicas.

Los ángeles conocen mejor que nosotros las consecuencias negativas del estrés, y por ello desean ayudarnos a disminuirlo. Cuando nuestros ángeles de la guarda se dan cuenta de que nos encontramos bajo presión, nos susurran al oído sugerencias que nos permitan controlar la situación. Eso se manifiesta, por ejemplo, en la repentina necesidad de pasar algún tiempo al aire libre, en contacto con la naturaleza, de ir a un museo o a ver un partido, de alquilar en el videoclub una comedia y pasar la tarde riendo ante el televisor, de hacer una caminata rápida por el parque al mediodía, o de dedicar tiempo a alguna actividad relajante que libere nuestras tensiones.

Si no somos conscientes de que estos mensajes provienen del cielo, podemos descartarlos al considerarlos pensamientos volubles o una mera expresión de nuestros deseos. Sin embargo, cuando tenemos el coraje de escuchar estas voces angélicas interiores y de seguir sus consejos, no sólo nos liberamos, al menos momentáneamente, de la presión que solemos soportar, sino que aumentamos de un modo significativo nuestra productividad y nuestra creatividad en el trabajo.

Sophia, de cuarenta y siete años, asistente ejecutiva de una cadena de tiendas local, me llamó por teléfono interesada en una sesión, pero diciendo que no tenía tiempo de verme personalmente.

—Necesito ayuda —afirmó—. Me siento como si estuviera volviéndome loca. Mi trabajo me está matando.

Me explicó que en un principio estaba encantada con su trabajo, que consistía en producir y organizar datos e informes para el gerente del distrito.

—Luego nuestra empresa fue adquirida por otra compañía. Como consecuencia de ello, se despidió a un tercio de nuestra plantilla y el resto de nosotros tuvimos que asumir trabajo extra.

A ella le habían asignado dos gerentes más a quienes tenía que enviar datos e informes. Con tres jefes, sus responsabilidades se triplicaron.

—Y no sólo eso. Cada uno de mis jefes pretende que para atender sus necesidades posponga todo lo demás, aunque en ese momento me encuentre haciendo algo urgente para alguno de los otros dos. Casi a diario, además, tengo que llevarme trabajo a casa.

Para empeorar aún más las cosas, su marido estaba disgustado porque sentía que ella ya no le dedicaba tiempo, y le pedía que dejara su trabajo. Sophia tenía miedo de no poder encontrar otro empleo tan bien pagado.

—Continuamente estamos discutiendo por esta razón. Pero ¿qué más puedo hacer? El estrés que supone intentar hacerlo todo, y hacerlo bien, está empezando a afectarme de verdad. Cada vez soy más parca con la gente, y continuamente me siento cansada e irritable, lo que me hace decir a veces cosas de las que luego me arrepiento. Noto además que estoy algo deprimida. He comenzado a pensar que soy incompetente y tengo la sensación de que ya no vale la pena seguir intentándolo. En ocasiones sólo tengo ganas de tumbarme y morir. Desde que la empresa se fusionó, vivo con una constante sensación de malestar.

Los ángeles le dijeron:

—*La alegría es una necesidad, no un lujo. Aplaudimos tu deseo de dar lo máximo a todo el mundo. Eso es producto de tu naturaleza amorosa. Sin embargo, llevándote hasta el límite, no te estás amando a ti misma ni estás amando a tu familia. Simplemente te pedimos que hagas lo siguiente: Cumple con tus responsabilidades mientras te encuentres en el trabajo, pide y acepta ayuda de tus compañeros y colegas siempre que sea posible, y luego deja tu trabajo en el perchero cuando se acaba tu jornada laboral.*

—Pero no puedo llevar mi trabajo al día a menos que me lo lleve a casa por la noche —argumentó Sophia.

—*Al hacerlo, estás dando tu apoyo a la política de sobrecargar de trabajo a la gente, y estás alimentando la frustración subterránea que existe en tu trabajo* —continuaron los ángeles—. *Ellos no pueden entender que necesitas ayuda cuando tú misma les impides ver la cantidad de horas que trabajas actualmente. Lo que decimos es que que debes cumplir con tu trabajo de forma diligente durante el día, para luego regresar a casa, descansar y disfrutar de tu vida privada durante la noche. Pon las cosas en su sitio. El jefe que tenías antes de que se llevara a cabo la fusión te apoyará y solicitará que te asignen ayudantes para tus múltiples tareas. Él se encuentra satisfecho, puedes creernos, de contar contigo como asistente.*

Yo agregué:

—Tus ángeles dicen que necesitas tomarte algún tiempo libre y descansar, ya que el estrés se ha instalado en tu vida. ¿Puedes tomarte uno o dos días libres y descansar de verdad? Esta es la solución, dicen los ángeles.

Sophia me contó que ella y su marido habían estado hablando de ir a pasar unos días al mar. Le sugerí enérgicamente que considerara hacerlo en un futuro próximo. Muchas veces he visto que los ángeles aconsejan a las personas que sufren de estrés que se tomen tiempo libre. En algunas ocasiones les recomiendan unas vacaciones, y en otros casos les sugieren una simple escapada, una salida semanal a un bonito restaurante o a un concierto, lejos de los niños. La mayoría de las veces los ángeles recomiendan a la gente tomarse estos respiros al aire libre, cerca del océano o de un lago, en la montaña o en el bosque. Ellos saben que volver a estar en contacto con la naturaleza pone a los seres humanos nuevamente en contacto con Dios, y actúa como un bálsamo para las almas cansadas.

En el caso de Sophia, los ángeles también le recomendaron ejercicio físico. De repente me mostraron una película en la que aparecía Sophia haciendo *jogging* y le dijeron, a través de mí, que había llegado el momento de que comenzara a hacer ejercicio regularmente.

—Tus ángeles dicen que tu padre murió de un ataque al corazón cuando tenía cuarenta y ocho años —le dije a Sophia, que asintió, confirmándome este dato.

Yo proseguí transmitiéndole el mensaje celestial:

—*A medida que te acerques a esa edad, es aún más importante que cuides de tu corazón y de tu sistema cardiovascular. Es necesario debido a la gran cantidad de estrés que hay en tu vida laboral. Si haces ejercicio físico, reducirás tu preocupación por la salud, y preocupándote menos disminuirás considerablemente el riesgo de enfermedad.*

Otros remedios para el estrés laboral que los ángeles han dado a mis clientes son, por ejemplo, cambiar de trabajo, volver a estudiar para mejorar sus posibilidades de ascenso, compartir coche o mudarse más cerca del trabajo para reducir el tiempo de desplazamiento, evitar o disminuir el consumo de cafeína, alcohol o nicotina, reestructurar los horarios de los niños, los canguros y el cónyuge, para eliminar el pánico de los desplazamientos a gran velocidad de casa al trabajo y viceversa, y delegar responsabilidades.

Rx
....

Descansar es una necesidad, no un lujo. Libérate del estrés tomándote tiempo libre. Ve a algún sitio donde estés en contacto con la naturaleza y relájate dedicando tiempo a alguna actividad de la que disfrutes.

Consejos para mejorar los malos trabajos

Por supuesto, no es necesario marcharse de cada trabajo poco satisfactorio en busca de un prado más verde. Debido a las obligaciones familiares y financieras adquiridas, no siempre es posible hacerlo. Los ángeles dicen que entonces lo más conveniente es ver qué podemos hacer para transformar la situación, moldeándola con el fin de que se ajuste más a nuestros deseos. Da igual que el problema sea un jefe explotador, alguna política comercial o empresarial poco satisfactoria, un ambiente de «olla a presión», un trabajo aburrido o tal vez prácticas corporativas contrarias a nuestros principios. Los ángeles nos dicen que si hacemos un esfuerzo por mejorar las cosas, podemos revertir la situación y encontrar ese verde prado en el jardín trasero de nuestra casa.

Al existir actualmente tantas personas deseosas de hacer cambios en su vida profesional, me encuentro con muchas cuyo primer pensamiento es buscar empleo en cualquier otra parte, sin siquiera pararse a pensar si no podrían hacer algo para arreglar su situación laboral. Eso era lo que le ocurría a Trina, de veintitantos años y jefa de instalaciones de una empresa de pintura que había decidido que era más rentable polucionar el medio ambiente y pagar las multas correspondientes, que actuar conforme a las leyes y ayudar a conservar el entorno. Trina se sentía culpable de muchas de las prácticas de su empresa, y le resultaba incómodo contar a los demás dónde trabajaba. La habían contratado cuando todavía estaba en la universidad, y en aquel momento no se dio cuenta de dónde se estaba metiendo. Pasados algunos años, había llegado a detestar intensamente su trabajo, y llevaba ya tiempo soñando con marcharse de allí.

Deseaba que la aconsejara sobre cómo conseguir un nuevo trabajo que le resultara menos repugnante.

—No quiero ganarme la vida haciendo nada que atente contra el entorno —comenzó a decirme—. Deseo hacer un trabajo que esté más en consonancia con mis propias creencias, de forma que pueda sentirme bien con lo que hago. Sin embargo, tengo que cuidar de mi marido, que, a causa de un accidente automovilístico, se encuentra actualmente en una silla de ruedas. No puedo darme el lujo de dejar mi trabajo sin tener antes otro seguro.

Durante casi un año Trina había estado buscando trabajo sin éxito. Intentó hacerlo apuntándose a empresas de selección de personal, a través de Internet y enviando un montón de currículos.

—Nada parece resultar —se lamentaba—. Estoy empantanada en este trabajo que no soporto, que me hace sentir peor conmigo misma cada día que pasa. He intentado rezar, pero tampoco me ha conducido a ninguna parte. ¿Tienes alguna sugerencia que hacerme?

Los ángeles de Trina inmediatamente comenzaron a comunicarse conmigo. Iban tan deprisa que, aun después de años de práctica, me resultaba difícil seguirles el ritmo. Le conté a Trina que sus ángeles tenían un mensaje para ella, pero que debía prepararse, porque no era lo que estaba esperando.

—*No has encontrado nada que pueda reemplazar tu actual trabajo porque no está previsto que lo dejes. Has sido guiada hacia ese trabajo por una razón, y aún tienes una misión que llevar a cabo, una contribución importante que hacer. No puedes mirar hacia otro lado cuando estás ante un mal moral y espiritual como la polución ambiental sin intentar hacer algo para ayudar a corregir la situación, y esperar al mismo tiempo ser guiada hacia un trabajo con cierto nivel espiritual y moral, que te dé paz y contento. Debes involucrarte, intentar ayudar a resolver este problema, antes de que tu misión allí haya concluido.*

Los ángeles dijeron que querían que Trina, desde su puesto de jefe de instalaciones, hiciera comprender a sus jefes que las prácticas que no dañaban el medio ambiente eran económicamente más convenientes a largo plazo. Al principio ella se resistió a la idea, y protestó diciendo que su trabajo no era tan importante, que ella nada podía hacer para cambiar la política de la empresa, y que nadie la escucharía porque no era una experta.

Naturalmente, los ángeles tenían una respuesta:

—*Les mostrarás los beneficios económicos de mejorar sus sistemas de control de residuos, explicándoles que al hacerlo ahorrarán más dinero que pagando las multas. Te guiaremos para que consigas la información adecuada, de forma que el informe que elabores te cree una excelente reputación en tu trabajo. Todo lo que necesitas hacer es asumir el compromiso de llevar a término este proyecto. Nosotros haremos el resto.*

—En realidad —admitió Trina—, lo he estado pensando, y realmente suena mal eso de abandonar la fábrica de pinturas sin intentar hacer algo para mejorar las cosas. Si tú y los ángeles me mostráis qué es lo que debo hacer, lo intentaré. —Se rió—. Supongo que no tengo nada que perder, de cualquier manera.

Los ángeles le reiteraron que la guiarían a lo largo del camino, paso a paso, y que si ella tomaba la iniciativa, ellos se encargarían de que tuviera todo lo necesario para exponer con éxito su idea delante de la plana mayor de la empresa.

Yo podía ver que Trina todavía dudaba, pero finalmente resolvió que comenzaría aquella noche buscando información en Internet sobre todas las multas que la empresa había pagado durante los últimos diez años.

—¿Puedo acudir a ti en busca de consejo de vez en cuando? —me preguntó, y yo le dije que sí.

Increíblemente, Trina nunca más se puso en contacto conmigo. Yo me preguntaba qué habría sido de ella y si habría aceptado la tarea que los ángeles le habían asignado. Muchos meses más tarde me la encontré por casualidad una noche en el aeropuerto, debido a que todos los vuelos habían sido cancelados por la nieve. Estaba comprando algo para beber, y cuando me di la vuelta para buscar una mesa, allí estaba ella, justo detrás de mí. Sonrió y comenzó a hablar con entusiasmo.

—Fue increíble lo que ocurrió después de la sesión. Iba a llamarte para preguntarte por dónde debía comenzar y qué hacer. Pero aquella noche planteé una simple pregunta en Internet y me vi inundada de información. La gente me enviaba direcciones y fotocopias de artículos de revistas. Recibí algo parecido a un curso de legislación sobre protección ambiental para graduados, así como estrategias eficaces para convencer a las empresas de que, por su propio interés, debían llevar a cabo sus actividades industriales o comerciales sin ignorar sus responsabilidades medioambientales. Cuando mi nivel de energía bajaba o me sentía desorientada respecto a cuál era el paso siguiente, o a dónde debía acudir, llegaba un correo electrónico con los datos que necesitaba, con cifras y notas que me daban aliento para seguir adelante. Era como si tuviera un grupo de investigadores invisibles, como si estuviera siendo guiada a lo largo de todo el camino. Y creo que realmente así era: los ángeles, claro.

»Pronto reuní todo lo necesario para presentar un conjunto de hechos, cifras y conclusiones que probaran paso a paso cuánto dinero estábamos gastando anualmente en multas, y cuánto menos nos costaría actuar dentro del marco legal usando las nuevas tecnologías aplicadas al tratamiento de residuos. Me temblaban las rodillas cuando entré en la reunión en la que debía hacer mi propuesta. Cuando vi al presidente de la compañía y al director financiero sentados allí, con un aspecto tan serio y profesional, sentí ganas de salir corriendo. Entonces, recordé algo que los ángeles dijeron durante nuestra sesión. En realidad, lo había olvidado completamente hasta ese momento. Dijeron que si yo me limitaba a presentar su propuesta, ellos harían el resto. Inmediatamente me sentí más tranquila. Creo que en ese momento comprendí que el asunto estaba realmente en sus manos, o lo que es lo mismo, en otras manos que no eran las mías. Si perdía mi trabajo, ¿qué importaba, después de todo? Al fin y al cabo, no me gustaba.

»Distribuí copias de mi informe a cada persona y comencé mi presentación. Terminé diciendo que no sólo nos ahorraríamos varios millones de dólares al año, sino que generaríamos varios más de beneficios debido a la buena disposición de la gente hacia la empresa, y eso era publicidad gratuita. Posteriormente, al recorrer la mesa con la mirada, esperaba encontrar rostros inexpresivos, desaprobación o desdén. Pero el presidente y el director financiero se miraron y asintieron. Quizá los ángeles les susurraron algo al oído, porque lo cierto es que van a poner en funcionamiento la mayor parte de mis sugerencias.

Trina fue puesta a cargo del nuevo programa y recibió un aumento de sueldo. Ahora se encuentra feliz en su trabajo y ya no tiene planes de marcharse.

Rx
....

Dios ayuda a quienes se ayudan a sí mismos intentando mejorar un mal trabajo. Antes de renunciar a un puesto de trabajo en el que no te sientes feliz, analiza con más detenimiento la situación, y estudia la posibilidad de cambiar las cosas con un poco de esfuerzo de tu parte.

Consejos para los conflictos con compañeros de trabajo

Nada puede convertir más rápidamente un trabajo estupendo en una pesadilla que unos compañeros o un jefe con quienes no nos llevamos bien o que no nos tienen gran simpatía. El lugar de trabajo es en sí mismo un desafío, sin necesidad de que exista una constante expectativa de discordia y enfrentamientos. Puede que nos saquemos chispas mutuamente con otra persona, por mucho que intentemos evitarlo, o que desde el primer instante alguien nos haya cogido manía, y estar todo el día con ella es una circunstancia que con toda seguridad derivará en estrés, tensiones y un profundo sentimiento de insatisfacción laboral. Si la situación llega a un determinado nivel, es posible incluso que contamine nuestra vida familiar, sumándose a las tensiones del matrimonio.

Afortunadamente, existen remedios angélicos para curar estos conflictos surgidos en el lugar de trabajo, como pudo descubrir mi cliente Lars, que vino a mi consulta para una sesión de terapia angélica, porque se sentía desdichado en el trabajo. Maestro de cuarto grado, Lars se quejaba de que la nueva directora de su instituto, Anita, estaba convirtiendo su vida en una auténtica desdicha.

—No sé por qué, pero Anita parece haberme cogido manía. Constantemente pone objeciones a todo lo que digo. En las reuniones de profesores nunca deja pasar una oportunidad de tratarme con desdén delante de los demás. Cuando trato de evitarla, juraría que me busca. Hasta me ha llamado a casa para reprocharme algo que ella pensaba que había hecho mal en el trabajo. Ya no puedo soportarlo más. Sé que pronto voy a explotar, y lo temo porque todavía no tengo plaza fija en el instituto.

Lars me dijo que nunca antes había estado en una situación así. Se había llevado estupendamente bien con el antiguo director, lo mismo que con el resto de los profesores y con la mayor parte de los estudiantes. Su conflicto con la nueva directora parecía no tener una explicación racional.

—Esta mujer parece haberla tomado conmigo desde el momento en que nos conocimos —dijo Lars, pidiendo a los ángeles que le ayudaran.

Yo repetí el nombre de Anita una y otra vez para poder contactar con sus ángeles de la guarda. Pude ver la imagen de una mujer nerviosa que estaba discutiendo con Lars. Un poco más allá vi a otra figura que supe instantáneamente que era el padre de Anita, ya fallecido, que estaba actuando como uno de sus ángeles de la guarda. También había junto a ellos una mujer anciana, la abuela materna de Anita, que me explicó que estaba junto a su nieta para ofrecerle apoyo adicional durante los primeros meses en su nuevo puesto de directora.

Ambos ángeles le hablaron a Lars:

—*Anita está pasando por un divorcio muy amargo, que incluye la disputa por la custodia de los niños. Está muy dolida porque su marido la ha abandonado para irse con otra mujer. Tu sola presencia le resulta dolorosa porque te pareces mucho a su marido, en tu aspecto y en tus modales. Lo que tenemos aquí es un caso claro de proyección, en el que Anita descarga sobre ti sus sentimientos hacia su marido.*

Lars se quedó muy sorprendido y dudó un poco. Eso no era lo que él esperaba. Nunca había oído ni una sola palabra sobre la vida privada de la directora y no tenía conocimiento de su divorcio. Más tarde, me confirmaría todo lo que los ángeles le habían dicho ese día.

—*Este tipo de proyección es frecuentemente la causa de muchas antipatías que surgen entre dos desconocidos en el momento en que se encuentran por primera vez. Vemos que es algo que les ocurre a los seres humanos bastante a menudo* —continuaron los ángeles—. *Y la explicación sobre por qué ocurre esto es clara: Tú atraes hacia ti a las personas que te ayudan a perdonar. Anita ha sido atraída hacia tu órbita particular porque a través de ti ella puede aprender a perdonar a su marido, y la situación que compartieron. No lo consideres un desafío. Tienes que tener paciencia. Se trata de una oportunidad de brindar una importante oportunidad de sanación. Cuando pienses en Anita, y cuando la veas, es vital que tu intención sea la de ayudarla. En lugar de sentir miedo o resentimiento, que exacerban el lado enfermo de la situación, haz esto: Envíale pensamientos amorosos. Literalmente, piensa: «Te quiero, Anita, y te perdono», y verás cómo la situación acaba sanando de alguna forma que jamás habrías imaginado.*

—O sea, que tengo que quererla hasta acabar con toda su negatividad —dijo Lars secamente.

Todavía estaba dudando, pero al mismo tiempo estaba decidido a probar cualquier cosa que pudiera ofrecerle esperanza.

Prometió mantenerme informada del curso que tomaran los acontecimientos.

—Para empezar, debo decir que tuve que forzarme, literalmente, para tener pensamientos amorosos sobre Anita —me contó dos meses después de nuestra sesión—. Supongo que soy muy testarudo, porque continué con ello aunque al principio no se produjeron resultados visibles. Debo admitir que me sentí un poco mejor, a pesar de que Anita seguía tratándome mal.

»Entonces ocurrió algo muy parecido a un milagro. Anita y yo estábamos sentados en su despacho teniendo una larga conversación que no había comenzado bien, pero me concentré en escuchar y en tener buenos pensamientos. ¿Y sabes qué ocurrió? De pronto se abrió a mí y comenzó a contarme cosas sobre su divorcio, su marido y sus hijos. Me mostró una foto de su familia, y me sentí impresionado por el parecido que hay entre su marido y yo. Un rato después, comencé verdaderamente a tener sentimientos amorosos por esta mujer. No me refiero al amor romántico, por supuesto, sino a una forma de amor compasivo. Después nos fuimos juntos a tomar un café. Casi estoy empezando a pensar en Anita como en una amiga.

Lars me dijo que se sentía agradecido por la forma en que los consejos de los ángeles habían solucionado su problema con Anita. Se alegraba de haber aprendido a solucionar este tipo de conflictos con amor, y estaba seguro de que a partir de ese momento aplicaría el mismo principio a otras situaciones. Actualmente lo está intentando con algunos de sus alumnos más problemáticos.

Rx

Recuerda que uno de vosotros dos ha entrado en la vida del otro para llevar a cabo un aprendizaje. Continúa proyectando pensamientos amorosos hacia la otra persona. Más tarde o más temprano, será evidente cuál es la lección y para cuál de los dos.

Consejos para las dificultades económicas

Muchas personas economizan y ahorran a lo largo de la vida, temerosas de no tener suficiente dinero para cuidar de sí mismas y de su familia, o para hacer frente a alguna crisis futura. El dinero es, casi en la misma medida que el sexo, el causante de la falta de armonía en las relaciones maritales. Son comunes las peleas y las palabras hirientes sobre cómo se gasta el dinero, quién lo gana, quién gana más y cómo ahorrarlo o invertirlo.

Tener una constante preocupación por el dinero puede resultar demoledor, tanto física como mentalmente. Más importante aún, puede hacernos perder de vista lo que es realmente importante: amigos, familia, tiempo libre, hijos o nuestro sentimiento de realización personal. Todos hemos tenido amigos de carácter alegre que se han vuelto depresivos y demacrados debido a preocupaciones económicas. Es difícil disfrutar de la vida si no se sabe de dónde va a salir la próxima comida o el alquiler del mes que viene, cómo vamos a comprar ese nuevo juego de neumáticos para el coche o cómo pagaremos la ortodoncia de Johnny.

Alégrate. Los ángeles dicen que todos tenemos un MAP dentro. MAP es la sigla de Manifestador Automático del Pensamiento, lo que quiere decir que nuestros pensamientos, en coordinación con los de Dios, son fuerzas poderosas que pueden atraer hacia nosotros el dinero que necesitamos. Nuestra convicción de que no vamos a obtener más dinero o de que no nos lo merecemos determina que vivamos en una situación de pobreza y no de abundancia.

Una de mis alumnas, Charmaine, se lamentaba de su situación económica. Ella y su marido, Floyd, eran propietarios de un pequeño bar de zumos. A pesar de que el negocio era estable, los ingresos eran modestos y apenas les permitían mantenerse a flote.

—Parece que nunca tenemos suficiente dinero —decía Charmaine—. Todos nuestros ingresos se van en pagar la licencia del negocio, el salario de los empleados, los impuestos del inmueble y las facturas de electricidad, agua, etc.

La pareja soñaba con abrir un segundo bar de zumos al otro lado de la ciudad, en un nuevo centro comercial, donde estimaban que su negocio triplicaría los beneficios que entonces tenían, mientras que los gastos sólo subirían un cincuenta por ciento. El problema era que no disponían del capital necesario para el alquiler.

—Si pudiéramos hacerlo, nos estaríamos encaminando hacia la estabilidad económica —afirmó Charmaine.

Les preguntó a los ángeles qué podía hacer. Y los ángeles no demoraron su respuesta:

—*Floyd y tú no sentís de verdad en vuestro interior que merecéis una situación de abundancia. Como resultado, no habéis buscado la forma de atraer más clientes al bar que tenéis actualmente. Así podríais reunir el dinero que necesitáis para cumplir vuestros sueños. Otro síntoma es la forma desordenada en que lleváis el papeleo del negocio y las facturas. Estáis dejando pasar oportunidades de ahorrar y ganar dinero.*

Le pregunté a Charmaine si había algo de cierto en ello. Me miró atónita.

—Creo que sí. ¿Sabes?, a veces me quedo despierta por las noches, pensando en cómo podríamos llegar a ser ricos. Siempre estoy pensando: «Esto no puede pasarte a ti, Charmaine. Sólo eres una muchachita». No importa que tenga un título universitario. Creo que la gente quiere que yo no sea rica. Las personas que consiguen hacerse ricas son otras. No me sorprendería que Floyd sintiera lo mismo.

Los ángeles le ofrecieron sus consejos para la abundancia material:

—*Si Floyd y tú pudierais verdaderamente llegar a convenceros de que merecéis abundancia y llegaréis a conseguirla, vuestros beneficios comenzarían a crecer. Pero mientras aceptéis la precariedad de vuestra actual situación económica, es totalmente imposible que ganéis más dinero. Debéis poneros firmes con vosotros mismos y con la vida, por decirlo de alguna forma, y decidir tener una relación diferente, más positiva, con el dinero.*

»*Asumid el compromiso de tomar conciencia de que merecéis*

una compensación por el duro trabajo que realizáis, de que mere-
céis tener un sistema contable ordenado, y de que merecéis atraer
más clientes hacia vuestro negocio. Si lo hacéis, el cambio se produ-
cirá casi de inmediato.

—Todo eso suena muy bien —dijo Charmaine—, pero
¿cómo podré llegar a sentir que merezco más cosas cuando ahora mismo estoy teniendo problemas para hacer funcionar el negocio?

Transmití a Charmaine dos sugerencias de los ángeles:

—*Recuerda que no estás pidiendo dinero únicamente por el*
dinero en sí. Tu deseo de tenerlo está motivado por la necesidad de
cubrir tus necesidades básicas. Deseas dinero para ayudar a man-
tener a tus seres queridos. ¿Por qué no habría de querer Dios que lo
consiguieras? No tengas miedo de rezar pidiendo ayuda económica
ni de aceptarla cuando llegue. Este refuerzo económico te permiti-
rá ayudar más eficazmente a tus seres queridos y a los demás, e
incluye dinero para educación, convencional o personal, viajes, ex-
periencias, gastos de subsistencia, vivienda, gastos del negocio,
transporte y otras necesidades básicas.

»*En segundo lugar, la idea que tienes del dinero no es egoísta*
ni prosaica. Lo consideras una simple herramienta para ayudar a
tus seres queridos y a otras personas de tu entorno.

Charmaine se sintió incómoda y bajó la mirada.

—¿Podría ser que la razón por la que no nos van mejor las
cosas es porque no está bien que deseemos ser ricos? ¿No dice
acaso la Biblia que el dinero corrompe y que es más fácil que un
hombre rico… y todo eso? ¿No es un pecado desear con tanta
intensidad tener dinero?

Sonriendo le dije que probablemente ella estaba pensando
en la frase que pronunció Jesucristo que dice que es más fácil
que un camello pase por el ojo de una aguja que un rico entre en
el reino de los cielos. Los ángeles me dicen que esas palabras de
Jesucristo y otros pasajes bíblicos similares tenían como objetivo
impedir que el dinero se convirtiera en una obsesión. El propósito de estos mensajes era que la gente viera a Dios, y no a Mam-
món, como la verdadera fuente de toda riqueza y abundancia.

Los ángeles le dijeron a Charmaine:

—*No hay nada inherentemente malo o bueno en el dinero. Tan sólo se trata de una herramienta que puede ponerse al servicio del amor y la luz o del miedo y la oscuridad. Si eliges lo primero, te sentirás recompensada como si fueras millonaria por el resto de tus días. Escoge la segunda opción y verás que lo que tienes nunca te parecerá suficiente.*

Sintiéndose más tranquila, Charmaine me dijo que daría una oportunidad a los consejos de los ángeles. No volví a verla hasta un año y medio más tarde. Nos encontramos en el centro comercial. Ella estaba detrás del mostrador del bar de zumos del que Floyd y ella eran ahora propietarios. Además, iban a abrir un tercer bar cerca de una transitada zona de oficinas y en la acera de enfrente de un colegio universitario, según me contó Charmaine. Me dijo que ella y su marido habían seguido las instrucciones de los ángeles. Asumieron el compromiso de cambiar su forma de vida. Ambos decidieron que no podían considerarse merecedores de abundancia económica a menos que tuvieran un negocio bien organizado y rentable. Charmaine contrató a un contable profesional, quien le hizo ver que no le estaban sacando el mejor partido a su capital. Luego, gracias a una administración más eficiente, las cosas comenzaron a mejorar. Empezaron a hacer publicidad de su negocio, explicando los beneficios que los zumos de frutas y verduras frescas tenían para la salud, ofreciendo además cupones de descuento en el colegio local. Al cabo de un semestre, su saldo bancario comenzó a incrementarse de mes en mes. Al final del año, gracias a sus ahorros y a los préstamos bancarios, pudieron abrir el bar que deseaban.

Rx
....

Convéncete de que mereces y deseas experimentar la abundancia. Sé tan organizado ahora como lo serías si tuvieras mucho dinero.

8

Cómo recibir los mensajes celestiales

Si te sientes fascinado por la idea de los mensajes celestiales y deseas saber cómo puedes recibir consejo directamente de Dios y los ángeles, alégrate. Tengo excelentes noticias para ti.

Dios quiere transmitirnos sus consejos celestiales si los seres humanos deseamos de verdad recibirlos, y por ello nos ha facilitado el camino. No es necesario que acudamos a una lectura angélica para obtener prescripciones divinas. Podemos acceder a ellas nosotros mismos usando el sexto sentido que Él nos ha dado para recibir sus consejos (véase el prefacio, donde se da una explicación más amplia del sexto sentido). Dios nos lo ha puesto tan fácil, de hecho, que a veces sólo se necesita una sola sesión de práctica para aprender a usar esta vía de recepción de consejos angélicos para solucionar cualquier problema que nos preocupe.

Si eres del tipo de personas que piensan que en la vida todo tiene que ser difícil, es posible que te cueste creer en lo que digo. Tal como he explicado en este libro y en los anteriores, Dios y los ángeles siempre están a nuestro alrededor y constantemente nos hacen llegar sus mensajes, sus remedios y su guía.

Existen varias razones por las cuales puedes estar rechazando estos mensajes angélicos: Una, no los escuchas porque no consigues encontrar la sintonía correcta. Dos, tu propio dolor o turbulencia emocional puede estar ahogando los mensajes celestiales. Tres, es posible que no te guste que te digan lo que tienes que hacer, ni desees sentirte controlado por Dios. Por alguna de estas razones, podrías estar ignorando los consejos divinos que recibes en respuesta a tus plegarias.

Ejercitándonos en formular preguntas, y permaneciendo luego alerta a las respuestas celestiales, *todos* podemos hacer que la comunicación con nuestros ángeles sea más intensa. Dios y sus ayudantes nos asisten a lo largo del camino, y quieren que sepamos que estamos en condiciones de recibir correctamente sus mensajes.

En este capítulo veremos cómo reconocer algunas de las vías por las que los mensajeros celestiales nos hacen llegar sus consejos. Aprenderemos también a liberarnos de turbulencias emocionales que pueden distorsionar o bloquear la guía divina. Luego veremos un efectivo sistema en dos pasos que permite a *cualquier persona* pedir y recibir consejos para resolver dilemas vitales, dónde y cuándo lo necesite.

Limpieza emocional: despejar el camino

El paso inicial para recibir consejo angélico es liberarnos de sentimientos turbulentos o negativos. Este tipo de emociones bloquea las cuatro formas de comunicación celestial (véase el capítulo 1): la clariaudiencia (palabras y sonidos), la clarividencia (imágenes fijas y sucesión de imágenes), la clarisensibilidad (emociones y sensaciones) y el clariconocimiento (conocimiento repentino). Si los mensajes que recibimos chocan con energías oscuras y caóticas, retornan al cielo. Los mensajes celestiales tienen dificultad en atravesar la barrera de negatividad que en ocasiones los seres humanos levantamos ante nosotros.

Los ángeles nos piden firmemente que antes de pedir ayuda divina nos tomemos el tiempo necesario para liberarnos de los sentimientos de desdicha o los conflictos que podamos tener. (Ante una emergencia, obviamente, debemos pedir de inmediato la ayuda que necesitemos.) Es necesario que hagamos esta limpieza aun cuando creamos que no hay en nuestro interior ninguna forma de negatividad. Las personas a menudo tenemos estos sentimientos en las profundidades de nuestro ser y no somos conscientes de ellos a menos que nos tomemos un momento para la introspección, o que los sentimientos emerjan de pronto, espontáneamente.

A diferencia de la psicoterapia, basada en hacer complejos análisis de las causas de los sentimientos negativos, la limpieza emocional es un ejercicio de meditación que, según he podido comprobar, permite a las personas liberar de forma rápida y completa la ira, la incapacidad de perdonar, el resentimiento, los celos, el dolor y otras emociones perjudiciales que existen en su vida. Este acto de meditación libera nuestro corazón de forma que, junto con los consejos angélicos que solicitamos, recibamos la energía positiva que el cielo nos envía, que emana del amor divino.

Es conveniente dedicar al menos media hora de soledad ininterrumpida a la realización de una limpieza emocional. Para evitar interrupciones, descuelga el teléfono y desconecta el fax, el teléfono móvil y el busca. Si no estás solo en casa, puedes poner un cartel que diga: «Por favor, no molestar» en la puerta.

Sentado o tumbado en una posición confortable, inspira tres veces de forma muy lenta y profunda. Inspira y espira tan lenta y profundamente como te sea posible.

En caso de que tengas alguna devoción especial, como por ejemplo a Jesucristo, Quan Yin, Mahoma, Moisés, San Cristóbal, la Virgen María, el Espíritu Santo o el Padre Viento, llama a esa entidad lentamente para que acuda junto a ti. Para mis propias limpiezas emocionales suelo invocar a Jesucristo, a los arcángeles Rafael y Miguel, y a otros ángeles que propician la limpieza y la curación.

Diles mentalmente o en voz alta: «En este momento os doy permiso para entrar en mi corazón y hacer una limpieza emocional en mi interior. Os pido que limpiéis mi corazón de cualquier sentimiento de ira al que me encuentre aferrado». Quédate unos momentos en silencio, sintiendo cómo los ángeles trabajan en tu corazón. Experimentarás algo similar a olas de energía, y es posible que se produzcan en tu cuerpo movimientos espasmódicos al liberarte de tu vieja ira. Cuando tu mente, tu cuerpo y tu corazón se sientan tranquilos, sabrás que es tiempo de pasar a la siguiente etapa.

Di entonces: «Os pido que liberéis mi corazón de cualquier dolor que pueda albergar, ya sea de esta vida o de una vida anterior». Nuevamente, dedica unos momentos a la meditación mientras los ángeles llevan a cabo la limpieza. Acuérdate de respirar durante el proceso, ya que si contienes la respiración puedes hacer que todo vaya más lento. A continuación di: «Os pido que limpiéis mi corazón de cualquier resentimiento que pueda tener hacia mí mismo, hacia mi vida, hacia otras personas o circunstancias y hacia el resto del mundo». Descansa unos momentos mientras los ángeles te liberan de todo resentimiento.

Prosigue diciendo: «Os pido que limpiéis mi corazón del sentimiento de haberme traicionado a mí mismo o de haber sido traicionado por otras personas». Respira profundamente para permitir que los ángeles tengan libre acceso a tu corazón y tus emociones.

Ahora di: «Os pido que limpiéis mi corazón de cualquier temor que pueda tener a perder el control o a ejercerlo». Permanece quieto por un momento, mientras los ángeles limpian todos esos miedos.

Después di: «Os pido que limpiéis mi corazón de la incapacidad de perdonar que pueda albergar en mi interior, con respecto a miembros de mi familia, amigos, amantes, jefes, compañeros de trabajo, extraños, circunstancias y el mundo en general». Repite esta frase hasta que tengas la sensación de que mientras vas pronunciando las palabras tu cuerpo se va calmando. Esta es una señal de que los ángeles han limpiado la carga emocional que te impide perdonar. Recuerda que no tienes por qué perdonar los actos; es a la persona a quien debes perdonar. El perdón es un remedio capaz de sanarnos, y una forma de despejar el camino de la comunicación celestial.

Cómo recibir los consejos celestiales: Sistema en dos pasos

Una vez que hayas realizado el ejercicio de meditación y limpieza emocional, ya estás preparado para acceder a los consejos celestiales. Aunque tal vez al principio te sientas un poco intimidado, recuerda que lo único que tienes que hacer es seguir estos dos pasos:

1. Plantear el problema (o la situación) sobre el que necesitas consejo.

2. Recibir el mensaje divino.

¿No es sencillo? A continuación te daré algunas pautas para hacer que el proceso sea aún más fácil. Mis propias lecturas son más detalladas, más claras y más precisas cuando están precedidas por una plegaria. Es posible que tú también quieras rezar una oración cuando pidas un consejo celestial. Habiendo comprobado sus milagrosos resultados, siento auténtica fe en mi plegaria. Dice así: «Dios, Espíritu Santo, Jesús y los ángeles, os pido vuestra asistencia para llevar a cabo esta lectura. Por favor, dadme información detallada para que pueda ayudar a esta persona, y concededle muchas bendiciones. Dios, Espíritu Santo, Jesús y los ángeles, os doy las gracias por vuestro apoyo. Amén».

Es también aconsejable meditar durante unos momentos antes de realizar una lectura angélica. Existen estudios que revelan que nos encontramos más abiertos e inspirados para percibir las señales internas cuando estamos meditando. Ello hace que sea mucho más fácil sintonizar con nuestros ángeles, o con los de otras personas si estamos haciendo una lectura para terceros. (Si no estamos familiarizados con la meditación, podemos consultar alguno de los muchos y buenos libros publicados sobre el tema o acudir a uno de los grupos de meditación existentes en el lugar donde vivimos. Mi libro favorito sobre meditación es el Libro de Ejercicios de *Un curso de milagros*, que sugiere una meditación diaria para ayudar a concentrar los pensamientos. Otros dos excelentes libros son *The Best Guide to Meditation*, de Victor N. Davich, y *The Joy of Meditating*, de Salle Merrill Redfield.

PLANTEAR EL PROBLEMA

Cuando hablo con mis clientes, siempre hago especial énfasis en la importancia de pedir conscientemente a Dios y a los ángeles un consejo celestial para nuestros problemas y dificultades. Cada vez que hacemos una pregunta, automáticamente surge la respuesta divina. Puede ser una pregunta sobre un problema específico, como, por ejemplo: «¿Qué puedo hacer con mi dominante madre?» o «¿Debo buscar un nuevo trabajo?». También puede ser una pregunta general, como, por ejemplo: «¿Qué debería hacer con mi vida?» o «¿Cómo puedo ser más feliz?».

Podemos hacer nuestra petición de un consejo celestial de cualquier forma que nos parezca adecuada:

1. *Poner en palabras nuestra pregunta*, formulándola en voz alta.

2. *Formular la pregunta mentalmente*. (Los ángeles pueden oír nuestros pensamientos tan claramente como las palabras que pronunciamos. No hay por qué preocuparse. Ellos no juzgan nuestros pensamientos.)

3. *Escribir la pregunta* en nuestro diario personal, o en una carta que cerramos y destruimos más tarde, por ejemplo.

4. *Visualizar la pregunta mentalmente* imaginando la situación sobre la que pedimos consejo. (Es posible que nos veamos a nosotros mismos serenos y en calma, en lugar de enfadados con nuestro hiperactivo hijo de tres años. En caso de que estemos considerando la posibilidad de volver a matricularnos en la universidad para terminar una carrera, podríamos visualizar un cheque en blanco emitido a nombre de una universidad local, con un signo de interrogación escrito en él.)

Cómo recibir el mensaje celestial

Dado que los ángeles oyen las preguntas que hacemos mentalmente, podría ocurrir que recibiéramos el remedio aun antes de terminar de formular nuestra petición. Las respuestas pueden llegarnos bajo la forma de una visión, de un pensamiento, de una sensación física o emocional, o por medio de palabras audibles. Para potenciar la recepción del mensaje la primera vez que es emitido, debemos tener nuestra mente en un estado de *concentración relajada*. La *concentración* es necesaria porque si nuestra mente divaga, en el momento de recibir la respuesta estaremos pensando en cualquier otra cosa, y la *relajación* lo es porque las tensiones bloquean la conciencia de la respuesta. Podemos alcanzar ese estado con rapidez si respiramos profundamente tres veces, o si hacemos una pausa para rezar en silencio una plegaria, una vez que hayamos hecho nuestra petición de orientación angélica.

Debes estar atento a las sensaciones que tengas inmediatamente después de formular la pregunta, que corresponderán a una de las cuatro formas de comunicación divina:

1. *Clariaudiencia*. Palabras, canciones, un tema musical que suena dentro o fuera de tu cabeza… Cuando eso ocurra, pregunta a los ángeles: «¿Qué relación existe entre estas palabras o esta canción y las circunstancias que motivaron mi pregunta?».

2. *Clarividencia*. Una película mental similar a un sueño, una imagen que aparece en tu mente de forma fugaz, incluso una imagen simbólica. En este caso, pregunta a los ángeles: «¿Qué relación existe entre estas visiones y mi problema?».

3. *Clarisensibilidad*. Alegría, calidez, temor, premonición y otras emociones. Tienes la sensación de que el estómago te tiembla o se contrae. La presión del aire cambia, percibes ciertos olores u otras sensaciones físicas.

Cuando esto ocurra, debes preguntar a los ángeles: «¿Qué relación existe entre estas sensaciones y la pregunta que he hecho? ¿Se trata de una indicación de cómo me sentiré en el futuro si hago ciertos cambios?».

4. *Clariconocimiento.* Es posible que de pronto sepamos qué hacer sin que la solución haya siquiera pasado por nuestra mente en forma de pensamientos. Experimentamos una convicción que parece proceder de los estratos más profundos de nuestro espíritu.

Cómo interpretar y aceptar los mensajes celestiales

Cuando pedimos un consejo celestial, lo habitual es que la respuesta sea clara y directa. Por ejemplo, si preguntamos cómo reavivar la pasión en nuestra pareja, como respuesta podríamos recibir una imagen de los dos caminando por la playa, seguida de otra de una cena a la luz de una vela en un restaurante. Con toda seguridad el mensaje es que tenemos que dedicar más tiempo a compartir cosas agradables con nuestra pareja. Si, en cambio, preguntamos por formas de mejorar nuestra salud, tal vez tengamos la sensación visceral de que debemos hacer otro recorrido en nuestro camino de regreso a casa. Si al hacerlo descubrimos que se está construyendo un nuevo gimnasio, lo más probable es que estemos en lo cierto si suponemos que los ángeles nos están sugiriendo que comencemos de inmediato un plan de ejercicio físico.

En ocasiones las respuestas son menos directas y pueden crearnos cierta confusión e incertidumbre a la hora de intentar interpretarlas. Digamos, por ejemplo, que hemos preguntado a los ángeles qué hacer con nuestro nivel de estrés, y recibimos la imagen mental de un tobogán infantil en un parque. Entonces nos preguntamos: «¿Quiere decir el mensaje que voy cuesta abajo, o que debería divertirme más, como lo haría un niño? Es posible que sea sólo una coincidencia, y que esta imagen no quiera decir nada en absoluto».

No existe razón alguna para preocuparnos. Como los ángeles desean que entendamos con total claridad los mensajes que nos envían, harán todo lo que esté a su alcance para asegurarse de que así sea, moviendo cielo y tierra o, si fuera necesario, haciendo que nos demos de bruces contra el mensaje, literalmente hablando. Si en alguna ocasión nos sentimos bloqueados o confusos al intentar interpretar un mensaje celestial, los ángeles nos garantizan que, aplicando las cuatro estrategias que veremos a continuación, entenderemos perfectamente su significado.

1. *Pedir aclaración.* Cuando recibas un mensaje que no entiendas o que parezca no tener sentido, pide a los ángeles que te den explicaciones adicionales. Si no recibes una respuesta audible, di: «Un poco más fuerte, por favor». Si, en cambio, no entiendes las imágenes que te envían, pregúntales: «¿Podéis mostrarme algo más para que pueda comprender claramente el significado del mensaje?». En el caso de que no comprendas una idea o revelación que de pronto aparece en tu mente, pídeles: «Explicadme, por favor, qué relación existe entre esta idea y la pregunta que he formulado». Si no sabes cómo interpretar tus sentimientos y sensaciones, pregúntales: «¿Podríais ayudarme a entender lo que estoy sintiendo y de qué forma se relaciona con mi pregunta?».

   No debes ser tímido ni preocuparte de que los ángeles piensen que eres tonto. Ellos siempre están de nuestro lado y nunca nos juzgan negativamente. Es necesario que hables con ellos para pedirles que te aclaren las cosas cuando lo creas conveniente. Por su parte, se sentirán felices de hacelo, ya que de esta forma cumplen con su misión. Cuando les pregunté a mis ángeles, hace muchos años, cómo podía aumentar mi clarividencia, recibí imágenes visuales de alimentos. En un principio pensé que esto no tenía ningún sentido. No podía comprender la conexión que existía entre las dos cosas, de modo que les pedí que me lo explicaran. Como respuesta oí una voz que me decía que la energía vibratoria de la comida afectaba tanto a mi capacidad de recibir respuestas como a mi capacidad de pensar con claridad. A partir de ese momento seguí las prescripciones de los ángeles de no consumir determinados alimentos, particularmente carne, grasas, azúcar, productos que contuvieran chocolate y bebidas como café, refrescos con gas y alcohol. Como resultado, mi clarividencia aumentó de forma significativa.

Es necesario que preguntes hasta estar convencido de que has entendido la respuesta perfectamente. Haz como si estuvieras entrevistando a los ángeles y tuvieras que obtener de ellos respuestas muy claras para tu audiencia. Con un poco de práctica, tus ángeles y tú desarrollaréis un estilo de comunicación basado en la compenetración, que te permitirá recibir más rápida y claramente los mensajes celestiales.

2. *Pedir a los ángeles señales que confirmen su respuesta.* Si piensas que una comunicación angélica es tan sólo producto de tu imaginación, o si no estás seguro de que tu interpretación sea correcta, pide a los ángeles que te lo confirmen. Mentalmente, di: «Por favor, enviadme una señal clara que me indique que os he oído (o interpretado) correctamente».

En las horas siguientes, tendrás que estar pendiente de las palabras que leas, oigas o pienses, y de situaciones como escuchar una canción de forma reiterada o reconocer en lo que te dice un amigo o en una pegatina el mensaje de los ángeles, tal como lo oíste la primera vez, palabra por palabra.

3. *Estar alerta a las repeticiones.* Una de las características de los verdaderos mensajes angélicos es que se reciben reiteradamente. He llegado a comprender que podemos preguntar a los ángeles lo mismo muchas veces, y

siempre recibiremos la misma respuesta. Esta es una forma de confirmar que se trata realmente de un mensaje angélico, ya que la imaginación tiende a dar una respuesta diferente cada vez.

4. *Observar cómo te sientes ante la respuesta.* ¿Te suena verdadera? A menudo el consejo que recibas será similar a los mensajes que te enviaron previamente y que ignoraste. ¿Acaso piensas: «eso ya lo sabía»? ¿Coincide la respuesta con sentimientos o pensamientos que ya has tenido? Si tu respuesta a esta pregunta es que sí, puedes estar seguro de que tu remedio procede de las esferas celestiales.

Seguir los consejos celestiales

Muchas de las personas que se dedican a hacer lecturas angélicas sin tener demasiada experiencia no tienen confianza en su capacidad para recibir mensajes celestiales. Sienten pánico de no recibirlos correctamente o de desorientar con sus consejos, tanto en el caso de una lectura para otra persona como en el de una lectura personal. Como resultado, no siguen los consejos de los ángeles ni aplican sus remedios. Como ocurre con las prescripciones que nos da el médico, si no seguimos sus indicaciones, no logramos la curación que necesitamos. ¿De qué sirven los consejos celestiales si no ponemos en práctica la guía que Dios nos ofrece? Por lo tanto, ¿qué podemos perder aceptando los remedios divinos? La otra alternativa es permanecer estancados en los mismos problemas para los que pedimos una solución celestial.

Es esencial que confíes en los mensajes que recibas. Por otra parte, si no lo haces, podrías estar impidiendo que un consejo celestial te llegue correctamente. Es posible también que ignores aquellas partes del mensaje que te resulten poco agradables o carentes de significado.

No debes olvidar que Dios nunca se equivoca, y que los mensajes son de Él, que sabe perfectamente cómo hacernos llegar sus consejos celestiales de forma clara y comprensible. ¡Después de todo lo lleva haciendo millones de años! Como ocurre en cualquier otra situación en la vida, cuando no entiendas algo, la solución es seguir preguntando hasta aclararlo. Los ángeles continuarán respondiendo a tus preguntas hasta que hayas comprendido su mensaje. No debe angustiarte el temor a agotar la paciencia de Dios. Él tiene una paciencia infinita, y aunque vivieras hasta el año 3000, eso jamás ocurriría. Recuerda, pues, que las preguntas tontas no existen.

Sin embargo, si recibes un mensaje celestial tan incomprensible que te haga dudar de tu confianza en el poder de Dios, pide a los ángeles que fortalezcan tu fe. Antes de irte a la cama, pide al arcángel Rafael (el ángel de la sanación) que entre en tus sueños diciéndole: «Estoy dispuesto a liberarme de cualquier creencia, pensamiento o emoción que me esté impidiendo disfrutar enteramente de mi fe. Por favor, límpiame de cualquier cosa que pueda estar oscureciendo mi fe».

Una vez que le des tu permiso, el arcángel Rafael se encargará de hacer el resto del trabajo. Cuando despiertes te sentirás menos temeroso y preocupado que el día anterior.

Como ocurre con cualquier otra habilidad, el tiempo, la experiencia y la práctica conseguirán que acabes por confiar en tu capacidad de recibir e interpretar los mensajes divinos. Una vez que tengas la seguridad de estar recibiendo los consejos celestiales claramente, no estarás limitado a usar tu sexto sentido para solucionar sólo tus problemas. Podrás empezar a hacer preguntas en nombre de otras personas y a recibir las respuestas correspondientes. (En el próximo capítulo encontrarás algunos consejos para hacer lecturas para otras personas.)

9

Cómo transmitir
los mensajes celestiales

Si eres como las personas que participan en mis grupos de trabajo, es posible que te interese e incluso te entusiasme la idea de llevar a cabo lecturas angélicas. Tal vez desees convertirte en un receptor de los mensajes celestiales destinados a otras personas. Cuando los seres humanos asumimos este papel, nos convertimos en ángeles terrenales. Digamos que pasamos a ser miembros del servicio de mensajería de Dios. Los mensajes y remedios que los ángeles envían a través de nosotros pueden ayudar a transformar, salvar e iluminar la vida de otras personas.

Yo he enseñado a miles de hombres y mujeres normales cómo usar su sexto sentido para recibir y transmitir mensajes angélicos. El éxito conseguido con todos ellos me ha convencido de que *cualquier persona* puede aprender a abrir los canales de comunicación divina y a desarrollar esta habilidad. No es necesario tener ningún don especial o entrenamiento formal para recibir los mensajes que Dios y los ángeles nos envían. Yo, personalmente, no tengo ningún talento especial que me permita hablar con los seres celestiales. Los ángeles están permanentemente a nuestro alrededor, intentando comunicarse con nosotros, y de un modo inconsciente estamos ya recibiendo sus mensajes. De lo que se trata es de tomar conciencia de este proceso.

En este capítulo veremos cómo usar nuestro sexto sentido, que es innato, para recibir con éxito mensajes angélicos destinados a otras personas. Transmitir los consejos celestiales a los demás es una forma excelente de potenciar nuestra capacidad de recibir nuestros propios mensajes. Observando las reacciones de otras personas podemos aprender a pulir los métodos que usamos para formular al cielo nuestras peticiones, comprender los símbolos que encontramos frecuentemente en las respuestas y desarrollar la confianza en nuestra capacidad para recibir correctamente los mensajes celestiales.

Si deseamos convertirnos en receptores conscientes de los mensajes divinos, lo único que tenemos que hacer es abrir los ojos y los oídos, manifestar nuestra voluntad de escuchar lo que los ángeles tengan que decir y de ver lo que deseen mostrarnos. El único requisito necesario es la *voluntad* de actuar como instrumento divino para las comunicaciones celestiales.

Cuando realizamos una lectura para otra persona, es posible que nos preguntemos con qué ángeles de la guarda estamos hablando, si con los nuestros o con los de la otra persona. La respuesta es que con ambos. Nuestros ángeles nos guían en el momento en que hacemos la lectura, pero también recibimos mucha información y consejos de los ángeles de la guarda de la otra persona. Si dicha persona nos hace una pregunta concreta sobre algún aspecto importante de la vida, como el amor, la situación económica o la salud, los ángeles especializados en estos temas nos darán la respuesta.

Unas últimas palabras de estímulo. No debes desalentarte si tu primera lectura angélica no es un rotundo éxito: se requiere un poco de práctica. Además, es necesario que tengas presente que el problema puede ser ajeno a ti. En ocasiones se da una incompatibilidad química con la otra persona o con sus ángeles, o puede que no te resulte igualmente fácil hacer lecturas angélicas a todo el mundo. Cuando los ángeles de la guarda son ruidosos y extrovertidos y desean dar una información completa sobre el tema, los mensajes resultan perfectamente audibles, claros y detallados. Otras personas, en cambio, tienen ángeles tranquilos y reservados que no se mostrarán tan dispuestos a extenderse en sus respuestas. En esos casos, puedes pedir a los ángeles que te den información adicional, lo más detallada posible, hasta que tú y la persona a quien estás haciendo la lectura comprendáis el sentido del mensaje. A veces ocurre que algunos seres queridos que ya no están aquí envían señales muy débiles, que resultan difíciles de entender.

Yo suelo recomendar que se hagan al menos diez lecturas angélicas antes de decidir que se obtienen buenos resultados y que se desea continuar con ello. Al llegar a ese punto, ya habrás resuelto todas tus dificultades y estarás en condiciones de actuar con soltura al hacer de intermediario en lecturas para otras personas.

Pedir consejos celestiales para otras personas

Lo que viene a continuación es una guía paso a paso que cualquiera puede utilizar para hacer lecturas angélicas para otras personas. Miles de participantes en mis grupos de trabajo me han informado de que, usando esta guía, al primer o al segundo intento, pudieron recibir mensajes celestiales para otras personas.

1. *Sentaos cara a cara.* Siéntate frente a la otra persona, sosteniendo sus manos entre las tuyas. Cerrad los ojos y comenzad a respirar lenta y profundamente.

2. *Sincronizad vuestras energías.* Juntos, decid mentalmente: «Un único Amor, un único Amor, un único Amor» varias veces, lentamente. Esta frase os abrirá el corazón y la mente a la comunicación divina y sincronizará vuestros respectivos ritmos. La otra persona puede continuar repitiendo mentalmente esta frase durante el tiempo que dure la lectura, para que se cree una conexión más profunda con los ángeles.

3. *Busca a los ángeles de la otra persona.* Manteniendo los ojos cerrados, centra tu atención en el área del hombro izquierdo de la persona a quien haces la lectura. Men-

talmente imagina qué aspecto tendrían sus ángeles de la guarda si pudieras verlos. Luego observa, también mentalmente, la zona que rodea su cabeza y su hombro derecho, y por último permítete visualizar a sus ángeles. Si pudieras verlos sobre su hombro derecho, ¿qué aspecto tendrían?

4. *Selecciona un ángel.* Continúa respirando lenta y suavemente. Elige uno de los ángeles que has visto o sentido, y centra toda tu atención en él.

5. *Pregunta al ángel.* Con los ojos aún cerrados, pide a la otra persona que formule sus preguntas al ángel en voz alta. Si se tratara de una lectura general, haz mentalmente a los ángeles una pregunta como, por ejemplo: «¿Qué mensaje deseáis que transmita a esta persona?».

6. *Repite la pregunta mentalmente.* En silencio, haz varias veces la pregunta tanto a tus ángeles como a los de la otra persona. Comenzarás a recibir impresiones mentales (imágenes o palabras) o emocionales.

7. *Transmite lo que recibas.* Tan pronto como comiences a recibir estas impresiones, explícaselas en voz alta a la otra persona. Así propiciarás la aparición de nuevas impresiones procedentes de los ángeles.

8. *Pide tanto a los ángeles como a la otra persona que aclaren tus dudas.* Si no entiendes el significado de un determinado mensaje, puedes hacer preguntas al destinatario de la lectura. Por ejemplo: «¿Por qué los ángeles me muestran continuamente un camión rojo? ¿Ha tenido usted un vehículo de estas características?».

Si la otra persona no puede comprender el significado del mensaje que has recibido, tal vez se deba a que está relacionado con algún acontecimiento futuro o con algún hecho pasado ya olvidado. Mentalmente o en voz alta, pide a los ángeles que te den más información, para intentar encontrar la explicación.

Este método suele ser más eficaz que dar por nuestra cuenta una interpretación confusa. Ello supondría, además, la pérdida de un tiempo y una energía que nos convendrá reservar para las lecturas.

Pronto descubrirás que tu papel al hacer una lectura angélica es ayudar a que se produzca una confirmación de la orientación interna de la otra persona. En otras palabras, ella ya sabe, en lo más profundo de su ser, cuál será el consejo celestial. Los ángeles sólo desean que les confirmes que su mensaje ya fue recibido debidamente por la otra persona.

Transmitir mensajes celestiales

Es muy importante que recuerdes que has de expresar los mensajes literalmente, tal como los recibes. De la misma forma que lo haría un médico, los ángeles dan siempre instrucciones específicas y muy detalladas para la aplicación de sus remedios. Como miembro del equipo de mensajeros celestiales, una parte muy importante de tus obligaciones es transmitir correctamente los *detalles* de las prescripciones que recibes, sin omitir nada. Estos detalles ayudarán a la persona a la que estás haciendo la lectura a confirmar la autenticidad del mensaje que le estás transmitiendo, así como a entender los pasos específicos que deberá seguir para que el consejo celestial le resulte beneficioso.

Existe aún otra razón por la que es necesario transmitir durante las lecturas todas las impresiones que recibimos. Aunque una imagen, una frase o una canción, a nosotros nos parezca insignificante, muy probablemente sea reveladora para la otra persona. No hemos de olvidar que los mensajes que recibimos de los ángeles están destinados específicamente a la otra persona.

Debemos, pues, resistir la tentación de corregir o censurar los mensajes antes de transmitirlos, ya que podría perderse para siempre alguna parte esencial de los mismos. Digamos que una clienta acaba de decirme que su marido es quien comienza siempre todas las discusiones. Sin embargo, la imagen que los

ángeles me muestran es exactamente la opuesta. Si le transmito
esta información, sé que la mujer se molestará conmigo. Pero si
decido omitirla, estaré impidiendo que tome conciencia de la
realidad, que deje de acusar a su marido y que haga los cambios
necesarios en su vida conyugal. Supongamos, por ejemplo, que
una imagen me muestra a alguien intentando ligar en la oficina,
aunque sé que esta persona está casada. Si censuro la imagen,
puedo estar impidiendo que se dé cuenta de que este comportamiento está influyendo negativamente en su relación de pareja.
La única forma de estar segura de que mis sentimientos personales no han influido en la lectura es transmitir literalmente lo
que recibo.

Según *Un curso de milagros*, la fe es esencial cuando recibimos un mensaje que no tiene para nosotros ningún sentido. En
el «Manual para el maestro», el *Curso* dice:

> El maestro de Dios [refiriéndose a alguien que desea ayudar
> a otros en su camino espiritual] acepta las palabras que se le
> ofrecen y las expresa tal como las recibe. No controla lo que
> dice. Simplemente escucha, oye y habla.
>
> Uno de los mayores obstáculos con los que el maestro
> de Dios se topa en esta fase de su aprendizaje, es su temor
> con respecto a la validez de lo que oye. Y en efecto, lo que
> oye puede ser muy sorprendente. Puede que también le pa-
> rezca que no tiene nada que ver con el problema en cuestión
> tal como él lo percibe, y puede incluso poner al maestro en
> una situación que a él le puede parecer muy embarazosa.
> Todas estas cosas no son más que juicios sin ningún valor.
> Son sus propios juicios, procedentes de una penosa percep-
> ción de sí mismo que le convendría abandonar. No juzgues
> las palabras que te vengan a la mente, sino que, por el con-
> trario, ofrécelas lleno de confianza. Son mucho más sabias
> que las tuyas. Detrás de los símbolos que usan los maestros
> de Dios se encuentra la Palabra de Dios. Y Él Mismo imbu-
> ye las palabras que ellos usan con el poder de Su Espíritu, y
> las eleva de meros símbolos a la Llamada del Cielo en sí.

En uno de mis grupos de trabajo, LeAnn, una participante, estaba haciendo una lectura angélica a un hombre llamado Kim, que había preguntado si debía volver a la universidad. Durante la lectura, LeAnn vio aparecer sobre el hombro izquierdo de Kim a uno de sus seres queridos ya fallecidos. Se trataba de una mujer que repetía continuamente una sola palabra, pero no hablaba en inglés. LeAnn no se sentía capacitada para transmitir esa palabra a Kim, porque temía cometer algún error en la pronunciación. Sólo después de que yo le aconsejara que lo hiciera, se atrevió, con alguna dificultad, a repetirle la palabra a Kim.

Resultó que LeAnn estaba hablando con la abuela materna de Kim, que había fallecido. (Él la reconoció por la descripción que LeAnn le hizo de su pelo, su ropa y su cuerpo en general.) Esta señora sólo hablaba en camboyano, y lo que decía reiteradamente era el equivalente a «universidad» en su lengua materna. Kim entendió de inmediato que debía retomar sus estudios. El contenido del mensaje se habría perdido si LeAnn no se hubiera atrevido a transmitir esa palabra que para ella no tenía ningún sentido.

Otra participante de mis grupos de trabajo, Sally, estaba haciendo su primera lectura angélica a una mujer llamada Bethany. Sally oyó que los ángeles de la guarda de Bethany decían: «*Dile que se encontrará bien de su sien izquierda, de su pecho y de la parte inferior izquierda de su trasero*». Sally se sentía incómoda ante la idea de transmitir a un perfecto extraño un mensaje tan personal, ya que podría equivocarse y quedar en ridículo. Le pedí que transmitiera fielmente a Bethany el mensaje que acababa de recibir.

Sally respiró hondo y siguió adelante.

—Los ángeles dicen que se encontrará usted bien aquí, aquí y aquí —dijo señalando los lugares mencionados en el mensaje. Bethany comenzó a llorar, y Sally temió haberla ofendido, pero entonces Bethany le contó:

—Ayer fui a la consulta del médico a hacerme una prueba a causa de unos dolores que he estado teniendo últimamente en los tres sitios que usted acaba de mostrarme. Los resultados no estarán listos hasta el próximo lunes, y me sentía muy preocupada. Gracias por ayudarme a confiar en que todo irá bien.

Algunas veces, cuando estoy haciendo una lectura, tengo la impresión de que conseguiré que el mensaje de los ángeles resulte más claro si incluyo mi propia opinión. En estos casos, antes de introducir mis comentarios, aclaro: «Soy yo, como psicoterapeuta, quien hablo en este momento. No es el mensaje de los ángeles. Creo que lo que ellos quieren decir es que…» o «Lo que yo haría en esta situación es…» o «Una forma de seguir sus consejos sobre la necesidad de hacer dieta sería…». De esta forma mis clientes saben que en esos momentos no estoy transmitiendo un mensaje celestial, sino sólo expresando mi propia opinión, humana y falible, que pueden aceptar o rechazar según su criterio.

Siempre que hagas una lectura angélica, es muy importante que reces antes pidiendo la guía divina. Necesitas procesar tus propios sentimientos al mismo tiempo. En caso de que tengas algún tipo de temor o duda, hazlos aflorar y pide a Dios y a los ángeles que hagan desaparecer estos sentimientos. La sinceridad con uno mismo es la base de un sanador sanado, expresión que se refiere a alguien que no permite que sus asuntos personales interfieran en los mensajes celestiales.

EL MÉTODO DEL ESPEJO

Es posible que mucha gente sienta que nadie le «escucha», es decir, que los demás realmente no le escuchan. Por esa razón, estas personas se sienten ignoradas, apartadas, incomprendidas y totalmente solas. Pensándolo bien, ¿cuándo nos escucha alguien de verdad? ¿No están las conversaciones llenas de interrupciones? ¿No suele todo el mundo centrar su atención en su propia persona? ¿No están los demás más ocupados pensando en lo que van a responder que en escuchar lo que estamos diciendo?

Durante las lecturas angélicas tenemos una oportunidad perfecta de ayudar a otro ser humano, haciéndole sentir que le escuchamos y le comprendemos. Una de las mejores formas de hacerlo es aplicando una técnica básica, llamada «técnica del espejo», que hace hablar a la otra persona. Fue popularizada por el gran psicólogo Carl Rogers. Se trata de una herramienta de comunicación que hace que la otra persona sepa que la estamos escuchando y que comprendemos lo que quiere decir.

Al usar la técnica del espejo repetimos lo que la persona acaba de decir usando otras palabras. Por ejemplo, alguien que viene para que le haga una lectura me dice: «Estoy realmente preocupado por mi trabajo porque últimamente mi jefe tiene una actitud hostil hacia mí». Entonces, yo repito la frase con otras palabras con el único propósito de que vea que he comprendido su mensaje. Podría decir, por ejemplo: «Se pregunta por qué su jefe está molesto con usted, ya que podría perder su trabajo como consecuencia de ello, ¿verdad?».

Aunque este sistema de repetir las frases pero de otro modo pueda parecerte algo forzado en un principio, te sorprenderás al comprobar los resultados. La otra persona lo confirmará o dirá que no muy enérgicamente, y se sentirá entusiasmada al ver que otro ser humano ha conectado con sus sentimientos. Al aplicar el sistema del espejo, estás ofreciendo un refrescante oasis de atención a la persona que atraviesa una crisis. Otra ventaja del método es que estimula a hablar, lo que con frecuencia es útil a la hora de encontrar soluciones al dilema planteado.

Transmitir mensajes celestiales a escépticos

Inevitablemente, en algún momento nos encontramos en la situación de tener que hacer una lectura a alguien que es profundamente escéptico, que no cree ni en Dios, ni en los ángeles ni en los mensajes celestiales, y cuyo principal interés es demostrarse a sí mismo que somos unos charlatanes. Cuando esto ocurre, es posible que nos preocupen una serie de cosas. Analicémoslas una por una.

La primera preocupación es que el escepticismo de la persona que hace la consulta pueda alejar a los ángeles. Pero lo cier-

to es, sin embargo, que *nada* puede alejar a los ángeles de nosotros, ni el escepticismo, ni las emociones ni las acciones negativas. ¡Nada! Los ángeles están siempre a nuestro lado, no importa que seamos escépticos, que nos burlemos del tema o que nos
declaremos ateos. No debemos temer, pues, que nos vayan a
abandonar en nuestros momentos de mayor necesidad.

La segunda preocupación es que el escepticismo pueda obstaculizar la lectura, actuando como una interferencia psíquica.
Es realmente difícil hacer una lectura angélica para alguien que
duda, aunque la única causa de esta dificultad es que solemos estar tensos cuando sentimos que alguien nos está examinando.
Lo que puede interferir en un mensaje enviado por los ángeles es
nuestra propia tensión, y no la presencia de alguien que adopta
una actitud despectiva hacia la lectura. En una situación así lo
que debemos hacer es mantener una fe inquebrantable en la validez de los consejos celestiales. Si titubeamos y dejamos que el
miedo influya en nuestra presentación del mensaje, podríamos
omitir algún detalle crucial que tal vez habría convencido a la
otra persona de la autenticidad de la lectura.

Un buen ejemplo de esta solución es lo que me ocurrió
cuando estaba haciendo una gira de promoción de uno de mis
libros. Dado que intervengo en programas de radio con mucha
frecuencia, a menudo me llaman para que transmita mensajes
angélicos a personas que forman parte de la audiencia de programas que tienen presentadores escépticos. Un caso típico fue
el de un hombre que me entrevistó una noche para un programa de radio de Fénix, Arizona. Nada más comenzar, ya en el aire,
me confesó que él no creía que yo hablara con los ángeles. La
única razón que le llevó a invitarme, me aclaró, era que pensaba
que el tema de los ángeles gustaba al público y que mi intervención en el programa haría subir el nivel de audiencia.

He adoptado el hábito de no contar nunca a la gente las impresiones psíquicas que recibo sobre su vida a menos que me lo
pidan de forma especial. No soy una *voyeur*, y además creo en la
regla de oro. Intento ser lo más diplomática posible cuando se
me pide que haga una lectura en público o en la radio, por res-

peto a la reputación y la dignidad de los demás. De modo que, cuando este presentador de radio me pidió que le hiciera una lectura en vivo, mientras estábamos en el aire, los ángeles comenzaron a mostrarme las razones por las que se había convertido en un escéptico lleno de ira. Sentí entonces que me encontraba ante un dilema, y tenía que decidir la línea a seguir. Normalmente, en un caso así, mi primera reacción instintiva es dejar a un lado el tema y hablar luego con la persona en privado. Sin embargo, el presentador continuaba insistiendo.

—Cuénteme algo sobre mi vida que nadie más que yo pueda saber —dijo, presionándome.

Consciente de que había en aquel momento miles de personas escuchándome, sentí que debía actuar.

—Los ángeles me muestran que usted y su mujer acaban de tener un bebé —le dije—. Su mujer está pasando actualmente por una depresión posparto. Ella se siente triste y eso a usted le está afectando mucho.

El presentador comenzó inmediatamente a gritar a los miembros de su equipo:

—Muy bien, ¿quién se lo ha contado? ¿Quién de vosotros se lo ha dicho?

Este hombre se sintió bastante molesto de que yo tuviera conocimiento de una información tan privada, relacionada con su vida emocional. Y como él no creía que yo pudiera hablar con los ángeles, estaba convencido de que la información había sido filtrada por algún miembro de su equipo. Una vez que todos ellos le juraron que no me habían dicho nada, tuvo que reconocer que no existía otra explicación posible, y que yo realmente tenía que haber hablado con sus ángeles. Después de esto, su actitud con respecto al tema cambió por completo.

Nuestra tercera preocupación es si debemos intentar eliminar de alguna forma las dudas del escéptico. La respuesta es un enfático ¡NO! Tengamos presente que nuestra misión es hacer lecturas y no crear un debate. Los debates filosóficos pueden ser una buena manera de pasar el tiempo, pero nada tienen que ver con las lecturas angélicas. Yo soy una de esas personas a las que se convence con hechos más que con palabras, y a los escépticos les ocurre otro tanto. Personalmente, me ha resultado más fácil hacerles cambiar de actitud haciendo una buena lectura que discutiendo con ellos.

De hecho, muchos escépticos temen que intentemos convertirles, haciéndoles renunciar a su escepticismo. Y si eso es lo que hacemos, lo único que conseguiremos será que se enfaden y adopten una actitud defensiva. Se mantendrán en sus trece y se aferrarán con todas sus fuerzas a su escepticismo.

En lo más profundo de nuestro ser, todos nosotros deseamos creer que los ángeles se encuentran a nuestro alrededor y nos protegen. Lo que le ocurre a los escépticos es que temen equivocarse, y temen también que se les engañe o se les manipule. Muchos de ellos sienten que Dios les ha traicionado en el pasado al no dar respuesta a alguna plegaria, en la que pedían que les curara o les ayudara a solucionar algún problema importante. Por eso se defienden de posibles futuras decepciones volviéndose cínicos respecto a Dios, a los ángeles y a la mayor parte de los temas espirituales. Sin embargo, debajo de esta armadura de escepticismo, se aferran a la esperanza de que Dios exista realmente y les quiera, de que haya vida después de la muerte, y de que Dios nos envíe a sus ángeles para que cuiden de nosotros. Estas personas temen que les hagamos creer en algo que acabe por romperles de nuevo el corazón.

Cuando te encuentres en la situación de hacer una lectura angélica a un escéptico, recuerda lo siguiente: Aunque no estás allí para convencerlo de nada, él tiene más miedo que tú. Haz que se sienta bien desde el comienzo, anticipándote a sus temores y tranquilizándole. Dile: «No soy un cruzado, y no voy a intentar convencerle de que mi forma de pensar es la correcta».

Aunque es muy gratificante conseguir un nuevo partidario y un nuevo amigo, siempre me digo a mí misma que no estoy haciendo lecturas angélicas con la finalidad de ganar adeptos a mis creencias. La razón por la que recibo y transmito mensajes celestiales es para ayudar a difundir la gran sabiduría divina. Si una lectura angélica toca una cuerda sensible en la persona a quien va dirigida, inmediatamente se sentirá inclinada a creer en los ángeles. Nuestra única misión consiste en estar alerta a los consejos que recibimos y transmitírselos al escéptico de forma literal.

Aprendí esta lección durante una entrevista que me hizo en un programa de televisión otro escéptico declarado y testarudo que me pidió que le hiciera una lectura en vivo y en directo. Cruzando sus brazos, me dijo:

—Muy bien, doctora Virtue, demuéstreme que realmente puede usted hablar con los ángeles.

Una parte de mí tragó saliva, nerviosa, y espero no haber mostrado reticencia ante el brusco desafío planteado por el presentador. Entonces le pregunté a sus ángeles: «¿Qué desearíais que supiera de esta persona?». Inmediatamente apareció un hombre mayor detrás de su cabeza, y recibí un mensaje informándome de que se trataba de su abuelo. Cuando miré a ese señor, me di cuenta de que mis ojos estaban siendo bombardeados por el desorden existente en el plató donde nos encontrábamos haciendo la entrevista. Una cosa que distraía particularmente mi atención era un antiguo globo terráqueo que se encontraba justo detrás de la cabeza del presentador. Yo estaba viendo a sus ángeles contra un fondo de colores, formas y palabras. Para completarlo, como respuesta a mi pregunta, veía una imagen de su abuelo sosteniendo en sus manos un antiguo globo terráqueo. Lentamente hacía girar el globo con su dedo índice, para que comprendiera que su nieto acababa de regresar de un viaje alrededor del mundo.

Durante un instante me sentí preocupada. ¿Estaba viendo realmente un globo terráqueo o se trataba de un reflejo, una ilusión inspirada por el globo que se encontraba detrás de la cabeza del presentador? ¿Estaba mi mente convirtiendo una visión física en la ilusión de una visión espiritual? Yo sabía que el abuelo era real, ya que lo veía detalladamente, y en movimiento. Pero, ¿qué ocurría con el globo terráqueo?

La tensión iba en aumento, las cámaras estaban encendidas, y el presentador esperaba mi respuesta. Opté por tener fe en la autenticidad de mi clarividencia.

—Justo en este momento su abuelo se encuentra de pie detrás de usted —le dije.

El presentador se quedó boquiabierto y me pidió que le diera una descripción física de ese señor.

Cuando le expuse la edad aproximada en que murió y cómo eran su cabello, su altura y su forma de vestir, el presentador asintió vigorosamente con la cabeza.

—Sí, ese era realmente el aspecto de mi abuelo. Sí, así es como se vestía.

Respiré hondo y agregué:

—Su abuelo me está diciendo que usted acaba de regresar de un viaje alrededor del mundo.

—Sí. Es verdad. Regresé la semana pasada —contestó, muy excitado.

El resto de la lectura transcurrió suavemente. El abuelo del presentador me dio otros detalles que aumentaban mi credibilidad. El presentador era un escéptico, pero su abuelo no lo había sido.

Cuando recibimos mensajes para transmitirlos a una persona que tiene dudas, debemos centrarnos en la validez de las impresiones que recibimos. Al centrar mi atención en la conversación que estaba manteniendo con el abuelo, en lugar de preocuparme por convencer al presentador, conseguí hacer la lectura sin el menor problema.

Transmitir mensajes desagradables

Las medicinas que nos recetan los médicos tienen a menudo un sabor desagradable, aunque sus resultados puedan ser milagrosos. Ahora que somos adultos sabemos algo que los niños desconocen: que vale la pena tolerar el sabor desagradable para conseguir como resultado un buen estado de salud.

De la misma forma, cuando estamos haciendo una lectura angélica, es posible que tengamos que transmitir un mensaje que sabemos que a la otra persona no le va a gustar, al menos al principio. Por ejemplo, podría preguntarnos por la biopsia que le van a hacer el lunes, y en respuesta oímos decir a los ángeles que su estado es grave. O desea saber cómo recuperar una relación que se ha roto, y los ángeles nos dicen que esa reconciliación es en realidad muy poco probable. Nuestro sistema de creencias llama a este tipo de mensajes «malas noticias», aunque, si seguimos los consejos que nos dan los ángeles, a largo plazo podemos encontrar en nuestro camino grandes bendiciones.

¿Qué debemos hacer cuando alguien nos consulta sobre un problema y los ángeles nos dan una respuesta desagradable? Si la persona pregunta, por ejemplo: «¿Va a salir a flote mi negocio?» o «¿Va a romperse mi matrimonio?», lo que en realidad está esperando es que le aseguremos que sus peores temores no se van a materializar. Sin embargo, puede que la respuesta que recibamos de los ángeles sea que no, que su negocio no va a salir a flote, o que su matrimonio no puede arreglarse. ¿Qué debemos hacer entonces? ¿Mantener nuestros labios sellados o transmitir las malas noticias?

Antes de hacer nada, pide a los ángeles que te den información adicional, indicándote si debes transmitir el mensaje y cómo tendrías que plantearlo para que la otra persona se preocupe lo menos posible. Pide también que acudan más ángeles a su lado, para que la ayuden a estar en la actitud mental más apropiada para la recepción del mensaje.

Si aun así tienes dudas, mi respuesta es simple. Cuando los ángeles me dan cualquier tipo de mensaje para otra persona, confío en que eso es lo que esa persona necesita oír. Pienso que soy como una conexión a Internet que hace posible que los correos electrónicos lleguen a su destinatario. Este principio siempre me ha servido de guía al transmitir mensajes críticos de los ángeles a las personas que me consultan. Estos mensajes han servido posteriormente para salvar vidas, carreras profesionales y parejas. He dicho a personas que se pasan la vida en el sofá, frente al televisor, que tienen que comenzar de inmediato una dieta alimenticia sana, si no quieren correr el riesgo de que su salud se resienta seriamente. He tenido que decir a algunas mujeres que existía el peligro de que contrajeran el SIDA porque su marido estaba teniendo numerosas aventuras amorosas. Les he dicho a algunos hombres que nunca encontrarían a la mujer de sus sueños si antes no resolvían su ira, sus arranques temperamentales y su necesidad de controlar (y he dicho exactamente lo mismo a otros hombres que deseaban encontrar al hombre de sus sueños).

En uno de mis grupos de trabajo, había una participante que estaba comenzando a hacer lecturas angélicas. Lilly era una mujer de negocios, de pelo oscuro, y tenía unos treinta años. Dwayne, un hombre de negocios mucho mayor que ella, le pidió que le hiciera una lectura. Lilly oyó a los ángeles de Dwayne decir que, a menos que cambiara su actual estilo de vida y redujera las grasas en su dieta, muy pronto contraería una grave enfermedad cardiovascular. Lilly se sintió reacia a transmitir a Dwayne este mensaje, pero recordó que yo había dicho a los participantes que si la persona no necesitara oír el mensaje tal como lo habíamos recibido, los ángeles no nos lo habrían enviado. Por lo tanto, Lilly le transmitió a Dwayne el mensaje celestial.

Tal como ella temía, Dwayne no se tomó la noticia muy bien. Se molestó y comenzó a discutir, argumentando que se sentía bien, que se había hecho una revisión médica hacía un año y le habían encontrado estupendamente, y que nunca ningún médico le había dicho que estuviera en peligro de sufrir un infarto o algo así.

—Debe de haber alguna confusión en la forma como usted ha recibido las señales de los ángeles —respondió.

Durante la lectura, yo había estado observando a Lilly, que se encontraba rodeada de ángeles, y sabía que el mensaje procedía realmente de ellos. Dado que se trataba de una de sus primeras lecturas, Lilly permitió que Dwayne la hiciera dudar de su capacidad para oír las palabras celestiales.

—Bueno, supongo que no soy muy buena haciendo lecturas angélicas —respondió.

Luego yo tuve una charla con ella y le dije que eso no era verdad.

Un año más tarde se demostró que Lilly tenía razón. El mensaje que ella había oído de los ángeles respecto a la salud de Dwayne era correcto. Ambos asistieron al encuentro anual de las personas que habían participado en mis grupos de trabajo. Se habló en esta reunión de lo que había ocurrido durante ese año, después de que se realizaran las lecturas.

Dwayne fue el primero en hablar y dijo que deseaba pedir disculpas a Lilly. Su lectura angélica había demostrado ser escalofriantemente certera.

—Tuve un infarto hace cinco meses —comenzó Dwayne, en voz casi inaudible—. El doctor me ha puesto una dieta casi exenta de grasas y prácticamente vegetariana. Además, ahora estoy haciendo ejercicio físico regularmente. Ojalá hubiera hecho caso del mensaje que Lilly me transmitió hace un año. Aunque tal vez el infarto fue la llamada de atención que yo estaba necesitando para darme cuenta de que debía hacer profundos cambios en mi vida. Actualmente me encuentro mejor de lo que me había sentido en mucho tiempo, y he conseguido además perder bastante peso.

Transmitir mensajes celestiales a familiares, amigos y otros seres queridos

Una vez que se corre la voz de que hacemos lecturas angélicas, nuestros amigos más íntimos y nuestros familiares nos piden que les hagamos una lectura. Lo mismo que le ocurre a un médico cuando opera a su propio hijo, o a un terapeuta que intenta psicoanalizar a su pareja, esta situación se vuelve tremendamente difícil para ambas partes. Un amigo o uno de nuestros seres queridos podría descartar un consejo celestial importante por provenir de una persona conocida, ya que alguien que nos es ajeno siempre resulta más sabio y misterioso. Es posible que nuestros amigos reaccionen negativamente y se enfaden con nosotros, creándose así tensiones en nuestra amistad. Sin embargo, los ángeles tienen sus propios consejos sobre cómo proceder cuando transmitimos mensajes celestiales a personas con las que vivimos o trabajamos.

Digamos, por ejemplo, que tu hermana te pide que le hagas una lectura en relación con su matrimonio. ¿Cómo podrás dejar a un lado tu antipatía por su marido, de forma que no contamine la lectura? ¿Qué pasaría si tu sobrino, que te debe dinero, te pidiera que le hicieras una lectura sobre su situación económica futura? ¿No influiría en la interpretación de la lectura tu interés en cobrar el dinero que te debe? ¿Qué le dirías a tu mejor amiga si los ángeles te informaran de que su marido la está engañando? ¿Cómo podrías decirle a tu cuñado, con mucho tacto, que los ángeles te han dicho que debe dejar de fumar, cambiar su dieta y comenzar a hacer ejercicio físico?

Por esta razón los profesores advierten a los futuros psicólogos que no es conveniente aceptar a los seres queridos y a los amigos íntimos como pacientes. «Nadie es lo suficientemente objetivo como para poder ayudar a alguien con quien tiene una relación personal —nos decía uno de nuestros profesores—. Si uno de los miembros de nuestra familia o un amigo necesita alguna vez orientación psicológica, lo sensato es remitirlos a un colega ajeno a nuestra familia o círculo social.»

En una lectura formal, la proximidad emocional obstaculiza nuestra capacidad de recibir e interpretar con claridad los mensajes de los ángeles. Es diferente, en cambio, si se trata de los mensajes divinos *espontáneos* que todos recibimos sobre nuestros seres queridos. Muchas personas han dado testimonio de haber *sabido* repentinamente que su hijo o su hermano necesitaba ayuda. Cuando hacemos una lectura angélica formal para otra persona, estoy convencida de que se consiguen mejores resultados con gente ajena a nosotros que con seres queridos.

Una amiga íntima una vez me pidió que le hiciera una lectura sobre su situación económica. Durante la sesión, los ángeles me mostraron exactamente cuánto dinero tenía en su cuenta corriente. Me hicieron saber también que mi amiga necesitaba dejar de usar sus tarjetas de crédito para evitar caer en la tentación de incurrir en más deudas. Yo le transmití el mensaje, pero posteriormente nuestra relación se enrareció y acabamos por distanciarnos. Por mi parte, me sentí incómoda por tener información sobre su cuenta corriente, y a ella también le resultó embarazoso que yo conociera su situación económica. Desde entonces he adoptado la política de no hacer lecturas a miembros de mi familia o a amigos. Cuando mis seres queridos me dicen que desean una lectura angélica, o que necesitan orientación psicológica, inmediatamente rezo pidiendo guía celestial, tanto para ellos como para mí. Posteriormente les remito a alguien a quien yo conozca bien y que merezca mi confianza, con la certeza de que esta persona podrá actuar objetivamente. Puede tratarse de alguien que haga lecturas angélicas, de un psicoterapeuta, si el tema es muy serio, o de una persona que pueda dar orientación y consejo. Hasta ahora nadie se ha quejado. Después de todo, les explico, es el amor lo que guía mi razonamiento.

Si están buscando un remedio para una dificultad personal, rezo a Dios pidiendo que mande más ángeles para que intervengan en el problema, con el fin de solucionarlo. Todos podemos hacer lo mismo. Estas plegarias son la mayor contribución que podemos hacer, y ayudarán a nuestros seres queridos de innumerables formas.

Transmitir mensajes celestiales sobre temas delicados

Los ángeles contestan las preguntas que les hacemos, y de forma detallada cuando es necesario. Al realizar una lectura para otra persona, es posible que nos encontremos con que estamos recibiendo mucha información estrictamente personal sobre su situación económica, su vida sexual u otros temas delicados. Tal vez nos parezca embarazoso tener que decir en voz alta lo que los ángeles le aconsejan. Es posible también que acabemos preguntándonos cómo podemos transmitir el mensaje con tacto, para no herir, incomodar ni alarmar a la persona a quien va dirigida la lectura.

Si al hacer una lectura nos convertimos en receptores de

una información que nos parece demasiado delicada, y no estamos seguros de cuál es la forma correcta de actuar, los ángeles nos dan dos reglas. De esta forma podremos transmitir sus consejos sin pillarnos los dedos.

1. *Preservar la confidencialidad.* Hacer lecturas angélicas es un privilegio que nos ha sido concedido, y debemos guardar una total confidencialidad con respecto a toda la información que surja en las sesiones, igual que lo haríamos si fuéramos sacerdotes o terapeutas. Un desliz en este sentido podría dañar seriamente la vida de alguien que ha confiado en nosotros. Personalmente tengo por norma no hablar jamás con nadie de las lecturas que hago, salvo que tenga autorización de la persona en cuestión. Esto mismo aconsejo a todo aquel que se quiera dedicar a hacer lecturas angélicas. (Incluso cuando hablo de ello, como ocurre en este libro, cambio numerosos detalles, con el fin de proteger la intimidad de las personas que me consultan.)

2. *Tener tacto.* Es posible que los ángeles no sean diplomáticos, pero al actuar como canal de la comunicación celestial, nosotros debemos serlo. El hecho de que transmitamos los mensajes recibidos literalmente no quiere decir que tengamos que informar a la otra persona de todo lo que puede ser embarazoso o doloroso para ella. En el caso de que recibamos algún tipo de información que nos haga sentir incómodos, podemos rezar, pidiendo a los ángeles que nos aconsejen si debemos transmitirla y de qué forma. Si lo solicitamos, los ángeles nos instruirán detalladamente sobre la manera más adecuada de comunicar cualquier asunto delicado.

    Una vez hice una lectura a una pareja que había perdido a su hija en un accidente de coche. La hija me mostró que sus padres, a causa del dolor que sentían, pasaban la mayor parte del tiempo discutiendo. Me hizo ver que su madre estaba considerando seriamente separarse de su padre, aunque hasta el momento no habían hablado de ello. Yo no mencioné esta circunstancia porque la hija me dijo que, tal como estaban las cosas, esta información sería dolorosa para sus padres y muy probablemente precipitaría el divorcio. Me dijo también que con el correr del tiempo acabarían por limar sus diferencias y permanecerían juntos.

Yo pedí a mis propios ángeles que me aconsejaran y me indicaran cuál era la mejor forma de proceder. Con mucho cuidado me ayudaron a hacer alusión al hecho de que la esposa estaba considerando la posibilidad de divorciarse, aunque lo hice de forma que sólo ella comprendió mis palabras. Los ángeles me sugirieron que me concentrara en el mensaje que la hija quería enviarles desde el cielo:

—*Me siento feliz y me estoy adaptando muy bien. Por favor, no debéis sentiros responsables ni responsabilizar a otras personas de lo ocurrido. La abuela está aquí conmigo, y yo os visito continuamente. De hecho, Robby (su perro) retrocede cuando me ve. Sé lo duro que todo esto es para vosotros, y siento de verdad el dolor que os ha causado el accidente. Sin embargo, yo puedo ver el futuro, y os aseguro que todo el dolor que hay ahora en nuestra familia se aliviará.*

Transmitir mensajes celestiales a una persona que está pasando por una crisis

Alguien que atraviesa una crisis a menudo tiene dificultades para oír las voces de sus propios ángeles. La intensidad de su estado emocional bloquea sus canales de comunicación divina. Esta es una de las razones por las que estas personas perciben las voces de los ángeles como gritos externos. Los ángeles tienen que subir el volumen de su voz para hacerse oír en medio del tremendo ruido mental y emocional que existe en el interior de quienes están pasando por una crisis.

Muchas de estas personas recurren a Dios y a los ángeles en busca de ayuda. Como suelen decir los soldados, no hay ateos en las trincheras. Si los demás se enteran de que transmitimos mensajes divinos, nos veremos en la situación de hacer lecturas a personas que atraviesan crisis personales, sufren, se sienten deprimidas o padecen turbulencias emocionales extremas. En ocasiones es posible que se encuentren desesperadas, que tengan tendencias suicidas o que no logren controlarse. Cuando alguien que parece estar pasando por una profunda crisis personal nos pida que le hagamos una lectura, podemos estar seguros de que nuestras palabras tendrán un efecto sanador si recordamos los cuatro consejos siguientes. Así evitaremos cometer errores importantes.

1. *No te preocupes por tu capacidad de concentración o atención.* Al hacer una lectura a alguien que atraviesa una crisis emocional seria, tu conciencia podría dividirse. Puedes sentir que estás en dos lugares diferentes al mismo tiempo, o que la habitación en la que te encuentras empieza a cambiar. Eso ocurre porque una parte de tu mente está prestando atención a la persona que tiene problemas, mientras que la otra está teniendo una conversación con sus ángeles. No hay motivo de preocupación; es como conversar con un amigo mientras estás mirando tu programa favorito en televisión. Si te vieras en dificultades, puedes pedir al cielo que te envíe a otros consejeros para que te ayuden.

2. *No te centres en los problemas de la persona, sino en su fuerza.* Haz todo lo posible para ver a la otra persona como lo que realmente es: alguien perfecto, un hijo de Dios. No debes sucumbir a las ilusiones humanas que te dicen que esta persona es pobre y desdichada, o que está llena de defectos. Si ves debilidades, lo que harás será aumentarlas. Si ves fuerza en esa persona, estarás haciendo que su fuerza interior crezca.

3. *No juegues a ser el médico.* Puedes hacer mucho bien en este mundo si actúas como un conducto para los remedios divinos. Sin embargo, de vez en cuando es posible que tengas que transferir los problemas a otros ángeles terrenales, como es el caso de los terapeutas, que están especialmente cualificados para intervenir en situaciones de crisis. A menos que tengas formación en salud mental, no debes tratar de convertirte en psicólogo de la otra parte, ni intentar analizar su situación, salvo que Dios y los ángeles te envíen un mensaje claro al respecto.

Si una persona muestra signos o síntomas de estar padeciendo algún problema serio, ya sea físico o emocional, remítela a un profesional cualificado. Si habla de quitarse la vida o de hacer daño a terceras personas, llama de inmediato a un servicio de urgencias. De esta forma nunca te extralimitarás.

4. *No hables de ti.* Algunas personas que no tienen mucha experiencia en lecturas angélicas, con la mejor intención dicen: «No está usted solo», y comienzan a describir sus problemas pasados y cómo consiguieron superarlos. Rara vez resultan eficaces estas técnicas de andar por casa. La mayor parte de las personas que están atravesando una crisis lo interpretan como una divagación. Imagínate cómo te sentirías si fueras al médico a causa de un intenso dolor físico y te dijeran: «¿Usted cree que tiene un dolor? Pues deje que le cuente el problema que tuve la semana pasada».

Las sesiones de lecturas angélicas no están dedicadas a quien las realiza, ni a sus dificultades pasadas o a la forma en que logró superarlas. Su verdadera finalidad es ayudar a la otra persona, y la mejor forma de hacerlo es rezar para recibir mensajes celestiales claros e instrucciones sobre cómo transmitirlos adecuadamente a la otra persona.

Qué hacer con las personas que se vuelven dependientes
de los consejos celestiales

Una de las grandes trampas a las que debemos enfrentarnos quienes hacemos lecturas angélicas es el peligro de quedar atrapados en situaciones en las que una persona con baja autoestima se vuelve dependiente de los consejos celestiales. En lugar de una lectura ocasional, nos pide una casi a diario. A menos que seamos cuidadosos, podría ocurrir que alguien con una tendencia crónica a meterse en problemas monopolizara todo nuestro tiempo, a costa de todo lo demás que hay en nuestra vida.

En una situación así, podemos pensar: «Estoy aquí para eso, ¿no? Estoy aquí para ayudar a la gente. Debo ayudar a Linda a superar sus problemas antes de poder ayudar al resto del mundo». El problema es que Linda por el momento no tiene intención de superar el drama crónico que es su vida. Está demasiado enganchada a las subidas de adrenalina propias de una vida con un alto nivel de riesgo. Lo único que de verdad le interesa es encontrar a alguien que se siente pacientemente a escucharla, permitiéndole ser durante horas el centro de atención, y que al final le diga lo que tiene que hacer. De esta forma ella no tendrá que asumir la responsabilidad de su propia vida. Nosotros sólo somos uno más de su extensa lista de «reclutas».

Además, escuchar la constante letanía de estas personas («Usted es la única persona que puede ayudarme») nos hace vulnerables a la trampa del ego. Tal vez comencemos a pensar que somos especiales o que tenemos dones del cielo, sólo porque podemos transmitir mensajes celestiales a otras personas. En el momento en que empezamos a pensar que somos diferentes, perdemos la conciencia de que somos uno con Dios y con todas las cosas de esta vida. Las ideas de escisión bloquean nuestra habilidad para oír claramente los mensajes celestiales, aunque nuestro ser interior esté verdaderamente cerca de Dios.

Cuando una persona nos dice: «Sólo usted puede ayudarme», tenemos que recordarle y recordarnos a nosotros mismos que ella también tiene acceso a la misma fuente de información.

Podemos ofrecernos a enseñarle a hacer por sí misma las lecturas angélicas.

Las personas que monopolizan nuestro tiempo pidiéndonos que les hagamos lecturas, pueden conducirnos a otra trampa. Inconscientemente, empezamos a utilizar el tiempo que les dedicamos como una excusa para no volcarnos en nuestra vida y en nuestras metas personales. Si en algún momento sospecharas que te está ocurriendo algo así, pide a los ángeles que te liberen de los miedos que te impiden avanzar en la dirección de tus objetivos. Tal vez se trate de miedo al éxito, al fracaso, al rechazo o al ridículo. En este caso, es conveniente que reduzcas el tiempo que dedicas a «rescatar» a otras personas, pidas al cielo que te envíe más ángeles o te ofrezcas a enseñarles a hacer las lecturas por sí mismas.

Sugerencia: Si estás dedicando más de una sesión (de una hora) a la semana a hacer lecturas a alguna «reina del drama» o algún «rey de la tragedia», personas que están continuamente en medio de conflictos que se han creado ellas mismas, puedes considerar que *tú* estás utilizando esta relación como una excusa para no trabajar en tus propias metas vitales. Esto es especialmente cierto cuando la otra persona rara vez sigue los consejos que le das.

A continuación veremos algunos signos que indican que una persona se puede haber vuelto dependiente de las lecturas angélicas:

- Pide la opinión de los ángeles dos o más veces por semana.

- Quiere que le hagas una lectura angélica antes de tomar cualquier decisión sobre situaciones normales y corrientes.

- Te pide lecturas angélicas con bastante frecuencia, en lugar de consultar sus sentimientos y a sus propios ángeles.

- Ignora los consejos celestiales que le transmites duran-

te las lecturas y busca una orientación más parecida a la
de la adivinación y las lecturas psíquicas del futuro.

• Te das cuenta de que has empezado a evitar las visitas y
llamadas telefónicas de alguien porque ha desarrollado
una necesidad crónica de recibir lecturas angélicas.

Si alguna vez te encuentras en cualquiera de estas situaciones, es
posible que hayas perdido la capacidad de hacer lecturas efectivas para esa persona en particular. Lo mejor para ambas partes
es interrumpir las sesiones. Puedes decirle: «Mis ángeles me in-
forman de que no es conveniente que siga haciéndole lecturas
por el momento, hasta que me encuentre libre de ciertas circunstancias personales». También en este caso ofrécete a enseñarle a hacer las lecturas por sí misma.

Epílogo

Dios y los ángeles se sienten felices de intervenir en nuestra vida y de hacernos llegar todos los consejos celestiales que necesitemos. Sin embargo, no están aquí para asumir nuestras responsabilidades, debilitarnos o privarnos de nuestro libre albedrío. No olvidemos que, en definitiva, crecemos porque hacemos nuestras propias elecciones. Los seres celestiales sólo están a nuestro lado en calidad de consejeros, siempre dispuestos a darnos su ayuda cuando la solicitemos. Siempre es más sabio seguir sus consejos curativos que la voz de nuestro ego, nuestras tendencias compulsivas o nuestros bajos instintos.

Una y otra vez los ángeles hacen hincapié en el hecho de que siempre tenemos numerosas alternativas de futuro ante nosotros, dependiendo de las elecciones que hagamos en la vida. Ellos lo comparan con un multicine, donde podemos elegir una de las muchas películas que hay en cartelera, una historia entre muchas historias distintas. Según los ángeles, nuestras expectativas e intenciones determinan cuál es la historia que vamos a elegir. Si nuestras expectativas son de ira o temor, elegiremos una historia violenta o agresiva, un drama trágico o una comedia de errores. Cuando centramos nuestra mente en pensamientos positivos y amorosos (por medio de la autoafirmación, practicando meditación regularmente y evitando el consumo de sustancias que alteren nuestras funciones mentales), tendemos a elegir historias de armonía, paz y realización personal.

Un participante en uno de mis grupos de trabajo una vez

me dijo: «Doctora Virtue, ya he asistido a dos de sus conferencias. Me gustan sus palabras, pero debo decirle que cuando usted habla de liberarnos de los miedos, este pensamiento a mí me genera temor».

Este hombre me explicó que él creía que su miedo le mantenía a salvo por ser el producto de una experiencia trabajosamente adquirida. Agregó que no deseaba pecar de inocente o crédulo y caer en trampas que le habían producido mucho sufrimiento en el pasado. Lo que quería, por el contrario, era ponerse a salvo de futuros resbalones.

—Aferrarse al pasado no le garantizará un futuro sin problemas —le advertí suavemente—. De hecho, cuando tenemos miedo, atraemos hacia nosotros las situaciones que más temor nos inspiran.

Los ángeles nos enseñan que cuando estamos atados a los dolores del pasado, somos como un caballo que tiene que tirar del pesado arado que lleva detrás. Este tremendo peso disminuye nuestra energía y nos priva de nuestra paz mental. La paz interior es la razón por la que estamos aquí, el sentido de nuestra vida. Cuando nos encontramos en paz, todo parece funcionar: Nuestras relaciones florecen, nuestro estado de salud es inmejorable, tenemos alegría y prosperidad, y somos un ejemplo de paz para nuestros amigos y familiares y también para personas con las que no tenemos una relación personal.

Aun así, creo que existen muchos mitos e interpretaciones erróneas de la paz. Hablemos, por ejemplo, de lo que la paz mental *no* es. Ciertamente no es equivalente a pasividad ni a un bajo nivel de energía. La paz no es aburrida, y no implica que carezcamos de metas, orientación o éxito económico.

Permíteme que comparta contigo un ejemplo que, en mi opinión, ilustra perfectamente lo que de verdad es la paz y lo que puede hacer por las personas. Poco después de que las tormentas de El Niño hubieran arrasado el sur de California, me encontraba un día paseando por la playa. No se trataba en absoluto de una caminata placentera. Las tormentas se habían llevado gran parte de la arena de la playa, y la violencia de las olas había depositado capas y capas de pequeñas piedras donde antes había arena suave y fina.

Yo caminaba descalza, con mucho cuidado, por la playa cubierta de pequeñas piedras que me producían dolor a cada paso que daba. «¡Ay! ¡Ay! ¡Ay!», me quejaba mentalmente cada vez que la arista de una roca se clavaba en la planta de mi pie. «¿Qué sentido tiene esta caminata? —me decía a mí misma—. Todo lo que hago está orientado hacia mi salud física y mi comodidad. Se supone que debo liberarme de los pensamientos relacionados con mi cuerpo y mi persona y disfrutar de la naturaleza.»

Estaba a punto de desistir de mi intento de disfrutar de un tranquilo paseo en contacto con la naturaleza cuando oí un ruido por encima de mi cabeza. Dirigí la vista hacia arriba y vi a un hombre haciendo *jogging* con su perro en un sendero que nunca antes había visto, en la parte alta del acantilado, cerca de la playa. Ese hombre no me vio y no tiene ni idea del impacto que causó en mí. Lo cierto es que, precisamente en aquel momento, se convirtió en mi salvador porque *gracias a él y a su ejemplo comprendí que existía un camino más alto y más transitable.*

Cuando me di cuenta de que existía un camino mejor, lo busqué y rápidamente lo encontré. Poco después también yo estaba disfrutando de ese sendero que me permitió terminar mi caminata en medio de la naturaleza en un estado de perfecta paz.

Los ángeles nos piden que seamos como el hombre que hacía *jogging* en el sendero. Es nuestra misión y nuestra responsabilidad dar con un camino apacible para vivir luego en paz. Los demás lo notarán. Verán en nosotros una expresión radiante, vigor juvenil y una luz interior que hasta las personas menos espirituales pueden percibir. Cuando nos concentramos en vivir en paz, estamos beneficiando más al mundo que mil marchas por la paz, un millón de conferencias o tropecientos libros de autoayuda. Nos convertimos en promotores de la luz al exhibir esas cualidades en nuestra persona.

En este mundo la paz puede parecer un objetivo muy lejano, aunque cada día, en cada ciudad que visito, me encuentro con seres humanos muy felices, que han aprendido a ver el mundo a través de los ojos de los ángeles. Cuando están ante una persona o una situación no se quedan en la superficie, sino que son capaces de ver las cosas en profundidad. Su mirada llega más allá de la personalidad, el sexo, la raza y la religión. Su centro está en el amor divino y en una luz que sólo es visible y palpable para quienes intentan ver y sentir la verdad.

La plegaria de los ángeles, y la mía, es que descubramos ese bello universo paralelo al nuestro. Al lado de las tensiones, los conflictos, el caos y los problemas, nos encontramos nosotros, nadando en un acuario de ángeles que desean ayudarnos. Existe un mundo sanado que está esperando desvelarse ante nosotros en cuanto se lo pidamos.

La palabra «ángel» comienza por A, la primera letra de *ask* [que significa preguntar o pedir en inglés], y termina con la letra L, la primera letra de *listen* [que significa escuchar en inglés]. «Si nos acordamos de preguntar o pedir primero y luego escuchar —dicen los ángeles— todo lo que haya en medio comenzará a cuajar.» Pidamos juntos:

Querido Dios y queridos ángeles:

Por favor, ayudadnos a concentrar nuestros pensamientos en la paz y el amor. Os pedimos que cuando nuestra mente se aleje del camino, nos hagáis una llamada de atención. Ayudadnos a comprender que somos nosotros realmente quienes creamos nuestra realidad en cada momento, y orientadnos para que hagamos las mejores elecciones posibles en nuestros pensamientos y actos. Os pedimos tener más ángeles a nuestro alrededor, y os lo agradecemos. Por favor, ayudadnos a comprender y sentir vuestro amor, de forma que podamos experimentar y enseñar la paz que deseáis para nosotros.

Amén.

Apéndice A

Quién es Quién
en el mundo angélico

La gente recibe mensajes celestiales a través de tres clases de seres espirituales que he mencionado con frecuencia a lo largo de este libro. Si buscamos ayuda celestial, también nosotros nos encontraremos con ellos. Esos seres espirituales son:

- Ángeles (incluidos los que se especializan en determinados temas, los ángeles de la guarda y los arcángeles).

- Seres queridos ya fallecidos.

- Maestros que han ascendido a los cielos.

Acerca de los ángeles

Los seres que yo llamo ángeles son enteramente angélicos, creados por Dios en el cielo, y nunca han vivido en la tierra como seres humanos. Sin embargo, pueden aparecer como ángeles encarnados, con aspecto humano. La imagen de los ángeles es de tal belleza que no se puede comparar a nada que haya visto en esta tierra. Son opalescentes y transparentes, no tienen un cuerpo como el nuestro ni raza, poseen alas e irradian luz. A menudo parecen salidos de una pintura del Renacimiento. Transmiten un sentimiento de gran amor y profunda paz. Al igual que las personas, cada ángel tiene un nombre, una personalidad y una misión. Los ángeles hablan continuamente con todos los seres humanos, y todos nosotros tenemos el mismo potencial para recibir y comprender sus palabras.

Hay muchas clases de ángeles, y entre ellos tenemos:

- los ángeles de la guarda
- los arcángeles
- los ángeles especialistas

LOS ÁNGELES DE LA GUARDA

Cada uno de nosotros tiene dos o más ángeles que nos han sido asignados desde nuestro nacimiento. Su misión es cuidar de nosotros personalmente y saber qué es lo que más nos conviene. Nos conocen mejor de lo que nosotros nos conocemos a nosotros mismos, porque nos han visto crecer y evolucionar a lo largo de nuestra vida. La misión de nuestros ángeles de la guarda es usar los conocimientos que tienen sobre nosotros para brindarnos el apoyo y la orientación que necesitamos para llevar una vida saludable y exitosa.

Cuando hablo de los ángeles de la guarda a las personas que asisten a mis conferencias, siempre hay alguien que pregunta: «¿Y qué pasa con las personas que son malas? ¿También tienen ángeles de la guarda?». La pregunta implica, de alguna forma, que debemos ganarnos el derecho a tener ángeles de la guarda. Esto no es verdad. Dios nos asigna a todos ángeles de la guarda en el momento en que nacemos, y desde ese instante permanecen junto a nosotros, sin abandonarnos, aunque cometamos muchos errores. Las personas consideradas malas bloquean los mensajes que les envían sus ángeles de la guarda, pero aun así ellos permanecen a su lado.

Cuando atravesamos serios períodos de crisis y tenemos una necesidad mayor de asistencia celestial, podemos llamar a los ángeles especialistas para que acudan a nuestro lado y nos den una ayuda adicional (encontrarás información detallada sobre el tema más adelante).

LOS ARCÁNGELES

Son los «gerentes» que supervisan el trabajo de los otros ángeles. Es muy fácil reconocerlos a primera vista, ya que son más altos y más grandes que los otros ángeles y su imagen es más opaca y algo coloreada. Los ángeles que vemos más habitualmente irradian luz blanca, mientras que los arcángeles tienen halos de colores brillantes como las gemas.

Hay muchos arcángeles, pero los más conocidos son los que se describen a continuación.

Miguel. Es el ángel protector que ayuda a erradicar el miedo e infunde coraje a los seres humanos. Su halo es de color azul cobalto mezclado con púrpura. Cuando sientas temor, di mentalmente: «Arcángel Miguel, por favor, protégeme y consuélame en este momento». De hecho, puedes pedirle que esté permanentemente a tu lado, de forma que siempre te sientas seguro y protegido por su inmenso poder. Dado que Miguel, como todos los ángeles y los maestros que han ascendido a los cielos, no tienen limitaciones de tiempo ni de espacio, puede manifestarse ante todas las personas que le llamen simultáneamente. Recuerda que puedes llamar al arcángel Miguel cuando tu paz interior se vea amenazada por el temor, los repentinos reveses de la vida o cualquier forma de negatividad. Él te ayudará a solucionar de un modo pacífico tus discusiones con tus seres queridos, vecinos u otras personas.

Miguel también tiene poder para resolver problemas relacionados con aparatos mecánicos y eléctricos, como ordenadores, coches, radios, etc. Puedes llamarle pidiéndole ayuda en los casos en que tengas averías de cualquier tipo. Sin embargo, es importante recordar que los ángeles en ocasiones orquestan desperfectos para enseñarnos alguna lección importante o para protegernos de algún daño. Por ejemplo, pueden hacer que nuestro fax se estropee, de forma que tengamos tiempo suficiente para detectar un error importante en la carta que estábamos a punto de enviar, que podría haber creado un tremendo malentendido. Reza pidiendo ayuda, orientación y capacidad de comprensión cada vez que tengas cualquier tipo de problema mecánico o eléctrico. Si lo haces, Miguel lo solucionará o te ayudará a entender por qué se produjo.

Gabriel. El único arcángel femenino que conozco (su rostro ilumina la portada de mi libro *Divine Guidance*) tiene un halo de color cobre, como la trompeta que lleva consigo, y las legiones de ángeles que encabeza ayudan a los seres humanos cuya misión en la vida tiene que ver con la comunicación, lo cual incluye a escritores, profesores, oradores y conferenciantes, actores, fotógrafos y otros.

Puedes llamar a Gabriel y pedirle ayuda cuando tengas problemas profesionales o cuando debas exponer tus impresiones e ideas a otras personas. Mentalmente reza diciendo: «Gabriel, por favor, ayúdame a que mi verdad interior encuentre la forma perfecta de expresión creativa. Gracias». Gabriel te contestará, enviándote inspiración, motivación, información y posibilidades imprevisibles.

Sé que muchos libros sostienen que Gabriel es del sexo masculino, y que muchos otros afirman que los ángeles no tienen sexo. Yo he *visto* a Gabriel muchas veces, y puedo afirmar que es definitivamente un ángel *femenino*. Muchas pinturas de maestros antiguos sobre la Anunciación presentan una imagen femenina de Gabriel. Creo que el sexo de este ángel cambió al relatarse la Biblia en términos patriarcales. Incluso Dios, al que las más tempranas versiones de la Biblia llamaban tanto «madre» como «padre», fue convertido en un ser de sexo masculino.

Rafael. Es el arcángel de los sanadores y las sanaciones. Tiene un halo luminoso de color verde esmeralda, y da apoyo a los seres humanos. Él instruye y alienta a los futuros sanadores y susurra instrucciones al oído de cirujanos, psicólogos y otras personas dedicadas al cuidado de los demás. Recuerda que puedes llamar a Rafael siempre que tengas cualquier tipo de dolor, físico, emocional, amoroso, mental o espiritual. Este arcángel puede intervenir para propiciar la sanación de matrimonios en crisis, casos de adicción, dolor por alguna pérdida, relaciones familiares y vidas cargadas de estrés. Todas estas situaciones responden positivamente a los poderes de sanación de Rafael. Basta con que menciones su nombre, aunque también puedes hacerle una petición específica: «Arcángel Rafael, por favor, ven a mi lado y ayúdame a sentirme mejor respecto a mi ruptura con Tom. Por favor, envuélveme en tu energía sanadora y guía mis actos y pensamientos para que alcance la sanación».

Rafael es un arcángel muy ocupado, que tiene también funciones de protector de turistas y viajeros. Nos ayuda a que nuestros viajes sean seguros y confortables, cuidando de nosotros y de nuestro equipaje. En el aeropuerto, podemos pedirle que vigile nuestros billetes y nuestras maletas. Trabajando junto a los ángeles que se especializan en los desplazamientos, puede eliminar las turbulencias en los viajes por avión, ayudarnos cuando nos perdemos, hacer que un neumático pinchado no termine de desinflarse e impedir que nuestro coche se quede sin gasolina.

Uriel. Este arcángel, cuyo halo es de color amarillo pálido, es maestro en llevar armonía a las situaciones caóticas. Nos ayuda a centrarnos en la serenidad que existe en cada uno de nosotros. También se dice que ayuda a prevenir y minimizar el daño causado por catástrofes naturales como terremotos, tornados e inundaciones.

Si alguna vez te sientes desbordado por el caos reinante en tu vida, puedes pedirle que te asista. Di: «Uriel, por favor, ayúdame a encontrar paz y armonía en esta situación. Te pido que me ayudes a reparar el efecto de los errores que pueda haber cometido».

Uriel calmará tu mente y tus emociones y te traerá armonía. Por ejemplo, si tu situación económica o tu relación de pareja parecen estar al borde del desastre, Uriel puede ayudarte a plantearte las cosas correctamente. Esto te permitirá ponerte a trabajar para encontrar una solución a tus problemas con una mente clara, tranquila y equilibrada. Pídele que allane tu camino siempre que estés atravesando algún turbulento período de cambio.

ÁNGELES ESPECIALISTAS

Como ocurre con los seres humanos, la mayor parte de los ángeles se especializan en determinados tipos de trabajos, con la finalidad de darnos la mejor asistencia posible en la consecución de las metas más importantes de nuestra vida. Estos ángeles especialistas incluyen ángeles del amor, del trabajo, de los sueños, del dinero, de la música, de la salud, de los viajes, de la seguridad, de la amistad, y también ángeles dedicados a encontrar casas, a solucionar problemas mecánicos y a ayudarnos a conseguir nuestros más preciados objetivos. Existen cientos de ellos, que trabajan en equipo y nos ofrecen su guía con respecto a cualquier faceta de nuestra vida o cualquier aspiración que tengamos.

Con frecuencia puedo decir lo que ocurre con una persona sólo con observar las especialidades de los ángeles que la rodean. Alguien que está habitualmente rodeado de ángeles del amor suele estar dedicado activamente a la búsqueda de un alma gemela. Alguien que está rodeado de ángeles del dinero podría estar intentando encontrar una solución a la crisis económica que está atravesando, ¡o podría haber ganado un millón de dólares en la bolsa!

A continuación veremos algunos de estos ángeles especialistas:

Ángeles del amor. Aquellas personas que ansían tener una relación amorosa e íntima van acompañadas por ángeles del amor. ¿Estás buscando un alma gemela? Pide a los ángeles del amor que vengan a tu lado. Ellos te conducirán hacia la persona que más se ajuste a tus necesidades. ¿Deseas reavivar la pasión en una relación de muchos años que está decayendo? Mentalmente pide a los ángeles del amor que trabajen contigo y con tu pareja para ayudaros a llevar nuevamente calidez a vuestra relación.

Ángeles del dinero. Estos ángeles nos ayudan a encontrar soluciones a nuestros desafíos y deseos en el terreno económico. ¿Ves venir una crisis económica? ¿Deseas intensamente tener mayores ingresos y menos deudas? ¿Está tu negocio afrontando una situación crítica debido a la competencia o a que ha habido una repentina caída de los beneficios? Los ángeles del dinero te conducirán a ahorrar más, gastar menos, adquirir más conocimiento del mercado o liquidar tus deudas. Sin embargo, también te darán su ayuda atrayendo y materializando un golpe de suerte en situaciones de emergencia. Cuando una voz en el fondo de tu mente te susurra: «Ahorra», «No gastes tontamente» o «Pon en marcha un nuevo negocio», estás ante una forma de ayuda angélica.

Ángeles dedicados a encontrar casas. Estos ángeles te guiarán hacia el hogar que necesitas, negociable a un precio al alcance de tu bolsillo, ya se trate de una mansión o de un apartamento. ¿Estás buscando un nuevo lugar donde vivir? Haz una lista de las características que deseas, y pide a los ángeles que te encuentren una casa de ese estilo. Permanece abierto a sus consejos. Para hacer que encuentres tu casa, es posible que te impulsen a hacer algo inesperado, como, por ejemplo, visitar a un viejo amigo o coger un atajo.

Ángeles dedicados a encontrar aparcamiento. Cuando estamos conduciendo, podemos llamar a estos ángeles para que nos guíen hacia un buen sitio para aparcar, cercano a nuestro destino. ¿Sólo dispones de unos pocos minutos en tu hora de almuerzo para comprar un regalo de boda para tu sobrina? Llama a estos ángeles tan pronto como sepas que vas a salir para que se enteren con suficiente antelación, de forma que puedan atender tu deseo. Sin embargo, debes prestar atención a la forma en que solicitas su ayuda: estos ángeles entienden nuestras palabras literalmente. En una ocasión pedí un sitio para aparcar frente a los grandes almacenes a los que me dirigía. Cuando llegué, había un espacio de aparcamiento en primera fila esperándome. ¡Y tenía un cartel que decía claramente: Aparcamiento máximo 10 minutos!

Ángeles de los desplazamientos. El trabajo de estos ángeles es guiarnos con rapidez y seguridad en cualquier viaje. ¿Vas a viajar en la temporada alta de vacaciones? ¿Debes llegar con estricta puntualidad al sitio al que te diriges? Tu vuelo o tu viaje en coche, taxi u otros medios de transporte irá mejor cuando pidas a los ángeles de los desplazamientos que te acompañen y te protejan. Puedes llamarles cuando tu avión encuentre turbulencias y ellos harán que la fuerza del viento no mueva demasiado el aparato. Puedes llamarles también en caso de que hayas perdido tu equipaje y necesites la ropa para el banquete de entrega de premios esa noche. Llámalos cuando tu coche se encuentre en medio de un atasco de tráfico y tu hija esté a punto de tener un bebé en un hospital que está en la otra punta de la ciudad.

Ángeles de la curación. Guiados por el Arcángel Rafael, estos ángeles aparecen siempre que alguien está sufriendo, emocional o físicamente. ¿Estás aquejado de algún problema físico o lo está algún ser querido? ¿Te sientes emocionalmente herido, temeroso o confundido? ¿Sufres de alguna adicción? Llama a los ángeles de la curación. Ellos os rodearán de inmediato, a ti y a tus seres queridos, haciéndoos llegar el amor sanador de Dios. Es posible que también os guíen para que déis los pasos necesarios que os ayuden a alcanzar un mayor nivel de curación.

Ángeles de la naturaleza. Estos ángeles son pequeños y parecen hadas. Se parecen a la Campanilla de Disney, y tienen el cometido de ayudar a las plantas a crecer hermosas. ¿Se marchitan y mueren tus plantas al poco tiempo de trasladarlas desde el vivero hasta tu casa? ¿Sientes un intenso deseo de pasar tiempo al aire libre más a menudo? ¿Deseas que unas abejas te dejen en paz? ¿Quieres observar un pájaro en su hábitat natural? ¿Deseas pasar un día apacible en el parque? Llama a los ángeles de la naturaleza para que acudan a tu lado.

Ángeles de los animales. Estos ángeles protegen y cuidan a los animales de la misma forma que los ángeles de la naturaleza lo hacen con las plantas. Nuestras mascotas tienen sus propios ángeles, que están junto a nosotros cuando jugamos con nuestros queridos amigos animales. ¿Se está portando mal tu perro? ¿Estás triste por la pérdida de un animal por el que sentías mucho afecto? Llama a los ángeles de los animales y pídeles que te ayuden a encontrar una solución al problema de comportamiento o de salud de tu amigo.

Ángeles localizadores. Estos ángeles trabajan con la mente omnipresente de Dios y su capacidad de saber dónde está todo aquello que no logramos encontrar. ¿No puedes encontrar el talonario de cheques o las llaves del coche? ¿Te sientes desconsolado porque has perdido el anillo que heredaste de tu padre? ¿Te preguntas dónde comprar el repuesto que necesitas para el coche antiguo que estás reparando? Cuando no puedas encontrar un objeto que deseas o que has perdido, llama a los ángeles localizadores. Ellos te guiarán hacia él con palabras audibles que oirás con toda claridad, o por medio de una idea que aparecerá de pronto en tu mente, de una visión o de una intuición. Los ángeles localizadores te guiarán también hasta la tienda que vende el objeto que estás buscando.

Ángeles creativos. Cuando necesitamos una idea creativa o estamos bloqueados y no podemos encontrar la forma de solucionar un problema urgente, los ángeles creativos nos ayudan a encontrar la inspiración. ¿Sueñas acaso con ser concertista de piano o escritor profesional? ¿Esperas ansiosamente una chispa de inspiración? ¿Estás buscando el programa de software adecuado para dar forma a tu genio literario? Llama a los ángeles creativos. Robert Louis Stevenson, autor de los clásicos *La Isla del Tesoro* y *El extraño caso del Dr. Jekyll y Mr. Hyde,* decía que sus ideas provenían de los «*brownies*» (en Escocia, criaturas pertenecientes al mundo de las hadas, que se parecen a un elfo cruzado con un duende), que se le aparecían en sueños. El famoso compositor Wolfgang Amadeus Mozart a menudo oía sus melodías flotando en el aire.

Ángeles atléticos. Estos ángeles cuidan de nosotros cuando estamos practicando algún deporte o nos dedicamos a alguna actividad atlética o de recreo. ¿Quieres conseguir ese maldito golpe de golf con efecto a la derecha? ¿Te mueres por hacer ese lanzamiento perfecto? ¿Es tu meta el decatlón olímpico? ¿Sueñas con convertirte en una estrella del fútbol americano? ¿O simplemente deseas evitar parecer un tonto en el partido de *softball* de la empresa? Pues llama a los ángeles atléticos.

Los seres queridos que ya no están con nosotros

En el transcurso de las lecturas, cuando describo a los seres celestiales que veo alrededor de mis clientes, éstos suelen mostrarse sorprendidos al saber que sus seres queridos fallecidos, como el abuelo Amos o la tía abuela Agatha, se encuentran a su alrededor. Es fácil comprender por qué regresan para ayudarnos. De la misma forma en que nuestro interés por nuestros hijos y nietos, primos y tías continuaría si mañana partiéramos de esta vida, el interés de nuestros padres y abuelos por nosotros continúa después de su muerte.

Habitualmente, los seres queridos fallecidos son bisabuelos y abuelos que murieron antes de que nosotros naciéramos, y que han aceptado convertirse en nuestros espíritus guardianes. Podrían ser también padres, primos, tíos u otras personas allegadas, como un amigo íntimo, que nos han precedido en el camino hacia el cielo. Lo más habitual es que los seres queridos que se han marchado recientemente no estén con nosotros siempre. Adaptarse al mundo espiritual requiere cierto tiempo, y tienen que hacer su «aprendizaje», además de tener otras misiones que cumplir. Sin embargo, la mayor parte de los seres queridos recientemente fallecidos pueden oírnos cuando les hablamos. Si pronunciamos su nombre mentalmente o en voz alta, nos escucharán y de inmediato acudirán a nuestro lado.

Los seres queridos fallecidos dedican el tiempo que pasan

en la tierra a dar orientación y apoyo a los miembros de su familia a lo largo de la vida. En la medida en que nosotros aprendemos y crecemos gracias a esta orientación, ellos también aprenden y crecen prestándonos su ayuda y observando que tenemos que hacer nuestras elecciones y luego asumir las consecuencias. Puede ocurrir, por ejemplo, que uno de nuestros seres queridos hubiera deseado en vida ser violinista, sin llegar a conseguirlo. Una vez fallecido, es posible que se le asigne la misión de permanecer junto a un pariente con una meta vital similar, como ser músico. Al ayudar a su pariente a superar los miedos y obstáculos que pueda encontrar en su camino hacia la meta, este espíritu guardián también consigue su realización. He podido comprobar que, si bien es cierto que las personas fallecidas protegen a todos sus hijos, dedican mucho más tiempo a cualquiera de ellos que esté atravesando una crisis importante.

Cuando les digo a algunos de mis clientes que sus seres queridos fallecidos están junto a ellos, les preocupa que puedan no aprobar su actual estilo de vida. Me preguntan: «¿Me está observando mi abuela *todo el tiempo*?». La idea de que sus seres queridos fallecidos puedan estar a su lado mientras hacen el amor o mientras se bañan les hace sentir muy incómodos.

En estos casos, siempre les aseguro que sus seres queridos fallecidos ¡no son *voyeurs*! Cuando saben que su presencia sería considerada una intromisión, se retiran discretamente de nuestro lado. Les digo también que ellos están en un plano divino, ven las cosas desde una perspectiva celestial y son comprensivos ante nuestros deseos y necesidades físicas. Sólo se preocupan cuando nos hacemos cualquier tipo de daño a nosotros mismos o se lo hacemos a nuestros seres queridos.

Y dado que previamente han sido seres humanos, aún conservan algunas de las características y limitaciones que tuvieron en sus encarnaciones físicas, y como resultado, sus consejos en ocasiones nos parecen distorsionados o poco convenientes. Es posible que nuestra madre fallecida sea excesivamente tolerante con nuestro hábito de beber alcohol, o que nuestro abuelo nos presione demasiado para que nos dediquemos al mundo empresarial. Siempre recomiendo adoptar una postura reflexiva ante los consejos de estos seres queridos, igual que lo haríamos si aún estuvieran vivos. En el caso de que tengas alguna duda respecto al mensaje recibido, pide a tus ángeles que te envíen alguna señal que niegue o confirme lo que este ser querido te ha dicho.

La mayoría de los consejos que recibas te conducirán hacia una vida feliz y saludable. Sin embargo, es posible que tus seres queridos fallecidos se preocupen por ciertos temas concretos. De ser así, debes ser prudente a la hora de aplicar cualquier prescripción que no haya sido confirmada por tus ángeles posteriormente. A continuación tienes una lista de algunos signos de advertencia:

- Un consejo que no te parezca creíble o que te haga sentir incómodo.

- La sugerencia de hacer de inmediato un cambio de estilo de vida para el que no te sientes preparado.

- Un consejo para hacerte rico rápidamente.

- La sugerencia de adoptar una postura de «yo contra el mundo».

- Un consejo que podría dañaros a ti, a tu familia o a tus amigos.

- Un lenguaje abusivo, absurdo o crítico. (Los ángeles y las personas que nos quieren nunca nos hablan así, sino que nos tratan con el mayor respeto.)

Si te encuentras ante un ser fallecido que muestra cualquiera de estas formas de comportamiento, pídele con firmeza que no continúe. Luego invoca a Dios y al arcángel Miguel para que cure el mal de esta situación o para que escolte a este ser lejos de tu vida.

Los maestros que han ascendido a los cielos

Son aquellos que caminaron sobre la tierra como seres humanos y que, habiendo adquirido un altísimo nivel de desarrollo espiritual, después de su muerte han regresado en forma de espíritus para seguir ofreciendo su sabiduría y su capacidad de sanación a los seres humanos que continuamos luchando en el plano terrenal. Estos maestros son Jesús, Buda, Moisés, la Virgen María, Krishna, Mahoma, Saint Germaine, Quan Yin, San Juan Bautista, Lao Tse, Paramahansa Yogananda, Santa Elena y muchos de los considerados santos y profetas por las diferentes religiones existentes en el mundo.

Como ocurre con los seres queridos fallecidos, los maestros que han ascendido a los cielos se vuelven no sectarios una vez que han entrado en la esfera celestial. Ayudan a personas pertenecientes a cualquier religión, aunque naturalmente tienen la misión especial de acudir en ayuda de sus devotos seguidores, o de aquellos nacidos en su misma religión. Habitualmente no hablan de iglesias, mezquitas ni templos, y en caso de hacerlo, el único objetivo es que la persona acuda allí donde encontrará energía amorosa y hermandad. Jamás es su intención hablar en favor de una religión determinada.

Algunas palabras sobre los ángeles caídos

Con cierta frecuencia me encuentro con personas que temen entrar en contacto con un ángel caído, en lugar de un verdadero ángel. Estas personas tienen miedo de ser engañadas y recibir consejos destructivos y peligrosos en lugar de las prescripciones sanadoras escritas por la mano de Dios. Suelen preguntarme: «¿Cómo puedes estar segura de que estás hablando con un ángel de Dios y no con un ángel caído?».

Personalmente considero el término *ángel caído* un oxímoron. Los seres que buscan la oscuridad, a los que la gente erróneamente llama «ángeles caídos», jamás han sido ángeles. Son, en realidad, formas de pensamiento negativas que tienen el aspecto de las gárgolas medievales. Estas criaturas de dos pies de alto, con alas de murciélago y una horrible expresión no son obra de Dios, sino pensamientos humanos creados por el temor. Tienen forma grotesca, distorsionada, y grandes colmillos que clavan con fuerza en los hombros de los seres humanos (provocando gran dolor), y algunas veces toman la forma de oscuros dragones que flotan sobre las cabezas de la gente como si se tratara de una gran nube oscura que cubre su ánimo y su vida.

Ninguno de los llamados ángeles caídos podría hacerse pasar por un verdadero ángel ni siquiera un minuto. No es difícil diferenciar a un mosquito de una hermosa mariposa, y no es difícil diferenciar una gárgola de un radiante ángel. Las gárgolas no tienen en su interior ninguna luz que pudiera imitar la luminosidad que irradian los ángeles.

Algunas personas piensan que las gárgolas son seres protectores. Las estatuas de gárgolas se han vuelto bastante populares en los últimos tiempos. Como precaución, yo no tendría ninguna estatua o imagen de una gárgola en mi casa ni en mi consulta, porque podría atraer a verdaderas gárgolas, y estoy completamente segura de que nadie desearía semejante compañía.

En general, las gárgolas y los dragones oscuros son atraídos por personas egoístas, deshonestas o adictas a alguna sustancia, y *no* por personas que hacen lecturas angélicas. De hecho, estos seres suelen alejarse de los ángeles. Si tienes amor en tu corazón e intenciones honestas hacia los demás, no debe preocuparte la posibilidad de que haya a tu lado un ángel caído. Pide a Dios que te envíe personalmente a todos tus ángeles. Puedes también pedirle al arcángel Miguel que vigile que sólo te acompañen seres de la mayor integridad. Como un vigilante, él te protegerá, asegurándose de que sólo están a tu lado los seres que te han sido adjudicados.

Cuando recibimos palabras cálidas y amorosas y consejos para resolver positivamente nuestros problemas, podemos estar seguros de que es un ser de luz quien nos está hablando. Los mensajes basados en el miedo que proceden de las gárgolas nos dejan una sensación de frío y estremecimiento, e implican habitualmente que otras personas son mejores o peores que nosotros. Los verdaderos ángeles saben que cada uno de nosotros es un ser especial, merecedor de amor.

Todos nosotros estamos rodeados de seres celestiales muy diversos. Estos seres se sienten felices de poder ofrecernos sus consejos para que seamos personas más fuertes, más felices y más centradas. Nuestra voluntad es libre de aceptar o rechazar los consejos celestiales. Es mi deseo que, en algún momento del futuro, aprendamos a reconocer y beneficiarnos de las prescripciones divinas que nos ofrecen los ángeles para vivir una vida más saludable y feliz.

Apéndice B

Cómo ciertos alimentos y bebidas pueden aumentar nuestra conciencia de los consejos celestiales

De la misma forma que nuestro crecimiento espiritual influye en nuestras relaciones con los demás, nuestra dieta también lo hace. El camino espiritual desarrolla en nosotros una visión más positiva de nuestra persona y de la vida. Esta actitud más elevada nos hace sentir más ligeros y libres emocional y físicamente. De todas formas, debemos tener presente que, aunque trabajemos en nuestro desarrollo espiritual, la dieta tiene un papel fundamental en nuestro bienestar. Una dieta pesada, cargada de productos químicos, puede hacer sentir pesado al espíritu más ligero, mientras que otro tipo de alimentos puede potenciar el espíritu, la mente y el corazón. Muchas personas espirituales reciben mensajes intuitivos que les sugieren que eliminen ciertos alimentos o bebidas de su dieta. Otras personas que se encuentran en el camino espiritual dejan de tolerar sustancias de baja frecuencia, como el café o el azúcar. Comienzan a desarrollar reacciones negativas a la ingestión de las mismas.

Los ángeles nos explican que cada alimento o bebida tiene su «frecuencia», que corresponde a la cantidad de «fuerza vital». La fuerza vital proviene de la luz del sol y el aire que han hecho que la planta crezca. La fuerza vital de un alimento varía también dependiendo del procesamiento que recibe antes de ser ingerido. Los alimentos con un alto contenido de fuerza vital complementan y propician el crecimiento espiritual de los seres humanos. Nos ayudan a sentirnos más livianos, más llenos de energía y más conscientes de la guía divina.

Los alimentos que contienen una mayor fuerza vital son aquellos que crecen por encima de la superficie de la tierra, en lugares de mucha luz solar, como ocurre en las zonas tropicales. La piña, la guayaba, el mango y la papaya frescos contienen mucha fuerza vital. Si los incluimos regularmente en nuestra dieta, veremos que aumenta nuestra sensibilidad para percibir las intuiciones espirituales.

Los alimentos que crecen en condiciones luminosas no tan buenas tienen menos de fuerza vital. Es el caso de los vegetales que lo hacen bajo tierra. Los alimentos orgánicos tienen una frecuencia más alta que los que no lo son, ya que los pesticidas contienen la energía de la muerte, que disminuye la vibración de los alimentos. La preparación culinaria, el enlatado y el proceso de congelación, entre otras cosas, disminuyen o eliminan la fuerza vital de los alimentos. Los ángeles nos sugieren que tomemos los alimentos de la forma más parecida posible a su estado natural, es decir, vegetales orgánicos frescos o ligeramente cocidos al vapor.

Los productos de panadería integrales, hechos con cereales enteros (disponibles en muchos comercios de alimentación y tiendas de productos naturales), tienen un mayor nivel de fuerza vital que los que se hacen con harina blanca. La eliminación de la cáscara del grano mata la fuerza vital del cereal.

El azúcar, la cafeína, y el chocolate no tienen fuerza vital y además bloquean nuestra capacidad de recibir claramente los consejos celestiales. La carne roja, las aves y otros productos animales (incluidos los lácteos) tampoco tienen fuerza vital, y están muertos o inertes. Si el animal fue cruelmente tratado durante su vida o en el proceso de matanza, la energía del dolor del animal permanece en su carne y en los productos derivados (como es el caso de los lácteos). La energía del dolor baja la frecuencia de nuestro cuerpo. Por esta razón, si decidimos consumir carne roja, aves o productos lácteos, debemos decir una bendición que transmute la energía del dolor. También podemos consumir aves criadas de manera tradicional o sus huevos, asegurándonos de que los animales hayan sido tratados con humanidad y sacrificados causándoles el menor dolor posible.

Los ángeles dicen que el pescado tiene un nivel más alto de energía vital que la carne roja o la de ave. El agua donde nadan los peces crea unas reacciones electroquímicas que transmutan la energía del dolor en el momento de la muerte. Es posible que aquellas personas que se encuentran en el camino espiritual, y que se preocupan por las repercusiones energéticas de su dieta, acaben convirtiéndose en semivegetarianas, es decir, que se alimenten de vegetales frescos o ligeramente cocidos al vapor, frutas, productos elaborados con cereales enteros y pescado.

La fuerza vital en las bebidas

Los ángeles dicen que es conveniente que bebamos agua «de la forma más natural posible». Ellos desearían que todos pudiéramos beber agua fresca extraída de un río o de un pozo. Al no tener esta opción, podemos consumir agua embotellada en cuya etiqueta diga «agua de manantial o mineral», que tiene mucha más fuerza vital que las aguas procesadas llamadas simplemente «agua potable». Los ángeles nos piden también que evitemos las bebidas artificiales con gas.

Los zumos tienen un alto nivel de fuerza vital, *únicamente* si son consumidos antes de veinte minutos de haberse hecho, a partir de frutas o verduras frescas. Pasado ese tiempo, el espíritu de las frutas y las verduras se va. Las frutas y verduras orgánicas dan como resultado un zumo de mayor contenido de fuerza vital que los hechos con vegetales no orgánicos. Los zumos congelados o concentrados carecen de fuerza vital.

El alcohol, el café, las bebidas azucaradas, las bebidas elaboradas a base de chocolate y los refrescos tampoco contienen fuerza vital. Es más, eliminan de nuestro organismo la fuerza vital de otros alimentos que hemos consumido.

Deja que el cielo te ayude a controlar tus deseos
no saludables

Si sientes deseos de comer alimentos procesados que contengan grasas y tengan un bajo nivel de fuerza vital, o bebidas que no te ayudan en tu camino espiritual, pide mentalmente al arcángel Rafael y a los ángeles de la curación que te ayuden. Antes de irte a la cama por la noche, pide a Rafael que entre en tus sueños y te libere de aquellos deseos que no sean saludables. Cada vez que tengas la sensación de que no te controlas frente al deseo de tomar una bebida o un alimento, pide mentalmente al cielo que te ayude.

Usando este método, Dios y los ángeles han curado mi ansiedad por la comida que no es saludable. Actualmente, y gracias a Su ayuda, no siento que tenga que hacer sacrificios debido a mi dieta. Por el contrario, escojo con gran alegría comer alimentos saludables y ligeros. Y como resultado, mi cuerpo está en óptimas condiciones para recibir los consejos celestiales, y por lo que me cuentan muchos de mis alumnos, a ellos les ocurre otro tanto.

Apéndice C

Dos oráculos angélicos que nos ayudan a recibir los mensajes celestiales

En el caso de que tengas dificultades para recibir los mensajes celestiales, o para que la recepción sea clara, tal vez te resulte más fácil lograrlo a través de los sueños o utilizando cartas angélicas. Ambos son oráculos muy antiguos, y se dice que ayudan a que los consejos celestiales fluyan hacia nosotros. Las cartas son especialmente útiles para clarificar las lecturas que hagamos a otras personas.

Yo he enseñado con gran éxito ambos métodos, paso a paso, a muchas personas a lo largo y ancho de América del Norte, y siempre recomiendo probar los dos, ya que podemos descubrir que uno nos funciona mucho mejor que el otro.

Cartas angélicas

Las cartas son un antiguo canal de comunicación divina a través del cual podemos recibir los consejos celestiales. Pueden ser cartas angélicas, las del I Ching, el Tarot u otras cartas oraculares. Aunque no utilizo cartas en todas mis lecturas (especialmente porque mi clarividencia me proporciona suficiente información para trabajar con mis clientes), me han resultado muy útiles en los casos en los que las he empleado.

Las cartas angélicas me ayudan a confirmar las sensaciones y los presentimientos que tengo y los mensajes que recibo durante las lecturas. A lo largo de los años he descubierto que cuando estoy demasiado cansada para entender lo que los ángeles me dicen, o el mensaje es confuso o poco claro, puedo confiar en las cartas para obtener más información acerca de mis clientes. Para mí, las cartas son una herramienta de diagnóstico que me permite confirmar la evidencia, y es comparable al uso que hacen los médicos de las ecografías, la medición de la tensión arterial o un examen cardíaco.

Aunque creas en los ángeles, es posible que la idea de leer las cartas te suene a ocultismo o magia negra. A continuación te contaré una historia que te tranquilizará. Cuando descubrí las cartas, experimenté con diversas clases: cartas angélicas, cartas de Tarot y cartas oraculares. Descubrí que todas ellas resultaban extremadamente certeras a la hora de proporcionarme información, y lo mismo les ocurría a mis amigos y clientes. Sin embargo, también pude darme cuenta de que las cartas angélicas me levantaban el ánimo, mientras que algunas (no todas) de las demás me dejaban con sentimientos poco claros e incluso negativos. Inmediatamente decidí que prefería trabajar sólo con cartas angélicas, y regalé las demás.

Si todavía no tienes tu propio juego de cartas y quieres estar doblemente seguro de que los ángeles te están guiando mientras haces las lecturas, te recomiendo usar cartas ilustradas con ángeles. Actualmente existen numerosos modelos de cartas angélicas entre los que podrás escoger el que más te guste. Se pueden comprar a través de Internet, en la mayoría de las librerías y en tiendas especializadas en temas espirituales y metafísicos. Los modelos que prefiero son «Las bendiciones de los ángeles» y «El oráculo angélico». (Además, están a la venta mis propias cartas oraculares, llamadas «Sanando con los ángeles».)

¿Cómo puede un juego de cartas ayudar a los ángeles a ponerse en contacto con nosotros más fácilmente? Cada carta oracular tiene una ilustración y un número o una palabra impresos en uno de los lados (en el caso de las cartas de los ángeles, suele ser una imagen de un ángel y una o dos palabras que describen el significado de la carta). Cuando sacamos una carta, los ángeles actúan a través de nosotros y de las cartas, de forma que la carta que saquemos contenga el mensaje que ellos desean enviarnos.

He llegado a la conclusión de que las cartas angélicas son sorprendentemente exactas si se siguen los siguientes pasos:

1. *Hacer una pregunta.* Cuanto más específica sea la pregunta, más específica será la respuesta. Si no tienes ninguna pregunta o problema específico, simplemente pide al cielo que te haga una lectura general, dándole carta blanca para que te envíe cualquier mensaje que considere de importancia. Mentalmente repite la pregunta en tu interior dos o tres veces antes de mezclar las cartas.

2. *Conectar con tus ángeles mientras mezclas las cartas.* Mentalmente pide al cielo que guíe tu lectura. Te recomiendo especialmente que le pidas al Espíritu Santo (o el equivalente en tu religión) que te guíe en tu lectura. Además de los ángeles, la ayuda del Espíritu Santo es, en mi opinión, increíblemente poderosa. Puedes hacer esta petición rezando una plegaria, meditando o simplemente expresándola en voz alta (o en silencio en tu mente) mientras mezclas las cartas. No es necesario que te expreses formalmente. Continúa mezclando las cartas hasta que tengas la sensación de que debes parar.

3. *Seguir tu propia intuición en cuanto al número de cartas que saques.* Los ángeles me han enseñado a seguir mi intuición respecto al número de cartas que usaré en cada lectura. Los métodos tradicionales de lectura de cartas proponen sacar un determinado número de cartas. A fin de que el mensaje sea lo más claro posible, tal vez nuestros ángeles deseen que saquemos más o menos cartas de las recomendadas en las instrucciones. (La mayor parte de las lecturas emplean de una a doce cartas.) Pide a tus ángeles que te den instrucciones cla-

ras en este sentido, instrucciones que puede ser que sientas, oigas, veas o sepas instantáneamente.

4. *Desplegar las cartas.* Saca el número de cartas que tu intuición te indique y disponlas en una línea recta horizontal frente a ti.

5. *Interpretar el significado de cada carta.* Fíjate en las ilustraciones de las cartas, y en el libro de instrucciones que las acompaña, para interpretar el significado individual de cada una. Ahora bien, no hagas a un lado tus propias intuiciones e interpretaciones. A menudo son más exactas que las amplias definiciones que suelen incluirse en las instrucciones.

6. *Interpretar la posición de las cartas.* La carta que se encuentra en la primera posición a la izquierda se refiere al pasado inmediato de la persona para quien se hace la lectura (ya se trate de uno mismo o de otra persona). La segunda carta (a la derecha de la primera) representa el presente. La tercera carta describe el futuro inmediato. La cuarta nos muestra la vida del consultante tres meses después del día de la lectura. La quinta carta tiene que ver con la vida del consultante seis meses después del día de la lectura, y así sucesivamente, avanzando en el tiempo de tres en tres meses. Relaciona el significado de cada carta con el lugar que ocupa. Una carta que indica sufrimiento en la segunda posición significaría que el consultante experimenta este sufrimiento en el presente. Una carta que indica éxito en la cuarta posición indicaría que la prosperidad está a la vuelta de la esquina, en caso de que estuviéramos haciendo una lectura relacionada con las finanzas o los negocios.

7. *Interpretar los conjuntos de cartas.* En la medida que avances en la lectura, comenzarás a notar que existe un hilo conductor que forma conjuntos. Pide ayuda a los

ángeles cuando te encuentres frente a uno de estos de-
nominadores comunes para comprender de qué forma
están relacionados con la pregunta que has hecho.

Los ángeles nos dicen que observemos qué cartas están en
su posición correcta (con respecto a nosotros, quienes hacemos
la lectura) y qué cartas están invertidas. Las cartas en posición
correcta revelan que en esas áreas de la vida del consultante existen pocos obstáculos, mientras que las que se encuentran invertidas nos indican que, en esas áreas, tanto la persona como su
energía están bloqueadas. Una carta del perdón invertida sugiere que el consultante se aferra al resentimiento o la ira hacia alguien. Parte del significado de esta carta sería que debe desblo-
quearse, liberarse de esos sentimientos negativos y aprender a
perdonar.

Sueños

Los ángeles piensan que es especialmente fácil trabajar con nosotros mientras estamos durmiendo. Eso se debe a que nuestro
corazón y nuestra mente están completamente abiertos y receptivos a los mensajes angélicos. Cuando estamos despiertos, es
posible que nuestra mente consciente se encuentre tan poblada
de pensamientos y dudas que las voces angélicas se vean bloqueadas. A continuación te doy unos simples consejos para recibir instrucciones divinas a través de los sueños:

1. *Invita a los ángeles a que te hablen a través de los sueños.*
   Pide a tus ángeles que entren en tus sueños con la información necesaria para contestar a tu pregunta. Pídeles que te ayuden a recordar el sueño y su respuesta a
   la mañana siguiente.

2. *Formula tu pregunta.* Escribe tu pregunta en un trozo
   de papel. Coloca el papel debajo de tu almohada. Después de meterte en la cama, repite mentalmente la pre-

gunta muchas veces antes de dormirte. De esta manera programas la pregunta en tu subconsciente y la llevas contigo cuando te duermes.

3. *Toma nota de tu sueño una vez que te hayas despertado.* Inmediatamente después de despertarte por la mañana, escribe todo lo que recuerdes de tus sueños. No importa que en un principio no recuerdes muchos detalles. Comienza con lo que recuerdes: una imagen, algo que estabas haciendo, la forma como te sentías en ese momento, un color, un sonido, una persona... Una vez que hayas escrito algún pequeño detalle que te venga a la memoria, otros recuerdos irán apareciendo, y acabarás por recuperar una porción de sueño mayor que la que inicialmente suponías que podrías rescatar.

4. *Pide ayuda para interpretar correctamente tus sueños.* Pide a los ángeles que te ayuden a entender la relación existente entre tu sueño y la pregunta que habías formulado. Los sueños son simbólicos por naturaleza, y los significados son diferentes y exclusivos para cada persona. Con la sola excepción de unos pocos símbolos universales, las imágenes que aparecen en nuestros sueños han sido creadas por los ángeles especialmente para nosotros, a nuestra medida. De forma que no te resultará difícil interpretar tus sueños. Los ángeles se sentirán felices de ayudarte en el caso de que no comprendas algo.